애들아,
줄지어 걷지 않아도 괜찮아

애들아, 줄지어 걷지 않아도 괜찮아

서로를 세워 우리가 된 혁신유치원 이야기

두루유치원이 만들어낸 변화와 놀이의 교육학

김덕순 김채희 김혜진 김희은 박지현 박현주 백은미
양은혜 이소담 이재선 이지영 천지연 최성미

아이들의 삶을 진심으로 바라보는 선생님들

최교진
세종특별자치시교육감

슬기로운 교사가 가르칠 때 학생들은 그가 있는 줄을 잘 모른다. 배움이 싹틀 때 그것을 거들어 주는 교사는 학생들로 하여금 그들이 진작부터 알던 바를 스스로 찾아 낼 수 있도록 돕는다. 교사가 일을 다 마쳤을 때 학생들은 말한다. "대단하다! 우리가 해냈어."

— 파멜라 메츠, 『배움의 도』에서

이 짧은 글에 배움과 가르침의 본바탕에 대한 깊은 깨달음이 담겨 있습니다. 배움은 아이들이 가진 앎의 씨앗을 틔우는 일이며, 아이들이 배움을 싹틔울 수 있도록 돕는 것이 슬기로운 가르침이라 말합니다. 우리 교육의 큰 스승이신 이오덕 선생님 생각이 이러하셨습니다.

학생들을 배움의 주인으로 되돌려 놓으려는 혁신교육도 뜻하는 바가 같습니다. 세종 유아교육의 방향인 '아이다움교육과정'은 아이들이 놀이와 배움과 삶의 주체라는 믿음에서 출발합니다. 유아를 그저 보살핌을 받아야 하고 어른들이 시키는 대로 해야 하는, 미숙하고 의존적인 존재로 바라보지 말자고 합니다. 스스로 해보고 함께 놀며 자신의 삶을 꾸려 갈 수 있는 온전한 사람으로 존중해야 한다고 합니다.

참 쉬운 말이지만 이 깨달음과 슬기로움이 거저 얻어지지 않습니다. 수십 년 주입식 교육을 되풀이하고 나서야 혁신교육이 움트기 시작했습니다. 새로운 교육으로 하루아침에 유명해진 것 같은 학교에도 들여다보면 오랫 동안 많은 사람들이 흘린 땀과 눈물이 스며 있습니다. 교사 한 사람 한 사람도 마찬가지일 것입니다.

두루유치원 선생님들은 2016년부터 지난 몇 년을 '유치원 최초의 혁신학교'라는 말의 무게를 오롯이 짊어지고 새 길을 헤쳐 왔습니다. '아이들의 삶을 진심으로 바라보는 교사'가 되고자 하는, 순수한 열정만으로 출발한 여정이었습니다. '처음' 가는 길이기에 마주했어야 했을 수많은 어려움을 함께 손잡은 힘으로, 때로는 앞장선 사람의 외로운 몸부림으로 이겨냈을 것입니다. 때로는 돌부리에 걸려 넘어지기도 하고, 서로의 가시에 찔려 상처입기도 했을 것입니다.

이 책은 그렇게 '서로를 세워 우리가 된 혁신유치원'인, 두루유치원 공동체의 성장 드라마입니다. 책을 통해서 우리는 유아교육의 철학과 유치원의 비전을 세우고 공유하는 과정, '전문적학습공동체'로 함께 배우고 나누는 방법, 민주와 자율과 협력의 가치를 바탕으로 유치원 공동체 만들기, 공동체 구성원 모두가 주체로 참여하는 교육과정 운영 등 유치원을 새롭게 바꾸고자 하는 이들이 부딪히는 여러 문제들에 대한 해답을 찾아볼 수 있습니다. 시행착오를 줄여줄 값진 경험의 기록이며 더없이 좋은 길잡이입니다. 이 책을 통해 두루유치원 선생님들의 삶이 많은 선생님께 이어지기를 바랍니다.

책에 다 담아내지는 못했지만 행간에 스며 있는 숱한 이야기가 가슴에 와닿습니다. 온갖 고비를 넘어 '줄지어 걷지 않아도 괜찮다'는 경지에 이른 선생님들의 노고에 말로 다 못할 존경과 고마운 마음을 보냅니다.

추천의 글

멋지다, 우리 모두

전준옥
두루유치원장

두루유치원으로 근무를 발령받고 혁신에 대한 막연한 부담이 생겨났다. 세종 최초 혁신유치원이라는 타이틀이 주는 무게감 때문이었다. 발전기를 넘어 선도기로 접어든 혁신유치원에서 관리자의 역할을 어떻게 설정해야 할지 책임이 막중했다.

부임을 앞두고 혁신에 대한 두려움과 기대가 점차 몰려왔다. 선생님들이 교육혁신이라는 명분으로 교사의 이익만 앞세우는 건 아닐까 하는 걱정도 들었다. 더구나 혁신유치원이 확산되는 세종시 교육에서 운영에 대한 책임감은 너무 컸다. 그러나 이러한 부담을 안고 시작한 두루유치원 생활은 그동안의 생각이 선입견이자 기우였음을 깨닫게 했다.

두루의 교사들 서로가 공동체 안에서 다양성을 인정받고 있었다. 무엇보다 아이의 건강하고 행복한 삶에 모든 교육과정의 중심을 두고 있었다. 힘들더라도 해야 할 일이라고 합의가 이루어지면 지체 없이 실행하고 교사들 모두 현실에 안주하지 않았다. 무엇보다도 스스로 성장하려는 노력을 아끼지 않았다. 그 결과 4년 동안 교사들의 자존감과 교육적 가치관은 확고하고 분명해졌다.

혁신유치원을 운영하면서 모든 교직원들이 함께 모여 서로의 생각을 나누는 시간이 많았다. 그때마다 다른 생각을 받아들이는 일이 쉽지만은 않았다. 치열한 토론의 과정의 연속이었다. 그 과정에서 각자가 생각하는 유치원, 유아, 교사의 바람직한 상에 대한 이야기, 업무에 대한 불편하지만 꼭 해야 할 이야기들이 오갔다. 물론 가장 중요한 합의점을 찾아가는 과정의 중심축은 유아였다. 아이는 어떤 유치원에서 자신을 삶을 살고 싶어 할까? 아이를 어떻게 키워낼 것인가? 등에 중점에 두고 나름대로 철학을 세우고 과감하게 변화를 추구해왔다.

이 책에는 이러한 고민과 실천의 내용을 담았다. 교사들이 스스로 변화함으로써 각자 어떻게 성장하였는지를 파노라마처럼 보여주며, 유치원 내부에서의 변화와 교육청의 외부 지원은 '줄탁동시'처럼 어떻게 서로 조응해 유의미한 결과를 내놓았는지도 보여준다. 또한 책에는 끊임없이 나아가기 위한 선생님들의 노력과, 놀이를 통해 아이들의 생각과 주도성을 이끈 경험, 아이를 행복하게 키워내려는 철학적 고민들도 펼쳐진다. 학부모와 교육철학을 수없이 공유하는 과정도 결코 쉽지 않았음을 이 책에서 볼 수 있을 것이다.

서로를 세워 우리가 된 혁신유치원에 대해 궁금한 분들이 많다. 이 책을 통해서 함께 그 고민을 나눌 수 있기를 기대한다. 우리가 아이들이 건강하게 자랄 수 있게 어떻게 돕고 지원할 수 있는가에 대한 관점과 철학을 공유할 수 있다면 더할 나위 없이 기쁜 일이다. 변화를 두려워하는 선생님들에게도 좋은 지침이 되어 줄 것이다.

세종 최초 혁신유치원 4년의 운영을 마무리하면서 이 책을 통해 지나온 과정을 소중하게 기억할 수 있기를 바라며, 수고한 모든 교사들에게 고마운 마음을 전한다.

차례

3부 자율과 협력의 생활공동체

4부 아이다움교육과정

백은미
두루유치원 교사

유치원에서 아이들은 처음 만나는 어른에 대한 판단을 직감으로 한다. 그 판단이 대부분 정확하게 맞는다는 생각을 한다. 아이는 사람이 서 있는 모습이나 숨결을 한순간에 파악하여 그 어른이 자신을 지켜주고 자신의 바람을 들어주는 사람인지 아닌지를 생각한다. 아이들 특유의 모습이나 표정 외에 사람의 숨결을 읽어낸다는 것이 어린아이들만의 특별한 능력인 것이다.

아이는 삶에서 늘 누군가와 만난다. 그 만남에서 신뢰감과 안정감을 얻고자 한다.

우리는 자신의 삶 자체를 기뻐해 주기를 바라는 아이와 만난다. 아이들은 성장하는 것만을 바라보는 것이 아니라 자신을 소중하게 봐주고 따뜻한 눈빛으로 바라봐주기를 원한다. 그러나 우리가 과연 진심으로 아이들을 대하고 있는지, 아이들의 생각을 제대로 듣고 있는지 되돌아보자. 우리는 아이들을 충분히 기다려 주고 있는지, 아이가 원하는 것을 이루도록 돕고 있는지, 그렇지 못하고 있다면 그 이유는 무엇일까 생각해보자.

이런 고민들을 제대로 하기 위해서 교사는 풍부한 감수성과 통찰하는 지성이 있어야 한다.

2015년 개원한 세종특별자치시 두루유치원에는 9개 학급이 인가를 받았다. 주변에 아파트 입주가 완료되지 않아 만 5세 학급의 경우 정원을 채우지 못한 상태에서 운영을 해야 했다. 첫해의 운영은 기억을 하고 싶지 않을 정도로 힘들었다. 신설 유치원이라 갖추어진 것보다 갖추어야 할 것들이 더 많아 교사의 업무는 막중했다. 체계가 자리를 잡아가는 중임을 감안하지 않은 학부모의 민원도 늘 힘든 일이었다. 게다가 교사들은 새로운 환경에 적응해 가는 과정이어서 업무의 피로도는 높았다. 그런 두루유치원이 5년이 지난 지금 엄청난 도약을 이루었다.

많은 교육 관계자들이 어떻게 그렇게 빠르게 성장할 수 있었는지 궁금해 한다. 매해 두루의 사례를 듣고자 많은 관리자, 교사가 방문한다. 세종시 교육청에서는 연수원 학교를 개설해 더 많은 유치원이 두루의 사례를 보고 확산되기를 원한다. 첫해의 힘든 시기를 '두루는 어떻게 극복했을까?'라고 묻는다면 극복하지 않았다고 말하겠다. 극복하지 않았다. 그것을 받아들였다. '우리는 부족하구나. 우리를 채우고 변하자' 라고 생각했고 실행에 옮겼다. 우리를 제대로 보는 일 부터 시작하였다.

우리의 변화에는 2016년 연구부장인 교사 최성미의 역할이 컸다. 교사들에게 '우리가 아이의 삶을 진심으로 바라보는 교사'로 성장하자고 제안한 것이다. 세종시교육청은 두루유치원을 혁신유치원으로 지정해줌으로써 성장의 발판을 마련해 주었다. 혁신유치원이 지정되면서 우리는 그동안 당연하게 여겼던 것들을 다르게 보고 다시 생각해보는 기회를 가졌다. 모든 일에는 사람이 중요하다. 두루의 신규 교사들은 새로운 것을 수용하고 새로운 시도에 적극적으로 참여하는 사고의 유연성을 갖고 있었다. 처음부터 중요하게 봐야 할 것은 아이를 키워 내기 위한 철학이었다. 유아교육에 대한 근본적인 질문을 공유하는 과정을 가졌다. 그 과정이 바로 전문적학습공동체이다. 유치원은 교사와 있는 모든 시간이 수업이다. 그래서 수업 혁신을 이루는 방법을 찾는 과정이 중요했다.

이 방법 찾기 과정이 전문적학습공동체를 통해 이루어졌다. 매회 수 많은 생각들이 오고 가는 과정이 교사 최성미의 글에 담겨 있다.

길을 걸을 때 혼자서만 걷다 보면 지치게 마련이다. 그래서 함께 걷는 교사의 발걸음이 필요하다. 2016년 2학기부터 교사 박지현은 전문적학습공동체를 통해 교사들이 함께 걷도록 독려하는 역할을 맡았다. 사실 그 과정들을 여기 책에 담기는 어렵다. 결과만을 본 외부의 시선들은 두루의 혁신의 과정들이 쉽게 얻어진 것처럼 보일 수 있지만 결코 만만하지 않은 시간이었다. 두루의 교사들이 동료성이 발휘되도록 다각적으로 살피는 일들이 쉬운 일은 아니었을 것이다. 혁신유치원으로 정착하기 위한 2017년은 수업의 혁신이 이루어지는 시기였다.

세종의 아이다움교육과정이 설계되면서 그 시도를 두루유치원에서 해 본 것이다. 아이다움교육과정은 두루의 공간혁신 등 다양한 실험적 접근으로 이루어졌다. 기존의 한계를 걷어내는 일부터 한걸음 더 나아가는 창의적교육과정으로 펼쳐졌다. 유아의 주도성을 기반으로 놀이의 의미를 이해하고 교실에서 놀이가 자유롭게 펼쳐지게 한 것이다. 정착기를 거쳐 도약하는 시기인 2018년에는 교무부장 김혜진의 체계성이 발휘되어 혁신유치원의 다양한 성과를 이루게 되었다.

먼저 교사들의 기록화 부분이다. 다양한 방법들이 기록화에 사용될 수 있다는 것을 인정하는 합의 문화가 있었다. 그리고 놀이를 제대로 읽어주는 기록으로 우리 두루만의 방법을 찾아가는 과정이 있었다. 다음으로 자치문화였다. 교사자치를 이루기 위해 혁신 4년의 시간이 지난했다면 유아자치는 순조롭게 이루어졌다. 교사들은 자신들의 자치를 추진하고 경험해 본 후 아이들과 교실 안에서 실천으로 이어갔다. 놀이와 생활습관 부분에서 자치를 실천한 것이다. 학부모자치는 천천히 이루어가고 있지만 지금 단계는 다른 유치원과 비교하면 많이 앞서 가고 있다.

자율성을 갖고 해보는 경험을 한 것과 아닌 경우는 삶을 바라보는 관점마저도 차이를 만든다. 자율은 결국 내가 선택한 것에 대한 자유를 인정 받는 것이어서 아이나 교사 모두가 행복한 삶에 많은 영향을 준다. 내가 해볼 수 있는 기회를 얻게 되고, 나의 선택이 긍정적으로 수용되면 나를 둘러싼 세상에 대한 신뢰가 생긴다. 그 신뢰감은 서로를 세우는 공동체성으로 발휘되어 사회를 긍정적으로 변하게 한다. 그 과정을 통해 교사는 동료직원과, 아이는 친구와 협력하는 문화를 이루는 것이다. 전입해온 교사들이 잘 적응하도록 지원받았던 내용들을 읽다 보면 누구라도 두루유치원에 새로 전입해오면 두루의 자율과 협력 문화에 자연스럽게 물들어 갈 수 있겠다는 생각을 해본다.

아이를 기다려주는 일이 쉽지 않듯이 교사들의 교육혁신을 수용하는 일이 두루공동체(관리자,행정,지원부서)입장에서는 쉬운 일이 아니었을 것이다. 그럼에도 아이의 행복한 삶을 이어가려는 교육철학에 공감하고 동의해주는 일을 해준 모든 구성원들에게 감사의 마음을 전한다.

이 책은 지난 5년의 두루유치원 교사들의 이야기를 담았다. 온전히 깊이 들어가 함께 시간을 이어온 동료 교사들이 서로를 세워 우리가 된 이야기이다. 교육과정 운영으로 시간이 많이 부족했던 시기인데 책을 만들기 위해 새벽까지 고민해준 우리 모두가 참 좋다. 모두 모두 고마운 기록이다.

1부

민주적 유치원 운영체제

1

여행을 좋아하세요?

혁신유치원으로 떠난 여행기

최성미
2016~2018학년도 혁신부장

나는 여행을 참 좋아한다. 여행 경로를 정하고, 숙소를 선정하고, 교통티켓을 끊기 위해 이것저것 알아보는 것이 그렇게 설레고 좋을 수 없다.

세상은 넓고 가볼 수 있는 곳이 많다는 것은 나를 흥분하게 만든다. 돌이켜 보면 혁신유치원에 몸담고 있었던 시간은 가보지 못한 곳으로 떠난 흥미로운 여행이었다는 생각이 든다. 물론 두루유치원 교직원들과 함께 떠난 여행이었고, 으레 그렇듯 처음 떠난 여행에서 만난 좌충우돌, 우여곡절 에피소드도 당연히 적지 않았다. 그러나 지금 이 자리에 앉아 지난 여행을 떠올려 보자면 생계형 유치원 교사에서 한층 전문적인 유치원 교사로 껑충 성장시켜준 유익한 여행이었음이 분명하다.

누구는 여행을 귀찮아하고, 누구는 여행을 참 좋아한다. '나는 잘 모르니 정해주는 대로 가자'는 패키지형도 있고, 가고 싶은 곳을 미리 생각해둔 자유여행 스타일도 있다. 그런데 우리가 함께한 여행에서는 우습게도 모든 눈이 여행을 시작해보자고 했던 '나'

만 바라보는 것 같았고, 이 여행의 승패는 나에게 달려 있는 것만 같은 생각이 들기도 했다. 그래서인지 어느 날은 이유 없이 우울해지기도 했고, 왜 이 여행을 떠나자고 했을까 짜증나고 후회스럽기도 했다. 그런데 가만 생각해보면 난 너무나 큰 착각을 하고 있었던 것이다.

'내가 사장님인가? 가이드인가?'

'나도 처음 가고 있는 길인데 당연히 실수도 할 수 있어.'

어디로, 어떻게, 무엇을 보기 위해 떠나고 준비할지는 함께 의논하고 정하면 되고, 설사 그것이 잘못 되었다 해도 그 또한 경험인 것을 뭐가 그리 무섭고 겁났을까?

아무것도 가진 것이 없는 게 들킬까봐 그렇게 집 근처 세종국립도서관을 들락거렸다. 열정과 실행 사이에 이렇게 큰 간극이 있다는 것을 뒤늦게 알고 나의 신중하지 못함을 타박하기도 했다. 그러나 옳은 길을 찾아간다는 희망은 식은 열정을 다시금 불붙여주기에 충분했다.

우리 여행의 목적은 '유아교육의 본질'을 향한 여행이었고, 유치원을 아이들에게 돌려주자는 생각은 모두 같은 마음이었으리라. 지금부터는 순전히(?) 혁신부장이었던 나의 관점에서 3년간의 혁신유치원을 향해 떠난 여행 이야기를 풀어보고자 한다.

우리는 얼마나 민주적인 유치원에 있는가?

실제 학급 운영을 하며 겪는 다양한 구조적인 모순과 어려움에 많은 교사들은 항상 불만을 토로하면서도 그 변화에 대해서는 늘 두려움을 가진다. 원장과 원감 등 관리자에 대한 불만과 유치원 체제에 대해 누가 더 불만이 많은가 고민 자랑 대회를 벌이면서도 결국은 그것을 해결할 수 있는 시간이 주어져도 늘 입을 다물고 마는 것이다. 그것은 아마 지난 시간 아무리 말을 해도 변하지 않았던 현실을 겪은 탓이거나, 변화에 대한 시도는 결국 화살로 돌아오는 경험을 온몸으로 표현하고 있었던 것이 아닌가 싶다.

그러나 불만이 가득한 교사들조차 아이들과 대면하는 교실 안에서 과연 우리는 얼마나 민주적이었는가 생각해 보아야 한다. 우리 교사 집단이 그리한 것처럼 아이들에게도 자유롭게 이야기해보라는 말을 하면서도 아이들이 내놓은 너무나 영롱하고 창의적인 대답에 천사 같은 웃음으로 다른 대답을 유도하거나 '네, 아니오'와 같은 단답형 대답을 유도하고 마는 것이다.

작은 교실 속에서조차 군림하는 보이지 않는 교사의 권위를 겪은 아이들에게 민주적인 분위기를 경험해 보게 할 수 있을까? 터놓고 이야기하기 힘든 부끄러운 질문에 결국 들여다봐야 할 것은 정작 유치원이라는 공간이 '얼마나 안전하고 편안하게 의견을 주고받을 수 있는 곳인가' 라는 되물음 아니었을까? 그러나 권위나 관습에 무뎌져 회의라는 이름의 부장과 관리자의 '전달시간'은 다분히 무질문과 무대답의 향연이었고, 그 안에서 '생각'과 '토론'의 시간은 정작 없었다.

민주적인 상황을 겪고 있지 못하는 교사에게 민주적인 학급 운영을 기대할 수 있겠는가? 그것은 처음 가보는 식당에서 온 가족을 위해 새로운 메뉴를 주문해야 하는 것처럼 낯선 것이었다. 공문으로 날아오는, 머릿속으로는 이해하나 실행하기에는 '어떻게?'라는 답변이 먼저 나오는, '민주적인 유치원 문화 만들기'라는 질문에 많은 교사는 '이미 나도 하고 있어'라고 대답할지 모른다. 그러나 그 대답은 아마 교사가 아닌 아이들에게서 들어야 할 것이다. 우리는 바로 여기에서 시작했다.

2017 '민주적인 의사소통 문화' 교육과정 평가 설문지-교직원

우리 유치원(에서)는…		전혀	드물게	가끔	자주	항상
1	자신의 의견 발표 내용과 방법을 조절할 수 있는 분위기이다	①	②	③	④	⑤
2	교직원은 서로의 관점차이를 찾고, 그 생각과 감정을 정확하게 이해하고자 노력한다.	①	②	③	④	⑤

3	의사소통 과정과 결정이 원활하게 진행될 수 있는 시간과 공간적 여건이 조성되어 있다.	①	②	③	④	⑤
4	협의회시 가능한 모든 사람이 골고루 발언에 참여하기 위한 규칙이나 효율적인 장치가 마련되어 있다.	①	②	③	④	⑤
5	전자 매체 등을 효율적으로 사용하며 개별 또는 집단 간 연락을 하고 소통을 한다	①	②	③	④	⑤
6	협의회에서 결정된 사항을 존중하고 따른다.	①	②	③	④	⑤
오른쪽 칸에 1-6의 합계를 적으세요.		합계 1-6				

작은 실천 1. 말할 수 있는 문화 만들기

위와 같은 우리의 유치원 문화에 대해 모두가 공감할 만한 진단을 한 후, 적나라한 진단 결과에 따라 우리는 이것을 깨트리기 위한, 다분히 유치하지만 그러나 과감한(?) 시도부터 시작했다.

두루 회의 문화 만들기

1. 규칙
  가. 저 연령 교사부터 모두 말하기
  나. 상대방 이야기 끝까지 듣기(끼어들지 않기)
  나. 3분 이내로 의견 말하기
  다. 어떤 의견도 비평하지 않고 수용하기
  다. 회의 날짜별 교대로 회의록 작성하기(노트북)

2. 회의 진행
  가. 모두 말하되 저 연령 교사부터 의견 제시하기
  나. 의견 듣고 내 의견 말하기
  다. 동의, 비동의 의견 말하기
  라. 전체 이야기 듣기
  마. 결정사항은 결정 또는 2차 협의 날짜 정하여 다시 정하기

우리의 회의시간은 이러한 약속을 지키기 위한 연습시간이었고, 말하는 분위기를 만들기 위한 노력의 연속이었다. 어떠한 의견을 내놓더라도 긍정적으로 피드백하고, 주눅 들지 않는 분위기를 만들도록 모든 교직원들이 노력했다. 그리고 그동안 일부 몇 사람들(원장, 원감, 부장, 경력 많은 교사들)이 도맡았던 발언시간을 모든 교사들이 나눠가질 수 있도록 타임아웃(알람정하기) 같은 다양한 방법들도 사용했다. 그리고 이 약속은 한 달 안에 더 이상 필요하지 않을 정도로 다양한 의견을 주고받을 수 있는 분위기로 바뀌었다. 우리는 말을 못하는 사람들이 아니라 말을 할 수 없었던 상황이 있었을 뿐이었다.

작은 실천 2. 함께 정한 것은 꼭 실천하기

'민주적'이라 함은 '민주적'이라는 단어를 굳이 떠올리지 않더라도 가랑비에 옷 젖듯 서서히 우리 안에 내재되어야 할 것이었다. 이는 누가 보고 있든, 보고 있지 않든, 내 문제가 아닌 공동의 문제이고, 공동의 해결과제라는 주인의식을 가지는 것에서 출발한다.

한 가지 일화를 소개하자면, 학기 초 교육과정을 만들며 아이들에게 유치원을 어떻게 꾸미고 싶은지 질문을 던졌다. 그러자 다수의 아이들이 물고기를 키우고 싶다는 답을 내놓았다.

여기서 답을 듣는 것에만 그쳤다면 아마 민주적인 시늉에만 그쳤을 것이다. 그러나 우리는 아이들의 의견을 듣는 데서 그치지 않고, 그것을 가급적 빠른 시간에 실행했다. 아이들이 자주 오가는 계단 위 복도에 커다란 어항을 준비하고, 어항을 제대로 관리해 줄 물고기 관리 업체도 계약했다. (물론 아이들이 관리한다면 좋았겠지만 거기까지는 무리라고 판단했다.) 다만 우리 모두가 원해서 준비

아이들의 목소리를 듣는 '학급다모임' 장면

한 어항과 물고기들이므로 함께 지켜야 할 규칙들을 유아학급다모임을 통해 정하고 게시했다.

이제 계단 옆에 비치된 형형색색의 물고기들이 숨 쉬고 있는 큰 어항은 아이들이 지나가다 꼭 한 번씩 들리는 단골 코스가 되었다. 교사들도 이곳에 큰 관심을 보이는 아이들에게 위험하다고 접근하지 못하게 하지 않았다. 이 공간은 교사들이 보기 좋게 만든 유치원 복도가 아니라, 아이들이 생각하고 만들어낸, 진짜 아이들의 힐링 공간이었기 때문이었다.

이와 같은 작은 토론과 실행이 아이들로 하여금 안전하게 의견을 내놓을 수 있는 공간임을 숨 쉬듯 확인시켜 주었고, 교사들이 빠르게 실행할 수 있도록 행정실과 관리자들은 큰 도움을 주었다. 유치원의 주인은 아이들이라는 것은 느끼는 순간이었다.

여기서 행정실이나 관리자가 이런저런 이유로 결제를 미룬다거나 의견을 번복하게 한다면 교사나 아이들 모두 힘이 빠지고, 우리의 의견은 한 사람에 의해 좌지우지되는 몹시 가벼운 것이라는 것을 확인하는 어처구니없는 상황이 벌어질 것이다.

그러나 이러한 상황이 초래되기 전에 빠르게 실행함으로써 우리가 함께 만드는 멋진 민주적 상황들이 생겨나게 된 것이다. 아마도 이것을 실행하기에는 앞서 많은 토론과 협의를 거쳐 왔던 길고도 진지한 시간이 있었기에 가능했다고 생각한다.

힘들지만 꼭 필요한 교직원들의 시간-교육과정 평가회

위에 언급한 두루유치원 교직원 간의 많은 토론과 협의회 시간은 바로 교육과정 평가회를 뜻한다. 교육과정 평가회란 말 그대로 한 해 혹은 한 학기의 교육과정을 돌아보고 평가하는 시간을 말한다.

과거 매년 행해졌던 교육과정 평가회를 돌아보면 참으로 의미 없는 시간낭비라는 생각이 들 정도로 형식적이고 따분했던 기억이 난다. 어차피 이 시간이 있건 없건 우리의 교육과정은 전 년도 교육과정을 다시금 반복해서 진행할 것이기 때문이다. 그러나 두루유치원에서의 교육과정 평가회는 변화를 시작하기 위한 '중요한 열쇠'로 작용했다.

민주적인 유치원 운영이라 함은 보통 관리자의 민주적 운영을 의미한다고 생각한다. 그러나 그것은 큰 착각이다. 유치원의 민주적 운영은 한 사람의 노력으로 이루어지는 것이 아니기 때문이다. 유치원 운영에 필요한 모든 구성원들(교원, 행정실, 급식실, 자원봉사자들)과의 협의와 공유는 지속가능하고 더욱 강력한 힘을 만들어내기에 반드시 필요하다. 일부 교직원들끼리 정한 협의를 이렇게 정해졌으니 나머지는 따르라는 것은 지극히 일방적인이고 수동적인 지시이다. 여기에 대부분의 교사와 구성원들이 과연 얼마나 주인의식을 느낄 수 있겠는가.

우리는 두루유치원 운영에 반드시 필요한 사항들은 함께 협의하여 정하기로 약속했다. 그 과정에는 물론 많은 토론과 시간이 필요했다. 교육과정 평가를 위해 모이는 워크숍을 준비하기 위해 담당자로서 많은 노력을 기울였지만, 나머지 구성원들에게는 또다른 야근(?)이라는 생각이 있었을지도 모른다. 그러나 앞으로 1년간 유치원의 합리적이고 민주화된 운영을 위해서는 필요한 시간임이 분명했다.

교육과정 평가회의 중요성에 대한 설명과 함께 그 방법을 함께 고민하고 연구하여 며칠 간 대장정의 교육과정 평가회를 거쳤다. 그리고 이것을 나머지 구성원들과 공유하고 합의하기 위해 1박 2일의 교육과정 워크숍을 가졌다.

2017학년도 교육과정 평가회 계획

순	내용	대상	활동내용	논의구조	실행시기
1	계획 수립 전 사전 조사	원장 원감 부장	• 교육과정 평가 및 수립을 위한 전문가 워크숍 (경기도 서정초 김○○ 교장)	토론	11.2
2	방과후 평가	방과후 교사	• 방과후 교사 교육과정 평가 - 자체 실시 후 안건 협의 공유	토론	11.4
3	평가설문을 위한 설문 작성	교직원	• 교육과정 평가 및 교육과정 수립을 위한 설문지 작성 - 4대 영역 중심(교직원, 유아, 학부모) - 내년도 교육과정 수립을 위한 부서별 자체 설문 제출 (11.10)	토론	11.6~14
4	설문실시	교육 공동체	• 설문(혁신 4대 영역 위주) 실시 - 학부모: 학교 종이앱 / 온두루교육축제 - 유아: 면담 및 설문 - 교직원: 구글드라이브 및 중간평가시 실시	설문	11.20~24
5	교육과정 평가 및 협의회	교직원	• 연령별 교육과정 평가 - 연령별 잘된 점 - 아쉬운 점 - 2018년도 반영할 점 ※ 핵심요소: 온두루 교육철학, 수업, 교육과정, 평가 • 연령별 평가 결과공유 (12.8)	토론	• 연령별 실시 • 원장, 원감 참여
6			• 평가 및 교육과정 협의회 - 4대 영역별 연구팀 협의회 및 제안서 작성, 제출(12.7까지)	토론	12.4~7
7	전체 교육과정 운영 방향수립	교직원	• 유치원 비전 재정립 - 비전, 유아상, 교사상, 학부모상 재정립 • 4대 영역별 연구팀 제안서 공유 및 협의 - 즐거운 배움과 성장 - 건강한 몸과 따뜻한 감성 - 행복한 공동체가 만들어 가는 유치원 • 학사일정 협의	토론	12.8~9 (1박 2일)

8	전체 교육과정 워크숍	교직원	• 최종 합의 결과 공유		12.15~16 (1박 2일)
9	연령별 교육과정 만들기	각연령	전체 교육과정을 바탕으로 비전과 철학을 반영한 교육과정 실행지도를 중심으로 연령별 교육과정 목표, 특색, 주제 구성 등	토론	~2019. 2월
	연령 계획 공개와 공유	교직원	연령별의 계획에 대한 공개와 공유 및 수정	토론	2019.2월
10	2018학년도 교육과정 완성	교직원	전체 유치원 교육과정 완성 및 공유	토론	2019.2월

교육과정 평가회의 힘-변화의 시작

위에 언급한대로 우리는 제대로 된 평가회를 하기 위해 교육과정 평가회 시간을 잘 거쳐 온 교사들의 연수를 찾아다니기도 하고, 『교육과정에 돌직구를 던져라』와 같은 책도 찾아보았다. 미리 수차례 사전 협의회를 통해 효율적인 교육과정 평가회 방법을 협의하는 시간도 거쳤다.

그리고 결전의 시간. 며칠 동안 세세한 평가회를 시작하였다. 아무 의미 없이 주어졌던 교육과정이 우리의 교육과정으로 빠르게 의미를 되찾아갔다. 바쁘게 돌아가는 연말의 행정실이나 급식실의 사정을 뻔히 알기에 귀한 시간을 내준 모두에게 감사해 하며, 우리에게 교육적으로 필요한 것과 필요하지 않은 것들을 남기고 제거해 갔다. 서로 다른 의견이 완강하게 오갈 것이라고 생각하고 마음을 강건히 하고 회의에 들어갔으나 의외로 대부분의 교직원들 생각에는 많은 합의점들이 있었음에 놀랐다.

그중 보여주기 식의 관례적이고 의미 없던 행사와 교사들이 정해둔 현장학습도 다시 생각해 보게 되었다. 우리가 1년간 숨 가쁘게 아이들을 위해 진행했던 많은 교육 활동들이 알고 보면 교직원들의 편의를 위한 것이었고, 아이들의 생각은 듣지도 않고 미리 세워놓고 해치우기에 바빴던 미션이지 않았을까, 라는 반성도 많이 했다.

그리고 교사들을 지원하는 자리에 있다고 생각했던 다른 직원들도 자기 자리에서 열심히 그동안의 교육과정에 대해 회상하며 그에 대한 각자의 생각들을 세심히 알려주며, 교사들이 보지 못한 시각에서 다양한 의견을 주셨다. 교사가 아닌 제3자의 입장에서 살펴본 교육과정은 더욱 전문적인 것도 많았고, 다시 생각해 볼 수 있는 여지를 주기에 충분한 부분도 많았다.

예를 들면 모든 학교에서 시행하는 생태텃밭활동이 실제로 아이들의 참여는 매우 저조하고 관례적으로 이루어지는 것이 많았다. 우리 유치원에서도 물론 생태텃밭활동을 매해 진행하였는데, 이번 교육과정 평가회에 텃밭관리를 담당해준 주무관님의 참여로 몰랐던 사실을 많이 알게 되었다.

아이들의 생태 관점을 위해 늘 교육과정에 텃밭활동을 넣기는 하지만 텃밭관리에 소홀한 것이 사실이었다. 그것은 실제로 교사들이 텃밭이나 텃밭식물에 대한 제대로 된 관심과 지식이 너무 부족했기 때문이고, 그런 상황에서 아이들과 진지한 활동을 실행하기는 어렵다는 것을 알고는 있었으나 딱히 개선할 의지도 없었기 때문이다.

이런 사정을 텃밭관리에 도움을 준 주무관님은 정확히 꿰뚫어보고 계셨고, 먼저 교사들의 텃밭생태에 대한 관심이 필요하다고 말씀하셨다. 이런 문제점을 개선하기 위해 우리는 학기 초에 주무관님을 통한 텃밭연수를 계획할 수 있었다. 그리고 이 연수는 실제로 아이들과 길러보고 싶은 식물을 알아보고, 이야기를 나눌 때 많은 도움이 되었다. 이를 계기로 텃밭에 더욱 관심이 많이 생긴 학급에서는 봄, 가을 두 번이나 텃밭 수확을 하기도 하고, 유치원 곳곳에 자라나고 있는 다양한 생태 작물에 대해 아이들과 더 많이 교류하는 계기가 되었다.

한편 교육과정 평가회를 통한 좋은 성과 중 한 가지는 급식실의 변화였다. 기존에는 아이들의 급식량과 잔반에 많은 관심을 두었던 반면에, 평가회를 거치면서 매해 급식실 직원들도 교육과정에 더욱 깊숙이 참여하는 것을 몸으로 느낄 수 있었다.

예를 들면 우리 유치원 급식실에서는 월별로 원아들의 생일을 전 유아가 모이는 급식실에서 함께 식사시간 전 축하하는 시간을 가지게 되었다. 이는 교사들이 요청한 사항이 아니었다. 급식실 직원들 스스로가 함께 원아들의 생일 축하를 위해 조각 케익을 후식메뉴로 준비하고,

월별 생일 축하의 날

다 함께 축하 노래를 불러줄 수 있는 음악과 영상을 제공하며, 생일 원아의 사진을 찍어 학부모들이 공유할 수 있도록 학교종이 어플에도 게시한 것이었다. 보통 각 학급에서 따로 원아들끼리 축하해 주는 시간을 가지는데 10여 년의 재직기간 동안 여러 유치원에 몸담았지만, 급식실에서 아이들의 생일을 기억하여 점심시간에 다른 반 아이들도 함께 축하하는 경험은 처음이어서 놀랍고 감사했다.

그래서 교사들도 미리 생일인 원아를 위해 교실에서 생일 축하 왕관을 만들어 가며 축하 분위기를 고조시키는 데 동참했다. 100명이 넘는 아이들과 교사들의 축하를 받은 아이는 얼떨떨해 하면서, 기쁜 마음에 식사시간 내내 웃음이 가시지 않는 모습이었고, 그 모습을 보는 교사들 역시 마음이 흐뭇해졌다.

급식실 직원들의 감동은 이에 그치지 않았는데, 160여 명의 원아 이름을 하나하나 기억하여 식사배식 중 다정히 불러주었으며 우유급식과 점심메뉴 선정에 원아들의 의견을 취합하고 반영하기도 하였다.

4시간의 교육과정 가운데 1시간가량을 차지하는 점심시간은 매우 중요한 교육과정임이 분명하다. 그러나 그동안 점심시간의 의미는 차려주는 음식을 먹고, 양치 후 쉬는 시간 정도로 그쳤던 것 같다. 교육과정의 단순 지원자에서 적극적 참여자로 바뀌는 모습을 볼 수 있었던 급식실 직원들의 변화는 교육과정 평가회의 중요함을 느낄 수 있는 고마운 시간임이 분명했다.

교육과정 속에 담아야 하는 것

유치원에는 누리과정이라는 유치원 교육과정이 있다. 흔히 많은 유치원 교사는 누리과정 지도서에 있는 많은 교육활동을 대부분 따라서 해야 하는 것으로 착각하고 있다. 그래서 교실은 항상 바쁘고, 할 것이 너무 많다고 생각한다. 그러나 실제로 누리과정 지도서의 교육활동은 예시일 뿐이고, 교실 환경에 따라 재구성하면 된다. 누리과정 속에서 교사가 중요하게 생각해야 것은 교육의 목표이다.

문제는 과연 우리의 교육과정이 누리과정 속 많은 교육목표를 담아낼 수 있을 것인가 하는 것이었다. 나 역시 처음에는 고민스러웠다. 우리가 1년 동안 행한 많은 교육활동(이하 놀이)은 가만히 분석해 보면 분명히 누리과정 속 교육목표를 구현해 내지 않은 것이 없는데, 이것을 어떻게 교육계획서의 활자에 담아 낼 것인가 하는 것이 문제였다.

이 고민을 해결하기 위해 교육과정 평가회 시간의 한 파트로 두루유치원 교육과정과 누리과정의 연계성에 대해 선생님들과 생각하는 시간을 가졌다. 두루교육과정의 첫 시작을 위해 우리가 유치원 교육과정에서 담고 싶은 신념과 철학에 대해 수많은 단어 속에서 꼭 담고 싶은 단어를 모아 교육의 비전을 문장으로 만드는 뜻 깊은 시간을 가진 것이다.

2016학년도 두루유치원 첫 교육비전 만들기 요약

가. 유아, 학부모, 교사, 유치원에 대한 우리의 생각 꺼내보기
1) 우리가 바라는 아이들은? (유아상) - 남을 배려하는 아이, 감정을 공감하는 아이, 자기 생각을 잘 표현하는 아이 2) 우리가 바라는 학부모는?(학부모상) - 사전 학부모 설문 참고 - 교사를 존중하는 학부모, 유치원과 협력을 가지고 공동체 의식을 가진 학부모 3) 아이들이 바라는 교사는?(교직원상) - 재밌게 놀아주는 선생님, 이야기를 잘 들어주는 선생님

4) 우리 모두가 바라는 유치원의 모습은?(유치원상)
  - 즐겁고 행복한 유치원, 모든 사람이 소외되지 않는 유치원, 공동체로 협력, 소통하는 유치원

나. 비전을 세우기 위해 제일 많이 나온 중심 키워드는?
  - 비전 속에는 유치원의 모든 주체(유아, 학부모, 교직원)이 다 담기도록 하기

1) 아이: 배려, 사랑, 공감, 행복

2) 부모: 존중, 협력, 아이사랑, 행복

3) 교직원: 경청, 존중, 이해, 친절

4) 유치원: 행복, 사랑, 소통, 협력

다. 키워드를 넣은 비전 문장 만들어보기

1. 사랑하는 마음으로 남을 배려하고 존중하는 행복한 유치원

2. 아이들을 사랑하는 사람들이 만든 아이들이 행복한 유치원

3. 존중과 협력 속에 사랑으로 하나 되는 유치원

4. 공감과 이해를 바탕으로 경청하고 존중하는 유치원

5. 서로 사랑하며 존중하는 마음으로 모두가 행복한 유치원

6. 스스로 배우고 함께 성장하는 행복한 학교(교육공동체)

7. 존중과 배려로 행복한 유치원

8. 서로 사랑하며 더불어 배우는 삶 속에 모두가 행복한 유치원

9. 나누는 기쁨과 함께하는 즐거움을 실천하는 유치원

10. 나와 네가 즐거운 유치원

★가장 많은 교원이 공감한 문장 (2016학년도 두루유치원 비전)
"나누는 기쁨과 함께하는 즐거움을 실천하는 유치원"

이렇게 함께 만든 교육비전은 우리 교육과정의 방향을 제시해 주었다. 이러한 방향을 근거로 우리는 두루유치원 교육과정을 창의적으로 재구성할 수 있었고, 봄, 여름, 가을, 겨울이라는 사계절의 연속성 속에 '배움-자람-고마움-나눔'이라는 교육과정의 범주를 세울 수 있었다.

그리고 그 속에서 다양한 놀이로 범주의 잔가지(교육활동)들을 펼칠 수 있었다. 이제 교육과정의 완성은 아이들과 하면 되는 것이었다. 너무나 홀가분하고 든든한 교육과정의 스타트를 끊는 순간이었다. 이는 나중에 두루유치원 교육과정의 기틀이 되었고, 물론 누리과정의 다양한 교육목표를 모두 달성할 수 있는 범위 안에 있음을 확인할 수 있다. 2016년에 함께 처음 세운 교육의 범주는 매년 다시 고민해봐도 멋진 교육의 연속성을 가지고 있었고, 우리의 전통처럼 꾸준히 지켜나가고 있다.

교육과정이라는 이름의 교육계획서에는 우리가 1년 동안 행하는 교육과정을 보기 쉽게 정리하여 많은 구성원들과 공유하고 있다. 그러나 많은 학교와 유치원에서는 일부 교원들(원장, 원감, 부장교사)만이 고민하여 보기 좋게 다듬은 교육과정을 교직원과 학기 초 한번 읽어보는 것으로 교육과정 만들기를 대신하고 있다. 이는 매우 잘못된 방법이다.

학기 초 완벽하게 구성한 교육계획서는 틀림없이 수행해야만 하는 미션지의 역할을 하고, 이를 완벽히 수행하지 못했을 때 죄책감을 불러일으키기까지 한다. 그러나 교육과정은 유아, 교직원, 학부모가 함께 만들어 나가야 하고, 유치원 상황과 시대에 맞추어 변할 수 있는 유연성이 있어야 하므로 당연히 미완성이어야 한다. 다만 우리가 나아가야 할 길에 대해 함께 의논하여 결정하고, 나머지 공동체와 함께 길을 걸어가면 될 것이다.

전문적학습공동체가 무엇인가

'학습공동체'라는 단어를 처음 들었을 때 어렵고 딱딱한 느낌이었다. 그런데 '전문적'이라는 말까지 덧붙은 '학습공동체'라니 마치 논문이라도 발표해야 하나 싶은 부담감이 든 것이 사실이다. 3년 전 첫해 전문적학습공동체(이하 전학공) 담당자가 되었을 때 돌아오는 전학공 시간 전 날, 저녁이 되면 가슴이 답답하여 도망가고 싶기도 했다.

'도대체 무엇을? 어떻게?'

첫해에는 유치원 교사로서 전문성 향상에 포인트를 두면 되겠다 싶은 생각에 주구장창 연수만 계획했던 것 같다. 전국의 유명하고 훌륭한(?) 강사님들을 모셔와 3시간씩 훌륭한 강의를 들었다. 정신없이 바쁘게 흘러갔던 한 해가 지나고 평가회 시간에 드디어 사실을 알게 되었다. 전학공 시간이 나뿐만 아니라 모두에게 너무나 힘들었다는 것을 말이다.

사실 전학공의 문제는 첫 단추부터 잘못 꿰어졌던 것에서 시작했다. 원감 선생님과 나, 단 둘만의 회의로 정해진 전문성 향상 연수가 전학공 시간의 대다수를 차지했기 때문이다. 각자의 업무로 가뜩이나 부족했던 수업 준비시간이 전학공 연수로 인해 더욱 부족해지게 된 것이다.

전학공의 시작은 당연히 교원 모두여야 했다. 교육과정 평가회를 거친 후 문제점과 개선점을 토론했고, 평가회에서 교사들이 스스로 부족하다고 느낀 부분들(수업공개와 연구)이 자연스레 다음 전학공의 주제로 선정되었다. 전학공에서 해방되는 순간이었다. 그 뒤 2년간 전학공을 담당하며 이제 더 이상 전학공이 돌아오는 화요일이 무섭지 않았다. 혁신부장이 준비한 연수가 아니라 우리의 수업성장을 위해 함께 토의하고, 협의하는 시간이 되었기 때문이다. 그럼 이제 우리의 수업공개에 대한 이야기를 풀어놔야 할 것 같다.

무서운 '수업공개', 하고 싶은 '수업나눔'

보통 수업공개는 교사들이 1년에 한두 번 거쳐야 하는 연중행사 중 하나이다. 최대로 미루고 싶기도 하고, 해치워 버린 날 밤에는 마음이 그렇게 편할 수가 없다. 잘 짜놓은 연극처럼 아이들과 합을 잘 맞추어 별 탈 없이 끝내고 관례적으로 선생님들과 좋았던 점, 아쉬웠던 점을 평가하면 힘들었던 하루가 끝난다. 우리 유치원에서도 아마 그런 '행사'였던 게 아니었나 싶다.

'수업공개는 도대체 누가, 왜 만들어 놓은 괴물일까!'

사실 수업공개만큼 교사의 전문성을 성장시키는 좋은 방법은 없는데 말이다. 우리는 모두가 부끄럽게 생각하고, 하기 싫어하는 수업공개를 없애버리기로 했다. 그 방법은 의외로 간단했다. '수업공개'가 아닌 '수업나눔'이면 되었다.

'수업나눔'은 단어를 바꿔 공개라고 하는 부담감은 한층 떨쳐내고, 나눔을 통해 배우고 성장하는 시간을 가진다는 의미를 부여했다. '수업나눔'은 교사가 아니라 수업 속 아이들에게 주목하도록 했다. 물론 이런 획기적인 관점은 배움의 공동체 철학에 대해서 전학공 시간을 통해 미리 공부하는 시간을 통해 배우게 되었다.

수업나눔을 계획하기에 앞서 전학공 시간 동안 공개를 앞둔 교사의 수업안을 함께 살펴보고 토론했다. 더하고 뺄 것을 이야기하고 나니 나눔수업안은 우리의 연구물이 되었고, 자연스레 여러 학급에서도 실행하게 되었다. 그리고 수업을 하면서 교사를 살피지 않고 아이들의 말과 행동, 배움에 주목하여 피드백을 나누었다. 수업을 공개한 교사는 자신이 보지 못했던 모습을 수업촬영 동영상을 보며 다시 살펴보기도 하고, 교사들이 새로운 시선으로 관찰한 이야기에 학급의 아이에 대한 생각이 바뀌기도 했다. 우리 반 '수업나눔'에 대한 어느 교사의 이야기가 아직도 기억에 남는다.

"○○는 생각이 깊어 보여요, 처음에는 조금 산만한 것 같았어도 선생님이 이야기를 시작하자 신중히 이야기를 듣더군요. 그리고 가장 먼저 작은 소리로 자신의 생각을 이야기하기 시작했어요. 그런데 그 이야기가 굉장히 어른스러운, 진지한 이야기라 들으며 깜짝 놀랄 정도였어요."

평소 ○○는 왜 이렇게 말을 안 듣나 싶을 정도로 살짝 미운 마음이 들 뻔했던 여자아이였는데 그 선생님이 관찰해준 말을 듣고 보니 미안한 마음이 들었다. 작은 목소리로 무언가 말했던 거 같긴 한데, 사실 제대로 들리지 않아 그냥 넘어가 버린 터였다. 그 수업공개 이후 나는 ○○가 조금 달리 보였다. 더 이상 말 안 듣는 개구쟁이가 아니라 부산스러워 보이지만, 자기주장이 뚜렷한 아이로 말이다.

그리고 작은 목소리의 이야기를 들으면 "한 번만 더 말해줄래?" 라고 다시 한 번 청하면 그때서야 부끄러워하며 다시 이야기를 하면서 생각보다 똑 부러지는 생각을 보여주는 것이었다. 이처럼 수업나눔을 통해 학급 아이를 다시 보게 되는 경우도 많았다. 최대 25명이나 되는 학급의 아이들을 제대로 들여다보기는 쉽지 않다. 때로는 한 번도 이름을 불러주지 못한 아이가 있는 채로 하원하는 날도 있다. 우리 유치원만 해도 10명의 교사가 있는데 10명의 교사가 25명의 아이들을 나누어 평균 2~3명의 아이들을 수업시간 내내 관찰해주니 담임교사에게 이렇게 좋은 시간이 또 있으랴.

지금은 아이를 낳아 육아휴직 중이지만 아이 낳기 한 달 전 마지막 수업나눔을 했다. 이 전의 나였다면 아마 수업공개를 앞두고 긴장감에 아이를 미리 출산하고 싶다는 생각이 들었을지도 모른다. 그러나 이보다 편한 수업공개가 없었으므로 마음 편하게 선생님들과 수업공개안을 계획하고 공개하고, 즐겁게 피드백을 나누었다.

한 달에 두 번 있는 전학공 시간에 수업나눔안을 계획하고 수업나눔를 하고, 공개 후 평가회를 하는 것만으로 1년이 훌쩍 지나갔다. 그 시간 동안 우리는 총 10번의 수업을 진지하게 함께 계획하고 살펴보며 연구했다. 그리고 중간 중간 수업연구에 필요한 도서를 선정해 토론하기도 하고, 영상물을 시청하거나 연수를 가기도 했다.

이러한 전학공이 3년째에 접어드니 교사들의 성장이 눈에 띄었다. 몇 년 전 수업계획을 위해 누리과정 지도서를 뒤적거리며 내일 수업준비에 급급했지만 이제는 아이들의 목소리를 듣기에 바쁘다. 전학공을 통해 수업의 주체는 교사가 아니라 아이들이라는 것, 수업준비도 아이들과 함께해야 한다는 것에 익숙해진 것이다.

　　　　　　　　　　　　　　　　　　　　　　　　　　　1. 여행을 좋아하세요?

2017년 전문적학습공동체 계획

월	일	내용
3월	8일	두루유치원 교육계획서 분석 및 각 교사의 교육철학 세우기
	22일	(교육철학에 맞는) 각자의 수업 연구 과제 정하기
4월	5일	유아발달에 관한 EBS 동영상 시청 후 토론
	19일	독서토론 "수업을 비우다 배움을 채우다"-의정부여중 혁신학교이야기
5월	10일	'괜찮아' 동화책 모둠 교사 토론
	24일	세종 혁신학교-온빛 초등학교 방문 및 교사와의 대화
6월	7일	독서토론 "배움의 공동체"
	21일	수업 나눔 분석 및 토론
7월	5일	수업 나눔 분석 및 토론
	19일	교사 문화 체험 원외 연수
9월	6일	유아발달에 관한 EBS 동영상 시청 후 토론
	20일	수업 나눔 분석 및 토론
10월	4일	수업 나눔 분석 및 토론
	18일	수업 나눔 분석 및 토론
11월	8일	수업 나눔 분석 및 토론
	22일	독서토론 "수업 코칭" 저자와의 대화
12월	6일	수업 나눔 분석 및 토론
	20일	교사 문화 체험 원외 연수

두루유치원 교사들은 아이들이 어떤 놀이를 하고 싶어 하는지, 아이들의 삶 속에는 지금 무엇이 있는지, 무엇을 알고 싶어 하는지를 매순간 듣고 느끼려고 애쓴다. 그래서 미리 계획한 수업도 순간순간 바뀔 수 있고, 바뀌는 것에 대해 거부하거나 두려워하지 않는다. 아이들이 주인공이 된 수업은 살아있기 때문이다.

우리는 살아있는 수업을 위해 많은 준비물들을 자료실에 미리 준비해 두고, 즐겁게 아이들이 요구하는 다양한 사태(?)들을 대비했다. 아이들은 생각보다 훨씬 창의적이고 통통 튀었기 때문이다. 변화에는 물론 두려움이 따라왔다.

'짜인 교육과정대로 하지 못했을 때 누리과정의 모든 목표를 제공하고 있지 못하고 있는 건 아닌가?'

'아이들에게 주도권을 내어주고 난 후 교사의 역할은 무엇인가?'

이런 불안한 마음에 내가 하고 있는 놀이방법이 괜찮을까, 하는 고민도 들었다. 그러나 전학공 시간을 통해 교사들은 많은 고민을 스스럼없이 나누고 질문하고 토론하며 답을 찾아갔다. 교육과정을 처음 만들기 시작할때 전 교직원이 함께 모여 만든 교육철학과 비전, 교육의 범주를 떠올리며 불안감을 확신으로 바꾸었다.

모르는 것은 함께 알아가면 돼-연령별 학습공동체

혁신유치원 2년차가 된 해부터 전체 학습공동체의 역할을 줄이고, 연령별 학습공동체를 통한 세분화된 전학공의 역할을 키워가기로 했다. 전체 학습공동체의 시간이 길어져 갈수록 많은 교사들이 익숙함 속에서 진부함을 느끼고 더 큰 성장의 필요성을 느꼈기 때문이다. 우리는 연령별 학습공동체의 날을 정하고 각 연령별 교사들끼리 연구해보고 싶은, 흥미롭고 세분화된 주제로 학습공동체를 진행해보기로 했다.

이제 만 3세를 담당했던 우리 연령의 학습공동체를 소개보고자 한다. 연령별 학습공동체를 계획하며 어떤 주제에 대해 연구하고 싶은지를 토론할 때 대학교 학부 때 배웠지만 큰 관심이 없었던 교육철학을 다시 공부해 보자는 이야기가 나왔다. 나 역시 배움의 공동체와 창의적 교육과정, 하브루타, 거꾸로 수업과 같은 다양한 교육에 대해 접하며 그 기저에 있는 교육철학을 다시 알아보고 싶었던 욕구가 있었기에 흔쾌히 응할 수 있었다.

우리는 두루유치원의 교육과정과 유사한 교육철학을 가진 철학자들을 꼽았고 세 명의 교사는 돌아가며 이들 철학자에 대해서 일주일에 한 명씩 사전 연구를 해왔다. 그리고 연령별 전학공이 이루어지는 매주 월요일에는 해당 철학자에 대해 두 시간씩 묻고 답하는 시간을 가졌다. 주로 미리 연구해온 선생님의 자료를 함께 보며 의견을 주고받으면서 누구는 교수의 역할이, 누구는 학생의 역할이 되기도 했다.

내가 담당하는 날이면 졸업 이후 꺼내보지도 않았던 교육철학책을 뒤지고 인터넷을 뒤적이며 담당한 교육철학자들의 교육철학을 한두 페이지로 정리했다. 물론 이런 시간은 교육철학사를 다시 정리해보는 의미 있는 시간이었다.

이 정도 집중도로 대학생 시절로 돌아간다면 만점 학점으로 졸업했을 것이 분명했을 텐데, 그때는 왜 그리 재미가 없었을까? 지금 돌이켜보면 내게 큰 의미가 없었기 때문이 아닌가 싶다. 이미 100년도 더 된 인물들이 어찌 그리 현명하고 놀라운 생각들을 했나, 새삼스러운 존경심이 들기도 했다.

1학기가 지나고, 연령별 전학공이 어땠는지 평가해 보는 시간을 가졌는데 처음의 의지와 달리 연령별 전학공이 잘 되는 연령도 있고, 잘 안 되는 연령도 있었다. 우리 연령이 재밌게 연령별 전학공을 가졌던 것에는 아마 우리가 궁금해 했던 교육철학을 돌아보자는 것에 합의했고, 그것을 꼭 지키자는 의지가 있었기 때문이 아닌가 싶다. 갑작스런 회의나 돌발상황이 생겨도 짧은 시간이나마 모여 연령별 전학공을 쉬지 않고 꼭 진행했다. 그리고 3년이 지난 지금도 그때 소환했던 듀이와 루소 같은 철학자들의 철학이 다시 떠오르는 것을 보면 매우 성공적이었던 것 같다.

두루유치원의 혁신과정 3년의 여행을 몇 페이지에 담으려고 하니 힘들기도 하고, 어렵기도 했지만 다시금 지난 시간이 떠올라 좋았다. 이 책을 읽고 계시는 선생님들 중에 '어떻게 이 많은 것을 다하지' '이렇게 하지 않으면 틀린 것인가'에 대한 질문을 한다면 단호히 '아니다'라고 말하고 싶다.

내가 처음 혁신학교에 대한 이야기를 접하고 결과와 과정을 들었을 때, 정말 그들이 대단하고 높아만 보였다. 그 혁신학교에서 해낸 모든 것을 우리가 과연 해낼 수 있을까에 대해 무서웠던 적도 있었다. 심지어 절대로 우리는 할 수 없을 것만 같았다.

　그러나 지난 시간을 돌아보면 그것은 괜한 걱정이었음이 분명하다. 혁신학교가 100곳이라면 혁신의 방법은 당연히 100가지가 나와야 한다. 각 학교가 처한 상황과 문제에 맞는 진단과 해결방법을 모두 함께 찾아야 하는 것이기 때문이다. 그리고 그것은 한 사람 또는 일부의 노력이 아니라 모두 함께 고민하고 노력해 나가야 한다.

　다만 이 책에서는 우리 교육 가족들이 내린 방향은 이러했음을 소개하는 것이니 편하게 읽어주시길 바란다. 그리고 우리만의 혁신교육을 통한 변화는 외부로 확장되어 조금씩 그리고 강하게 우리 주변을 물들였던 것 같다. 두루유치원 이후 세종에는 4곳의 혁신유치원이 더 생겨난 것이다. 복직한 후 신나게 돌아갈 곳이 많이 생긴 것 같아 참으로 기쁘다.

　마지막으로 아직도 너무나 부족한 나이지만 혁신의 '시조새', 혁신의 '발원'이라는 큰 별명을 붙여준 두루유치원 선생님들에게 대단히 감사하다는 말을 전하며 글을 마친다.

2

민주적인 유치원 문화

김덕순
두루유치원 원감

유치원은 민주적인 곳인가?

우리는 유아를 미래 대한민국의 주인이 될 민주시민으로 키워야 할 의무가 있다. 하지만 우리가 자란 학교문화에서 민주주의는 찾아보기 힘들다. 수많은 규칙과 그 규칙에 따른 각종 상과 벌이 아이들을 지배했고, 교실 안에서의 담임은 거의 신에 가까운 막강한 힘을 가진 존재였다. 학교에서 정해진 규정대로 성실히 따라야 점수를 받을 수 있었고, 그런 경험을 통해 성인이 된 교사들도 비민주적인 문화를 당연시 받아들이게 되었다. 이와 같은 비민주적인 문화에서 자란 아이들이 성인이 되어 교사로서 만난 유치원이란 조직도 상하 위계질서가 존재하는 다분히 비민주적인 집단이다. 그렇다면 이러한 교사들에게 교육받은 우리 어린이들이 민주적인 사람으로 자라날 수 있을까?

민주적인 삶의 경험이 있어야 민주시민으로 자랄 수 있다. 이러한 터전은 유치원에서부터 만들어 주어야 한다. 유아들이 스스로 결정하고 책임지는 기회를 경험함으로써 삶의 주인이 되고 자발성을 가진 능동적인 사람으로 자랄 수 있을 것이다. 그러기 위해서는 유아와 만나는 교사들의 삶도 민주적이어야 한다. 교사의 삶이 민주적이지 못하다면 결코 교실 안은 민주적이지 못할 것이고 결국 아이들이 민주적인 시민으로 자라나는 것은 어려운 일일 것이다.

두루유치원에서는 민주적인 유치원 문화를 만들고자 꾸준히 노력해오고 있다. 혁신을 시작하던 해, 회의시간에는 모두 입을 꾹 다물고 있고 늘 말하는 몇 명만이 의견을 내놓곤 했다. 모두가 자유롭게 말할 수는 없을까? 왜 말하지 않는 걸까? 이러한 고민을 하며 교사들의 속내를 들어보니 당황스런 답변이 돌아왔다. 본인들이 낸 의견이 제대로 반영되지 않으며, 협의해서 결정된 것도 어느 한 사람의 생각으로 뒤집히곤 해서, 말해봤자 소용없다는 생각을 갖게 되었다는 것이다. 결국 회의문화를 바꿔보려고 다양한 방법을 시도하고 규칙도 정했다. 그중 가장 중요했던 항목은 협의해서 결정한 사안은 한두 명의 의견으로 바꾸지 않는다는 것과 모두 다 말할 수 있는 분위기 조성에 관한 것들이었다.

유치원에서 결정해야 할 모든 것들은 교직원이 모여 논의한 후에 합의해서 결정한다. 학부모와 유아들의 의견도 적극 반영하고 있으며 모든 공동체 구성원이 주인의식을 가지고 참여하도록 기회를 제공하고 있다. 각 개인의 의견을 존중하며 그 의견이 무게가 다르지 않다는 믿음이 지금 두루유치원의 민주적인 문화의 기초를 이루고 있다.

교육공동체가 함께 만들어가는 문화

두루유치원은 유아, 학부모, 교직원이 주체적으로 참여하여 함께 교육공동체를 만들어가는 민주적인 문화를 중요하게 생각한다. 민주적인 문화를 만들기 위해 두루유치원에서는 첫째, 유아가 존중 받을 수 있고 유아가 교실안의 주체가 될 수 있도록 교육과정을 설계하고 실천하는 일을 수행했다. 우선 유아와 신뢰관계를 형성하기 위해 아이들의 생각을 들어주고 반영하는 것에서부터 시작하여 교실안의 주도권을 교사에게서 유아에게로 옮겨 주고자 했다. 교사가 해오던 방식대로 판단하지 않고 유아의 가능성을 신뢰하고 학급다모임을 통해 유아의 의견을 적극 반영하며, 유아가 주체적인 결정을 할 수 있도록 하여 '자기배움'의 주인공이 될 수 있도록. 했다.

둘째, 학부모와의 민주적인 관계 설정을 위해 학부모는 민원을 제기하고 요구하는 대상이 아니라 철학과 비전을 공유하고, 교육을 지원하는 동지로 여기고 교육과정에 적극 참여할 수 있게 했다. 즉 학부모 동아리활동과 학급 다모임을 운영하여 두루유치원 교육과정에 좀 더 적극적인 참여와 이해를 할 수 있도록 하였다. 이러한 학부모 활동지원 활동으로 말미암아 유치원 교육과정에 대한 이해와 신뢰가 쌓여 학부모들이 진정으로 함께하는 지원자가 되어주었다.

셋째, 교직원들의 수평적인 의사결정과 비전·철학의 공유는 교직원의 자발적인 문화로 이어져 모두가 주인의식을 갖게 되었다. 이러한 민주적인 교직원 문화는 원장의 변혁적 리더십과 깊은 관계가 있다. 변혁적 리더십은 교사를 믿는 것에서부터 시작되고, 실천할 수 있는 시스템을 구축하는 일로 이어지며, 관리자라는 생각을 넘어서 동료라는 의식을 필요로 한다. 따라서 교직원 전체의 노력이 필요하다.

반성적 사고

이 말은 내가 우리 유치원 선생님들을 보며 자주 되뇌는 말이다. 두루유치원의 선생님들은 참 열심이다. 놀이에 대한 고민도 아이들 이야기를 듣는 일에도 항상 열정이 가득하다. 전문적학습공동체에서 매주 서로의 수업도 들여다봐주고 열띤 토론과 나눔을 하는 모습을 늘 흐뭇한 마음으로 바라보게 된다. 다른 누군가에게 내 교실을 이렇게 부담 없이 내보이고 의견을 나눌 수 있다는 건 우리 유치원 교사들의 서로에 대한 믿음이 있기 때문이라고 생각 한다.

일상적인 교실 이야기를 밴드에 올리고 함께 나누는 모습은 참 당당해보이고 자신감이 넘쳐 보인다. 돌이켜보면 나는 언제 한 번 내 수업을 자신 있게, 부담 없이 누군가에게 공개했던가 싶다. 장학이라는 반 협박에 마지못해 며칠을 준비해서 보여주느라 끝나고 나면 진이 다 빠졌다. 그런데 두루의 교사들은 일상적으로 수업을 공개한다. 수업후에 선생님들이 올리는 글은 하나같이 좋아서 난 그 글을 읽으며 나를 뒤돌아보고 반성하곤 한다. '훌륭하십니다'라고 말하는 내 반응은 진심이다. 혹시라도 그냥 해보는 말이라고 생각한 선생님들이 계시면 내 진심을 알아주기를 바란다.

과거에 초임시절을 벗어났다고 스스로 생각했던 그 순간부터 난 오만하고 자만했었다. 더 나이를 먹고는 아이들을 가르치는 일을 눈감고도 할 수 있다고 생각하기도 했다. 내 마음 밑바닥엔 아이들에 대해 너무 잘 알고 있고, 더 이상 큰 고민 없이도 수업을 잘 할 수 있다는 자만이 있었다. 이러한 자만을 진심으로 반성한다. 그렇기 때문에 치열하고 열심히 공부하고 실천하는 선생님들을 보면 정말로 훌륭하다는 생각을 하게 된다.

좋은 리더십은 어떤 것일까?

나는 30여 년의 교육경력 중 최근 6년을 제외하고는 초등학교 병설유치원에서 근무했다. 그 시절 초등학교 선생님들은 어떤 교장을 만나는 지에 따라서 학교생활을 편하게 하느냐 못하느냐가 결정된다는 이야기를 자주 했었다. 그 만큼 학교에서 차지하는 교장 신생님의 권력이 컸고, 대부분 중요한 일의 최종 결정은 교장 선생님의 몫이었다. 교장 선생님이 꼼꼼하고 학교 일을 적극적으로 살피는 분이면 일하기가 어렵고, 그 반대

2. 민주적인 유치원 문화

면 좋은 분이라고 생각하던 시절이었다. 그러다 보니 교사들은 학교가 민주적이지 못한 이유가 관리자의 탓이라고 생각했다.

나는 2016년 6월 초임 원감으로 두루유치원에 부임했다. 혁신을 시작한 지 3개월 된 곳에 이제 막 원감이란 이름을 달고 왔을 때 두루유치원은 내가 느끼기엔 보이지 않는 전쟁이 벌어지고 있었다. 그리고 나는 그 전쟁터에 버려진 고아 같았다. 그 상황에서 좋은 리더십에 대한 고민을 할 수도 없었고, 생존의 위기감만이 나를 힘들게 했다. 원장님은 원장님대로 교사들은 교사들대로 불만이 가득해서 회의라도 하는 날에는 모두가 힘들고 괴로웠다. 그 때는 우리 모두에게 힘든 시기였다. 원장님은 원장님대로 최초의 혁신유치원을 잘 이끌고 가야 한다는 부담감을 크게 갖고 있었고, 주축이 되었던 교사들도 어떻게 가야 하는지 방향을 잘 몰라 시행착오를 겪고 있었다. 당시에는 부장교사 둘과 원장, 원감 넷이서 회의를 자주했다. 정말 긴 시간을 논의하고 결정하는 데 보냈었다. 하지만 결정된 사안이 그 다음날 원점으로 돌아가 있기도 했고 부장들과 원장님의 생각이 달라서 논쟁을 벌이다 일이 틀어지기도 해서 결국 감정도 상하는 일도 많았다. 그러다 결국 내신을 내서 나가겠다고 협박도 하기도 했다.

그런 일들을 겪으며 좋은 리더십은 '나만 믿고 따르라'는 나폴레옹식의 리더십이 아니라 구성원의 뒤에서 묵묵히 지켜봐주고 지원해주는 그리고 방향을 잃고 헤맬 때 환기해 줄 수 있는 리더십이 필요하다는 생각을 하게 되었다. 또한 리더십이 한 곳에 집중되지 않고 중간 리더들의 역할이 잘 발휘되는 것도 중요했다. 권한을 대폭 부여하여 책임감을 갖고 중간 리더로서 역할을 할 수 있도록 해야 했다.

지금 돌아보면 이러한 시간이 없었다면 지금의 두루유치원은 없었을 거라는 생각이 든다. 어느 누구도 한 명의 뜻대로 움직이지 않으며 서로 논쟁을 벌이면서 생긴 상처가 아물고 굳은살이 생겼다. 이제는 서로 생각이 다르더라도 이해하고 잘 될 것이라는 믿음으로 동료애가 굳건해졌다.

업무를 부탁해~

　교사들이 놀이(수업)를 고민하고 유아를 관찰하는 데 많은 노력을 기울이지만 그것보다 어려운 것은 업무로 오후시간을 다보내고 나면 정작 수업준비가 모자라서 교사로서 가져야할 자긍심을 못 느끼고, 아이들에게 미안함 마음을 갖게 된다고 하였다.

　교사들이 업무에서 벗어나 아이들에게 돌아갈 수 있는 방법은 무엇일까?

　처음 두루유치원 혁신유치원 계획서에 '교사의 업무제로화'라는 단어를 보았을 때 '이건뭐지?' 라는 생각과 함께 '그럼 나보고 그 업무를 다하라는 거야?'라는 불쾌한 감정이 들었다. 그리고 매년 업무평가를 할 때 교사들은 끊임없이 업무가 너무 많고 줄어들지 않았다고 불평 할 때마다 마치 내가 업무를 교사들에게 떠맡긴 양 그 화살이 원감을 향해 있다고 느끼며 마음 상했었다. 그런 불편한 마음 한켠에는 그래도 교사의 업무를 줄여주는 일이 내가 해야 할 일이라는 생각은 하고 있었다.

　그래서 매년 말 업무 평가를 하고 개개인의 업무를 자세히 분석하고 해야 할 일과 하지 말아야 할 일들을 나누고, 특히 보여주기식, 전시성행사 등 교육적이지 않은 행사를 없애고 꼭 필요한 행사는 교육과정안으로 넣는 과정을 거치면서 차츰 업무가 줄어드는 것이 보였다.

　그리고 또 업무효율화를 위해 결재절차를 단순화 하였다. 계획이 필요한 중요한 일은 모든 구성원이 함께 방향성과 방법 등을 합의하면 담당자가 계획서를 작성해서 통과하는 방식으로 여러 차례 수정하는 절차를 없앴다. 회의는 안건이 있을 때만, 전달사항은 앱이나 메신져를 이용하도록 하여 회의하느라 소요되는 시간을 줄이고 교육계획서에 계획되어 있는 것은 따로 결재하지 않고 교육계획을 참고하는 것으로 규정하였다.

　업무지원팀의 역할을 확대하여 교사는 교육에 관련한 것들만 하고 그 외의 것들은 지원팀에서 한다는 전제하에 많은 업무를 하고 있다. 지원팀에서 하는 업무는 단순보고

　　　　　　　　　　　　　　　　　2. 민주적인 유치원 문화

기안 및 품의, 앱관리, 유아학비 지원 등 하지만 아직도 교사들의 업무제로화까지는 갈 길이 멀고 유치원의 구성원 특성상 담임을 맡지 않은 교사가 없어서 지원팀을 원감과 행정사뿐이라 지원팀의 업무가 너무 많아 어려운 점이 있다.

3
신규 교사가 느낀
혁신학교 민주적 학교 분위기

김희은
두루유치원 교사

제일 처음 혁신학교에 대해 접할 수 있었던 기회는 대학생 때 들었던 혁신학교 교양 수업이었다. 우리나라 교육 현실에 대한 강의는 어느 순간부터 전문적학습공동체와 민주적 학교 분위기로 이어졌다. 실제로 경험해보지 않은 나로서는 그 사이의 간격이 잘 이해가 되지 않았다. 아이들에게 좋은 교육을 하기 위해 왜 민주적 학교 분위기가 필요한 걸까? 공동체가 과연 어떤 힘을 가지고 있길래?

혁신학교는 먼 나라 이야기라고 생각한 나는 그렇게 혁신유치원에서 첫 교직생활을 시작하게 되었다. 이런 나를 걱정해주는 주변 사람들에게 가장 많이 들었던 질문은 "거기는 어때?", "힘들지 않아?" 였다. 당연히 모든 것이 새로웠기에 힘들었다. 그렇게 질문을 건네준 사람과 미주알고주알 힘든 것들에 대해 나눌 때 어느 순간 상대방과 내가 힘들다고 느끼는 지점이 다른 것을 발견했다.

나의 고민의 지점 대부분은 바로 '교육과정'이었다. 그리고 내가 하는 교육과정에 대한 고민이 두루유치원 선생님들과 공유되고 있다는 사실을 어느 순간 발견했다. 교사가 교육과정을 고민한다? 너무나도 당연한 말이다. 하지만 교육이 아닌 다른 고민들에 치여 교육과정에 대해 고민할 여유가 없는 사례들을 보면서, 어쩌면 이러한 고민을 할 수 있는 내가 혜택을 보고 있는 것이 아닐까라는 생각이 들었다. 그러면 그런 혜택들은 어디서 왔던 걸까? 돌아보면 다시 공동체라는 키워드를 떠올리게 된다.

내가 교육과정에 대해 고민할 수 있었던 원동력은, 그리고 그것이 나 혼자만의 고민이 아니게 된 것은 바로 두루유치원의 '문화'가 주는 힘이 아닐까 조심스레 단언해보며 몇 가지로 나누어 정리해본다.

공감과 신뢰가 바탕인 조직문화

그동안 많은 공동체 속에서 살아왔지만 이렇게 온 몸으로 '너를 지원해주겠노라'고 표현해주는 공동체는 없었다. 가끔은 내가 숨만 쉬어도 유치원 구성원들이 칭찬해주는 것 같을 때가 있다. 신규 교사이기에 여러 부분에서 부족하다는 것을 스스로가 잘 알고 있을 때가 많다. 그렇기에 더 속상할 때가 있는데 그럴 때 마다 주변에서 보여주는 칭찬들은 힘이 되고 성장의 원동력이 되었다.

때때로 유치원에 있으면서 감당하기에 벅찬 일이 일어날 때가 있다. 하지만 어떻게든 감당하고 해결하려고 할 때 내 주변에는 내 이야기를 들어주고 나를 도와줄 사람들이 있다는 것을 깨닫는다. 그것만으로 얼마나 마음이 가뿐해지는지 모른다. 그분들의 많은 조언이 부담스럽지 않게 느껴진 것은 아마도 내게 해주는 행동과 말의 바탕에 '공감'이 깔려 있었기 때문이라고 생각한다. 그리고 나에게 해주는 지지와 지원들 너머에 '너는 할 수 있어'라는 마음이 배어 있기 때문일 것이다. 신뢰받는 걸 느낄 때 더 열심히 하게 되지 않던가.

하지만 이 모든 것이 그저 두루유치원 선생님들의 성격이 좋거나 인간관계가 좋기 때문이라고만 설명하기에는 부족한 것 같다. 공감과 신뢰 이전에 수많은 소통과 상호존중이 있었다.

혁신유치원에 근무하면서 대화의 많은 긍정적인 기능을 보게 된다. 정말로 깊게 마음을 열어 대화를 하다 서로를 이해하게 되는 경우를 본다.

전문적학습공동체

특히 교사를 넘어서 전 교직원이 모이는 것에 대한 장점을 많이 경험하고 있다. 다 같이 모이면서 그동안 갖고 있던 불편함 혹은 오해들을 풀어놓는 장이 되기도 하고, 서로의 위치에서 겪고 있는 경험들과 생각들을 들으

전교직원 만남

며 서로를 이해하기도 한다. 더불어 우리가 하고 있는 유아교육에 대한 생각들을 소통하는 기회를 가지고 있다. 1박 2일 워크샵이나 각종 친목 모임이 그에 대한 수단이 되어주었다. 하지만 수단일 뿐 사실 시간이나 장소에 구애받지 않더라도 서로에 대한 철학과 가치를 확인하고 공유하는 장이 중요하다는 것을 깨닫는다. 이 모든 것 뒤에는 서로에 대한 인간적인 면들을 이해하는 것뿐 아니라 만나는 모임의 자리에서 본인의 성장과 공동체의 존재를 발견하도록 조절하는 분들의 노력도 있다.

나부터가 이 기회를 통해 구성원들과 자주 만나고 소통하면서 교사로서 내가 성장함을 느끼고 있다. 그저 단순한 기술적 팁을 얻는 것이 아니라 교사로서의 신념이 단단하게 세워지고 공동체의 구성원들을 보면서 나도 성장하고픈 원동력, 공감과 신뢰를 얻는다.

아직까지도 기억에 남는 말은 조리원 분들이 "아이들의 행복을 위해서 밥을 한다"는 이야기이다. 그 말은 아직까지 유치원 전체에 감동을 주고 있다. 서로의 위치에서 행하는 모든 것들이 한 가지 목적, 아이들의 행복을 위한다는 것을 확인할 때 서로가 같은

3. 신규 교사가 느낀 혁신학교 민주적 학교 분위기

길을 가는 동력자인 것을 확인하곤 한다. 그래서 구성원들에 대한 고마움을 더 확인하게 된다.

논쟁이 가능한 조직문화

두루유치원에 처음 왔을 때 만난 분들은 대부분 4년차 이상 된 선생님들이었다. 다른 학교에는 신규 교사가 2명씩 배치되었다는데 나와 같은 입장의 신규 교사도 없었다. 그래서 처음에는 내가 하는 이야기가 이 공동체 안에서 의미가 있을 것이라고 기대하지 않았다.

개인적으로 고백하자면, 본인은 사람들 앞에서 말을 하는 것이 쉽지 않았다. 특히 내가 아는 것이 없고 부족하다 느낄 때는 더 그렇다. 다수가 보는 앞에서 이야기를 하려면 몇 번이나 머릿속에서 정리를 해야 한다. 그렇게 생각을 정리하다보면 어느 순간 내가 생각하는 것이 과연 옳은 것인지 의문이 든다. 틀리면 어떡하지? 경험이 많은 선생님들이 볼 때 내가 생각한 것이 허황되고 터무니없는 소리면 어떡하지?

이렇게 신규 교사로서 유치원 선생님들과의 관계를 신경 쓰지 않을 수 없었다. 간혹 반대 의견을 내는 것이 감정으로 이어져 상대방과 척을 지지 않을까 고민하기도 했다. 그리고 그런 생각이 들 때면 내 입은 저절로 닫혀 있었다. 그랬던 내가, 언제부터인지 말하는 것에 대한 부담을 덜 가지게 되었다.

두루유치원에는 연령별로 함께 협의하거나 이야기를 나누는 시간이 많다. 분리된 공간과 적은 인원이 주는 환경은 말하는 것에 대한 부담을 확실히 덜어주었다. 그와 동시에 내가 이야기해야 하는 기회도 많았다. 순서를 정해 본인이 연구해온 교육철학에 대해 정리하고 공유하는 기회도 가졌다. 함께 철학을 고민하고, 연령별 교육과정을 고민할 때 정해진 정답은 없었다.

전체협의회에서도 마찬가지였다. 정답은 없었다. 어
떤 의견이 결론으로 정해지더라도 그 의견을 보완하거
나 혹은 반대 입장에서 생각해보는 경우가 항상 있었다.
어떤 의견이 옳다, 그르다의 차원이 아니라 그렇게도 생
각해볼 수 있고, 이렇게도 생각해 볼 수 있다는 유연함이

연령별 협의-연령별 교육과정 평가

있었다. 그리고 결정이 필요할 때마다 두루유치원의 철
학이, 그리고 아이들의 행복이 결정의 기준이었다.

가끔은 협의회가 너무 많다 싶을 때도 있었다. 그날
결론이 난 사안에 대해서 다시금 협의하는 일이 많았다.
하지만 협의회 과정이 번거롭고 불편하더라도 서로의 논

전체 협의-연령별 교육과정 공유

리를 가지고 치열하게 협의를 이어갔다. 왜냐하면 협의에서 결정된 사항을 개인이 다
르게 실행할 수 없기 때문이다. 서로가 왜 이런 의견을 내는지 그 이유를 들어보면 그저
누군가가 고집을 부린다고 오해하는 일은 없어진다. 동시에 이 모든 과정이 어디서부터
시작되었고, 아이들을 위한 것임을 다시금 확인할 때 서로를 공격하는 것이 아님을 확
인하게 된다.

선생님들이 일적으로 서로의 생각을 강하게 주장하시다가도 퇴근 후에 뭘 먹을지
이야기하는 모습을 본 적이 있다. 처음에는 그러는 척하시는 걸까 조심히 들여다봐도
정말로 신경 쓰지 않는다는 걸 발견한다. 그럴 때면 두루유치원 선생님들은 원래 쿨한
성격을 갖고 계신 걸까, 하고 생각한다. 하지만 단순히 성격의 문제가 아니라 '대화'하
고 '소통'하고 있기 때문에 화목하게 어울리는 것이다. 우리는 '아이들의 행복'을 위해서
'협력하는 공동체'임을 확인하고 나도 절로 이 협력에 동참하고 싶어진다.

3. 신규 교사가 느낀 혁신학교 민주적 학교 분위기

책임이 있는 조직문화

공동체와 개인은 떼어놓을 수 없다. 결국 공동체의 긍정적인 기능을 위해서는 개인에 대한 존중과 상호 소통이 있을 때 가능하기 때문이다. 공동체 안에서 자신의 위치와 역할을 존중받을 때 소속감을 갖고 이 공동체의 건설적인 방향을 위해 역할을 다해야겠다는 생각이 든다.

그러면 공동체를 구성하는 개인으로서 어떤 책임감을 가져야 할까? 이러한 물음은 매순간 고민이다. 어느 순간에는 논리적으로 검토해볼 만한 의견을 내는 책임을 다하고 싶고, 어느 순간에는 신규 교사로서 많은 것을 생각하고 공부해서 개인의 역량을 길러야겠다는 책임감이 들기도 한다. 그리고 지금 현재 내 역량에서 할 수 있는 일을 스스로 찾아서 해야 한다는 책임감도 있다.

이처럼 여러 책임감을 토대로 공동체에 기여하는 구성원이 되고 싶은 가장 큰 이유는 많은 구성원들이 책임을 다하는 모습을 보여주었기 때문이다. 이들에게서 나는 닮고 싶은 다양한 장점을 많이 본다. 아마 각자의 위치에서 할 수 있는 책임을 다하고 계시기 때문일 것이다. 예를 들어, 두루유치원의 주무관님은 아이들을 위해 환경을 개선하는 일을 교사가 부탁할 때 너무나도 멋지게 도와주신다. 한 번도 번거로웠다는 이야기를 주무관님께 들어보지 못했다. 그저 묵묵히 책임을 다하는 모습은 내가 닮고 싶은 모습이다.

두 번째 이유는 구성원 모두의 의견이 반영된다는 시스템이 존재하기 때문이다. 두루유치원에는 몇 가지 협의 약속이 있었다. 모두가 말을 해야 한다는 협의 약속은 그중하나다. 발령받은 지 얼마 안 되었을 때 그 말이 얼마나 무시무시했는지 모른다. 같은 의견이라도 "동의합니다", 또는 "동의하지 않습니다"라고 말해야 했다. 그 작은 말이라도 뱉어내기 위해서는 협의과정에서 제3자의 입장으로 있을 수 없다. 내가 참여한 협의결과가 실행되면 내가 한 말을 책임져야 하기 때문이다. 이렇게 동의 여부에 대한 말 한마디도 무거운 책임감이 따른다.

　세 번째 이유는 교육과정에 집중하면서 교사로서의 책임을 확인하기 때문이다. 교사가 어떤 태도를 가지고, 어떤 지원을 하느냐에 따라 아이들의 성장과 배움의 포인트가 더 늘어나기 마련이다. 이러한 사실을 발견할 때마다 자부심과 함께 책임감을 느낀다. 교사로서의 정체성을 지켜주는 혁신학교의 문화는 다시 개인이 그 문화에 일조할 책임을 준다.

철학이 공유된 문화

　소통 혹은 논쟁을 통해서 항상 마지막으로 내리는 소감은 우리가 결국 하나를 바라보고 있다는 것이다. 그것이 바로 우리의 철학이다. 학기가 시작되기 전 유치원에서 꼭 하는 일은 전교직원들이 모여 철학을 공유하는 일이다. 행정실, 보건실, 급식실, 교사, 업무지원팀, 하모니 선생님들까지 정말 말 그대로 모두가 모인다. 모두가 우리 유치원의 철학에 대해 이야기하고 공유한다.

전 직원 만남의 날

　내게 익숙하고 편한 것들이 다른 입장에서 볼 때는 익숙하지 않고 불편한 일일 수 있다. 하루는 급식실에서 쪽지가 도착했다. 바로 아이들의 간식을 다모임을 통해서 선택해달라는 내용의 쪽지였다. 그것은 '스스로 해보고

전 직원 만남의 날-철학 공유

함께 놀자'라는 철학 아래 교육과정을 운영하고 있는 우리에게 너무나도 익숙하고 반가운 형태의 제안이었다. 그러나 그것이 얼마나 영양사 선생님에게는 익숙하지 않은 일일까 생각해본다. 익숙하지 않고 번거로울 수 있지만 영양사 선생님께서 아이들을 위해서

선택해주신 일에 감사하다.

놀이 중심의 교육과정을 운영하다보면 아이들이 원하는 재료가 특별하게 필요한 순간이 바로 찾아온다. 그럴 때마다 연령별로 수많은 품의를 행정실에 올린다. 물건을 주문하고 처리하는 일만이 행정실 업무의 다가 아닌데도 불구하고 꽤나 여러 번 이루어지는 이러한 요청을 묵묵히 받아주신 데 또한 감사하다.

한편 두루유치원에 와서 생긴 관리자에 대한 한 가지 특별한 인상이 있다. 관리자는 나를 평가하는 존재가 아니다. 공동체의 의견이 너무 많아 본질이 흐려질 때 유치원의 철학을 상기시켜주고 우리가 이 철학으로 발전해갈 수 있도록 자극시켜주는 존재이다. 나는 관리자분들에게서 '관리'하는 사람이 아니라 철학을 바탕으로 공동체를 이끌어가는 '리더'의 인상을 받았다.

결국 이 모든 일들이 가능한 것은 두루유치원에 철학이 공유되고 있기 때문이라고 생각한다. 교육과정과 직접적으로 연결되지 않아도 우리는 유치원에서 아이들을 함께 지원하고 있는 공동체인 것이다. 그리고 공동체를 묶어주는 철학은 바로 우리가 같은 방향을 보고 있다는 느낌을 준다. 2019년 두루유치원의 '스스로 해보고 함께 놀자'라는 철학이 이제는 입 밖으로 술술 나온다.

교직원을 넘어 3주체의 민주적 분위기를 꿈꾸다

학교의 구성원들을 이야기할 때 3주체를 제외할 수 없다. 특히 학부모에 대해 신규 교사로서 고민이 많다. 사실 그 어떤 구성원보다도 학부모와 교사 간의 생각과 입장의 차이를 많이 느낄 수밖에 없다. 그래서 처음 유치원에서 학부모 다모임에 대해 이야기가 나왔을 때 그 필요성에 대해서는 공감했지만 불안감은 있었다.

하지만 서로가 노력하며 발전하는 다모임을 하면서 확신하게 되는 것은 서로의 생각

1부 민주적 유치원 운영체제

과 입장이 다른 이유가 학부모와 교사가 교육에 대해 충분히 나누고 공유하지 못했기 때문이라는 생각이다. 교사가 가지고 있는 신념이나 철학, 그리고 가정에서 아이들이 경험하고 있던 철학이 합의되고 공유될 때 서로에 대한 불만보다는 신뢰가, 어려운 존재보다는 동반자의 존재가 된다는 것을 느낀다. 여전히 시행착오가 있지만 다모임이라는 기구에 대한 애착은 커진다.

주체 교육과정 평가

　　머리로는 민주적 분위기가 중요하다는 것을 너무나도 잘 알고 있다. 살면서 수없이 들었기 때문이다. 그래서 수평적인 관계, 분산적 리더십 등 민주적인 분위기를 수식하는 단어들은 너무나도 익숙하다. 하지만 구체적인

연석회의

경험이 뒷받침되지 못했기에 그 단어들은 나와는 거리가 먼, 잘 외워지지 않는 단어들에 불과했다.

　　이제는 두루유치원에서 나는 직접 경험했다고, 나 또한 그 역할을 하고 있다고 말할 수 있다. 우리 반 아이들 또한 그렇게 이야기할 수 있는 날이 오기를 소망한다. 아이들이 삶을 살아갈 때 필요한 가치들을 머리로만 아는 것이 아니라 몸소 경험하기를 바란다. 그럼으로써 결국 우리 사회 또한 소통과 공감이 있고, 논쟁이 가능하며, 책임을 다하는 민주시민들로 구성되기를 바란다.

4
교육의 시작,
민주적 학교문화

이소담
두루유치원 교사

혁신학교 4대 과제 중 '민주적 학교 운영체제' 곧 '민주적 학교문화'는 다른 과제들보다 정의를 내리기가 쉽지 않고 그 결과를 가시적으로 보여주기도 어렵다. 아마도 '민주적 학교문화'는 마치 '공기'와 같기 때문이 아닐까 생각해 본다. 혁신유치원에서만 근무해서인지 유치원에서의 민주적인 생활은 매우 자연스럽다. 이러한 문화로 말미암아 교사가 자율성을 가지고 교육과정을 운영할 수 있었다. 구체적인 이야기를 하자면 오랜 시간 공동체가 함께해 온 순간들이 먼저 떠오른다. 민주적인 문화는 직접적으로 눈에 드러나지 않지만, 그로 인해 파생되는 수많은 결과들이 분명히 있고, 이는 유치원 곳곳에서도 확인할 수 있다.

하지만, 이러한 민주적인 문화를 만들어가는 과정은 결코 쉬운 일이 아니다. '문화'는 나 혼자서 만들어 갈 수 없고 나와 생활하는 공동체가 함께 만들어가기 때문이다. 내 생각만을 강요하여 주도해 나간다면 그것은 공동체 문화가 아니다. 그렇다고 그 공동체 안에 내 생각이 없다면 그것은 내가 주체적으로 살아가는 삶의 문화가 아닐 것이다.

'민주적 문화'라는 말을 떠올릴 때 각자가 생각하는 개념이 다를 수 있다. 우리가 민주 시민 사회 속에서 살고 있으니 민주성은 당연히 존재하는 가치라고 생각할 수도 있고, 막연하게 우리 삶에 필요한 좋은 것이라고 느낄 수도 있다. 그 가치를 우리 유치원 안에서 일어나는 일에 빗대어 생각해보면 무언가를 함께 결정해 나갈 때 다른 사람들을 위해 내 생각은 잠시 접고 양보하는 것이 민주적인 문화를 위해 필요하다고 생각하는 사람도 있고, 내 생각을 분명하게 이야기하는 것이 공동체를 위해 옳다고 생각하는 사람도 있다. 이렇게 의견을 합치해 가는 과정에서도 각자의 생각들은 존재한다. 따라서 민주적인 유치원 문화를 만들어가기 위해서는 그 정의에 대한 구성원들 간의 합의가 필요하고, 이것이 모든 교육에 앞서 필수적인 전체가 되어야 한다.

'학교문화'는 구성원 모두가 함께 만들어가는 것

교육기본법 제5조 제2항에서는 "학교운영의 자율성은 존중되며, 교직원·학생·학부모 및 지역주민 등은 법령이 정하는 바에 의하여 학교운영에 참여할 수 있다"고 규정하고 있다. 이 규정은 교육 관련 주체가 학교운영에 참여할 수 있는 길을 열어놓음으로써 민주적 학교운영을 위한 근거로 작용한다.(박정민, 김석우, 김경수, 2019) 유치원 또한 유아교육법 제2조 제2항에 근거한 유아의 교육을 위하여 유아교육법에 따라 설립·운영되는 엄연한 학교로서 유아와 교직원, 학부모까지 다양한 구성원들로 이루어져 있다.

다양한 구성원 중 유치원에서 유아와 가장 밀접한 관계를 형성하는 사람은 교사이다. 우리 유치원만의 교육과정과 연령별 교육과정을 계획하고, 다양한 경험을 통해 아이들이 주체가 되어 교육과정을 함께 운영할 수 있도록 지원하고 안내하는 것은 교사의 역할이다. 따라서 교사들이 유치원의 비전과 철학에 대해 얼마나 이해하고 주체적으로 참여하느냐가 중요한지 힘주어 말하고 싶고, 이에 따라 교사문화가 만들어지며 이는 곧 유치원의 전반적인 문화로 확산된다. 이러한 이유로 아이다움교육과정(세종형 창의적 교육과정)을 운영하기 위한 교사들의 전문적학습공동체나 민주적인 협의 문화가 얼마나 중요한지 알 수 있다.

하지만 유아를 지원하는 존재는 교사들만이 아니다. 관리자, 교사(신규, 경력, 복직, 전입, 방과후 등 교사의 구성원도 다양하다), 교육지원실, 행정실, 급식실, 보건실, 하모니, 안전지킴이 지원 인력 등 각각의 팀들이 유기적으로 연계되어 아이들을 지원하며 생활하고 있다. 학부모 또한 유아와 아주 밀접한 관계를 지닌 존재다. 유아는 우리만이 아닌 이 많은 구성원과 매일 함께한다. 우리는 아이들이 이렇게 많은 구성원과 마주친다는 사실을 간과해서는 안 된다. 교사들이 같은 가치관을 가지고 아이들을 대한다 해도 아이가 만나는 다른 구성원에게서 다름을 느낄 수 있다. 유치원은 아이들을 위해 존재하지만, 그러한 유치원을 구성해 나가는 것은 이 모두와 함께하는 것이다.

혁신학교에서 4년을 지내면서 교직원들과 유치원의 비전과 철학에 대해 공유하는 시간이 반드시 필요하고, 이러한 가치를 정립할 때부터 함께 생각을 모으면 공유 과정이 더 수월했음을 경험했다. 구성원 모두가 같은 비전과 철학을 가지고 아이들을 만날 때 비로소 그 학교문화는 '함께' 형성되는 것이다.

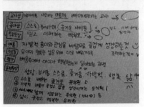

2017학년도 교직원과 함께 세운 비전

또한 공유시간이 보장되어야 이러한 협의가 가능하다는 것을 경험했다. 내가 맡은 업무가 우선순위로 올라가고 당장 눈앞에 있는 일들을 해결하는 것이 급급하지만, 유치원의 기둥을 세우는 시간만큼은 최우선으로 생각하고 구성원 모두가 이 시간을 함께하려는 마음가짐이 공유되어야 한다. 여기에 필수적으로 동반되는 이야기가 업무경감이다. 이 이야기는 뒤에 나오는 두루유치원 사례에서 자세히 살펴보겠다.

1부 민주적 유치원 운영체제

이처럼 유치원은 다양한 구성원들 모두 각자의 역할이 무엇인지 인지하고, 유치원의 한 구성원으로서의 주체가 되어 협업이 가능한 형태로 유연하게 운영할 수 있어야 한다.

민주적 학교문화는 잠재적 교육과정으로서 구성원들의 민주적 생활양식을 통해 학교 공동체가 형성된다. 학교 공동체가 당면한 문제와 대안을 숙의하는 과정에 민주적 절차에 따라 구성원 모두가 개방적인 자세로 참여하고, 충분한 논의 과정을 거쳐 대안을 결정한다면, 학교 공동체는 주인의식을 갖고 자발성을 발휘할 것이다(이민경, 2016)

개인의 자유와 권리를 서로 존중하는 것이 '민주'

유치원은 아이들이 민주주의를 학습할 수 있는 곳이며 그 자체로 민주적인 교육공동체이다. 구성원들이 각자의 신념, 가치관들을 있는 그대로 수용하고 존중하면서 함께 나아갈 유치원 교육의 목표와 방향성에 대해 합의점을 찾고, 이를 행동규범으로 표출해야 한다.(박정민, 김석우, 김경수, 2019)

하지만 많은 사람들이 나의 신념과 가치관을 있는 그대로 표현하는 것을 두려워한다. 그 이유 중 하나는 아마 내 생각이 받아들여지지 않을까봐, 누군가가 잘못된 생각이라고 지적할까봐 두려워하기 때문일 것이다. 우리는 유치원의 문제해결 과정에서 반복되는 경험을 통해 상대방의 신념, 가치관, 태도 등을 공유한다. 그리고 이 안에서 서로의 생각에 충돌이 일어날 때 바로 갈등이 시작된다. 지나온 과거 시대는 경쟁이 만연할 때였고, 누군가를 이겨서 위로 올라가야 하는 것에 익숙한 시대였기 때문에 남을 인정하거나 생각이 다른 사람과 함께 손잡고 걸어가는 것이 쉽지 않았다. 그러나 변화하는 시대는 경쟁이 아닌 협력의 시대이다. 다른 사람의 생각을 수용하고, 존중과 배려를 통해 함께 문제를 해결해가야 한다. 이를 통해 서로 간에 수평적 신뢰관계가 형성되는 것이다.

가장 쉽게 접할 수 있는 예로 협의 문화를 이야기할 수 있다. 앞서 말했듯이 유치원의 비전과 교육철학에 대해서는 교사뿐만이 아니라 구성원 전체가 함께 공유하고 합의할 사항이다. 모두가 함께 책임감을 가지고 각자의 역할에서 최선을 다해야 한다. 하지만 이러한 마음은 내가 유치원에 근무한다고 해서, 우리가 한 공간에서 일하는 교직원이라고 해서 하루아침에 생기지 않는다. 가장 우선시 되어야 하는 것은 구성원들 간의 관계 맺기다. 나와 함께 하는 동료에 대해 관심을 가지고 대화할 수 있는 열린 마음이 필요하다.

서로에게 관심이 없고 업무적으로만 대하는 관계에서 발생하는 갈등은 더 큰 불편함을 가져온다. 갈등을 드러내는 것은 누구에게나 어려운 일이지만, 민주적인 문화의 시작은 갈등을 감추기보다 드러내고 이야기하는 것에서 출발한다. 서로의 성향에 대해 알고 있으면 작은 갈등이 있어도 쉽게 무너지지 않는다. '저 사람은 이런 생각이구나', '다른 시선으로 봤을 땐 그럴 수도 있겠다' 하며 이해하는 마음이 생겨난다. 이처럼 나의 생각이 있는 그대로 수용되고, 상대방이 나의 의견에 대해 존중하는 마음으로 대화할 때 우리들은 자유롭게 생각을 표현할 수 있다. 이러한 분위기가 바로 민주적인 문화로 이어진다.

흔히 유치원에서 어떤 사항을 결정할 때 협의가 있었음에도 불구하고 그 결과가 번복되는 경우가 있다. 이럴 때 바로 구성원들 간의 수평적 신뢰관계를 다시 한 번 되돌아볼 필요가 있다. 우리가 함께 결정한 사항을 존중하고 실행하는 것이 보장될 때 구성원들의 집단지성은 더욱 확산된다.

유치원의 다양한 구성원들이 자율적 의지를 가지고 상호존중과 협력, 개방적 의사소통, 분산적 권한부여와 책임이 공존되어야 할 것이다. (엄준용, 박균열, 주영효, 정주영, 2016)

'두루유치원이 만들어 간' 민주적 학교문화

위의 내용을 바탕으로 두루유치원이 만들어 간 민주적 학교문화에 대해 크게 네 가지 항목으로 나누어보았다.

두루유치원의 민주적 학교문화를 만들기 위한 노력

비전 및 가치 공유와 형성	의사결정 체제
(관리자) • 관리자의 변혁적 리더십과 중간리더교사의 중요성 **(교직원)** • 올해 교육과정을 돌아보고, 내년도 유치원 비전에 대해 충분히 이야기 나눌 수 있는 1박 2일 워크숍 • 전직원 만남의 날 모든 구성원들과 함께 공유 • 기준은 유아와 우리 유치원의 교육비전과 철학 **(학부모)** • 반별 학부모 다모임과 학부모회 **(유아)** • 비전과 관련한 교육과정 유아평가 • 아이들에게 유치원은 어떤 공간이든 열려있음	• 협의와 결정의 권한을 갖는 교사 다모임 • 유치원 자체평가 시 업무분석을 통해 업무분장 기초자료를 마련하여 협의를 통해 업무와 연령 배정 (일방적 배정 X) • 업무지원팀 구성 (잡무를 줄이고 의견을 공유할 수 있는 시간을 많이 가짐) • 협의과정의 효율성을 위해 교육과정 평가결과를 기반으로 운영내용별 협의단위를 구성원의 합의 과정을 통해 사전 결정하고 시행 (잦은 의사결정 과정의 피로도를 경감시켜줌) • 교육과정 운영, 행사 추진 등 연령별 협의체제 인정
관계 맺기와 소통	**협의 문화**
• 근무시간 외에도 사적인 시간을 함께 보내며, 서로가 함께한 시간이 누적됨 • 교사들의 자발적인 해외연수 (독일 숲 유치원) • 공동체 구성원으로서 존재하는 나와 우리는 '우리는 함께 성장해 간다'는 자부심 • 연령별 교무실(공간 혁신)을 통해 교육적 대화를 나누며 교육 공감대 형성 및 공유 가능	• 혁신유치원 초기에는 자유롭게 말할 수 있는 분위기 형성을 위해 협의 규칙을 세움 (일상적인 이야기 공유, 전부 돌아가면서 말해보기, 한 사람당 3분이내로, 저경력 교사부터 말하기, 말 끊지 않고 경청 등) • 상대방의 의견을 비난하거나 질책하지 않기 • 소수의 의견도 존중하기 (모든 협의 결과를 다수결로 정하지 않음)

• 수업보기의 관점을 달리하여 긍정적 피드백을 주는 동료교사에게 신뢰와 지지를 얻음	• '동의합니다'의 짧은 대답도, '잘 모르겠습니다'의 의견도 인정해주기 • 협의를 통해 정해진 내용은 번복하지 않기

'민주적 학교문화' 안에서 생활하는 아이들

아이들이 유치원에서 가장 많이 생활하는 공간은 어디일까? 바로 교실이다. 유치원에 민주적인 문화가 형성되어 있으면 교실에서도 자연스럽게 민주적인 문화가 나타난다. 교사는 이제껏 교실에서 나의 모습에 대해 되돌아보게 된다. 아이들의 행동 기준이 교사인 나의 기준에 맞춰져 있는 것은 아니었는지, 아이들에게 우리 반 속에서 민주적인 문화를 경험할 수 있는 기회를 주었는지, 아이들의 생각을 있는 그대로 수용하고 존중해주었는지 등을 생각해볼 수 있다. 나는 아이들을 얼마나 신뢰하고 있는가? 또 아이들은 나를 얼마나 신뢰하고 있는가? 아이들과의 관계와 문화라고 해서 어른들과 크게 다르지 않다. 하나의 주체로서 존중해주어야 한다.

이러한 가치를 실현하는 기제로써 두루유치원에서는 '유아 다모임'을 운영하고 있다. 3월이 되면 아이들은 직접 자기 신발과 사물함 자리를 정하고, 친구들과 함께 생각을 모아 반 이름을 결정하는데 그 방법 또한 반마다 다양하다. 교사가 일방적으로 알려주지 않고 반에서 생활하며 아이들이 직접 필요성을 느낄 때 '유아 다모임'을 운영한다. 갈등상황이 생겼을 때 해결하기 위한 기구로 운영되기도 함으로써 자연스럽게 우리 반 학급문화를 형성해가는 것이다.

다모임은 아이들이 놀이를 할 때도 빛을 발한다. 매월 놀이주제에 따라 어떤 놀이를 하고 싶은지 생각을 모으고, 그 놀이를 하기 위한 방법들을 이야기 나누며 자신의 생각만으로 어려웠던 부분을 친구의 생각을 통해 해결한다. 나의 놀이를 친구들과 공유하며 자신감을 얻고, 공유를 통해 알게 된 새로운 놀이를 시도해보는 과정에서 나와 함께 지내는 친구에게 관심을 갖고 관계를 형성하는 것이다.

이 과정에서 아이들은 선생님과 친구들이 내 생각을 들어주고, 내 생각이 놀이에 반영된다는 것을, 다른 사람의 생각 또한 재미있는 놀이가 될 수 있다는 것을 자연스럽게 경험한다. 학급 구성원들이 어디에서, 어떤 놀이를, 얼마나 할 것인지에 대한 판단을 존중해준다. 교사가 아이의 놀이를 지원하고, 약속한 것을 지킨다는 믿음을 주고, 가능성을 진심으로 신뢰하는 과정을 통해 아이들은 민주주의의 다양성을 인정하는 경험을 하게 되는 것이다. 아이가 진정한 놀이의 주인이 되어감을 온몸과 마음으로 느끼는 것이 표정으로 드러난다. 이는 자연스럽게 '자치'와 연결된다.

유아는 자치활동을 통해 스스로 배움을 원하고, 자율성과 자발성을 기반으로 놀이를 주도하고, 그 과정에서 다른 사람의 의견을 귀 기울여 들으며 상대방을 존중하는 태도가 형성된다. 학부모 또한 아이들의 놀이를 보며 민주적인 유치원 문화를 느끼고 가정에서도 민주적인 문화에 대해 되돌아보게 된다. 올 해 가족참여놀이(가족참여수업) 이후 받은 피드백들을 보면 알 수 있다.

민주시민으로 살아가는 우리들

민주적인 학교문화를 위해서는 긴 시간이 걸릴지라도 모든 구성원이 함께 서로의 가치관을 인정하고 합의된 교육철학을 정립하며, 교육의 출발점이 될 수 있도록 탄탄한 지반을 다져가야 한다. 제도적인 시스템도 물론 중요하지만, 구성원 간의 관계 형성과 소통이 항상 함께 가야 한다. 이는 유치원 내 구성원이 바뀌어도 민주적인 문화를 이어나가는 기반이 될 것이다.

이를 위해 제언하자면, 시도교육청에서는 민주적 학교문화 형성 시 필요한 시스템을 정착하기 위해 어려움을 겪고 있는 유치원 현장에 도움이 되는 구체적인 방안을 구축해주길 바란다. 민주적인 문화는 결코 단기간에 형성되지 않는다. 두루유치원도 4년이라는 시간 동안 여러 방법들을 고안하고 이를 실행으로 옮기며 만들어 왔다. 다른 유치원에서도 작은 방법 하나라도 차근차근 실행해가며 서로 간의 문화를 만들어가길 바라며, 우리 아이들이 유치원 안에서 자연스럽게 민주적인 문화를 느끼고, 나아가 사회에서도 민주시민으로 살아갈 날들을 기대해본다.

2부

전문적학습공동체

DURU
KINDERGARTEN

1

창의적 교육과정 펼치기
공간이 놀이를 좌우한다

백은미
두루유치원 교사

산벚꽃이 한꺼번에 떨어지는 것을 아이들과 함께 보았다. 오월의 어느 날이었다. 그날의 장면은 꽃비가 아름답게 바람에 날리는 연분홍색 그림 같았다. 아이들이 봄바람과 함께 춤을 추듯 날리는 꽃잎을 손바닥에 받으려고 이리저리 움직일 때마다 햇살이 아이들의 얼굴에 반짝거렸다. 삼 년 동안 같은 길을 오고 갔지만 처음 만난 아름다운 광경이었다. 해마다 오월이면 미세먼지로 인해 숲을 가지 못하는 날이 많았다. 2019년 봄은 대체로 대기 상태가 좋은 편이어서 오월 내내 숲을 갈 수 있어 선물 같은 장면을 만날 수 있던 것이었다. 그전에는 늘 봄비가 내린 뒤에야 공기가 맑아져 비 온 뒤 바닥에 떨어진 꽃잎 보며 아쉬움을 가졌는데 정말 기분이 좋았다.

우리 두루유치원 아이들은 일주일에 두 번 숲에 가서 논다. 유치원에서 걸어 20분 정도 되는 숲이다. 우리가 가는 숲은 주변이 아파트로 둘러싸여 있어 작은 공원으로 불린다. 세종시가 조성되기 전 마을 숲이 있었고, 그 주변으로 아파트가 생기며 남겨진 곳이라고 보면 된다. 이 숲엔 밤나무가 많고 굴참나무, 갈참나무가 대부분의 수종을 구성하고 있다. 그런데 숲 입구에는 유난히 산벚나무가 많아서 벚꽃이 지고 나면 버찌가 빨갛게 익어 우수수 바닥으로 떨어졌다. 그 버찌를 아이들과 함께 따 먹다 보면 나도 아이들도 입술이 붉어졌다. 그런 서로의 모습을 보며 웃기도 하고 버찌 즙을 짜서 얼굴에 문혀 멋진 변신을 해보기도 했다. 벚나무 가지가 늘어져 부러지면 그것으로 빗자루 삼아 숲 놀이터 공간을 청소하는 놀이를 했다. 지난해 죽은 나뭇가지들을 모아 서로 기대고 엮어 나무집 공간을 만들었다. 아이들은 계절이 봄인데 머리에 땀이 흐를 정도로 열심히 했다. 그리고 그 안에서 자기들만의 비밀장소라고 말하고 입구에 작은 표시를 하며 놀았다. 그곳에 들어가려면 교사인 나도 암호를 알고 있어야 했다. 아이들은 굵은 나무를 껴안아 보기도 하여 나무의 나이를 짐작하고 서열을 매겼다. 비스듬히 자란 나이 많은 나무는 아이들이 끊임없이 오르기를 해서 그런지 줄기가 반질거렸다. 거기에 오르게 된다는 것은 그만큼 용기와 힘이 있다는 뜻으로 인정되었다. 교사가 어른 두 팔 품 정도 굵기 두 그루의 나무에 밧줄을 묶어주면 아이들은 그 줄에 긴 나무 세 개 정도를 끼웠다. 그리고 그네를 만들고 친구들끼리 밀어주고 태워주며 놀았다.

숲에서 아이들은 지루함을 몰랐다. 나무의 잔가지를 구해 놀잇감을 만들고 의미를 부여해주었다. 숲에서 아이들을 둘러보면 각자 몰입하여 무엇을 하고 있었다. 같은 놀이를 지속하기도 하지만 변화하는 경우가 많았다. 자기네들 말로는 진화란다. 분명 이런 형태의 놀잇감으로 노는 걸 봤는데 어느 순간 다른 기능의 나무 놀잇감이 되기도 하는 것이었다. 아이들 키 크기 정도 나뭇가지가 자동차가 되었다가 자신을 수호하는 마법의 지팡이로 변신 되었다. 크기가 다른 나뭇잎을 따서 소꿉놀이 접시로 사용하다가 잘게 자른 초록 국수가 되어 돌멩이 접시에 담겼다. 빨간 버찌가 글자가 되었다가 주스가 되어 버리기도 하고 천을 물들이는 물감이 되기도 하였다.

여름엔 온통 초록인 나뭇잎을 길게 엮어 울타리를 만들어 자신들만의 구역을 표시했다. 태풍이 지나가고 나면 숲에는 쓰러진 나무가 많았다. 보통 병든 오래된 나무가 거센 비바람을 견디지 못하고 넘어지는 경우가 많은데 그러면 그 나무들은 길게 넘어진 나무 의자가 되는 것이다. 그러면 그 나무에 올라가 놀 줄 알았는데 아이들은 일일이 나무껍질을 벗기고 그 안의 벌레를 찾으려고 온 신경을 쏟아 몰입했다. 그 속엔 우리 유치원 교실과 아파트에서 보지 못한 신기한 작은 벌레가 많았다. 가을 숲이 온통 낙엽으로 가득 채워지면 그것을 긁어보아 나뭇잎 침대를 만들고 그 위에 천을 깔고 앉아 재잘대며 즐겁게 놀았다. 교사인 나도 누워보니 나뭇잎 침대의 푹신거림과 함께 낙엽이 담고 있는 햇빛 냄새가 정말 좋았다. 그리고 아이들이 누워서 가을하늘을 보며 왜 행복하게 웃는지 알게 되었다. 숲에 올 때마다 숲의 환경은 달라져 있었다. 나뭇잎의 색도 시간마다 다르고 나무의 촉감도 달라졌다. 그리고 숲에 있는 벌레의 종류도 다양했다. 아이들은 그 변화에 감탄하기도 하고 익숙한 공간에서 얻는 편안함을 느꼈다. 우리 교사들은 아이들의 밝게 빛나는 표정을 보며 그것을 알아챘다. 가을에서 겨울로 넘어가는 늦가을 숲은 우리 아이들을 깊이 생각하게 만들었다. 아이들 얼굴은 숲과 닮았다. 우리 교사들은 이때 아이들이 생각이 깊어지고 마음도 따뜻해지며 포근함을 갖게 되는 건 숲에서 놀기 때문이라고 보았다.

한 해 동안 숲을 다녀오고 나면 계절의 변화에 따라 달라지는 숲의 색과 향과 바람이 소중하게 여겨진다. 숲이 아이들을 자라게 하는 힘이 되어주기 때문이다. 아이들은 말로 표현하기도 하고 그림으로도 좋은 느낌을 보여주었다.

우리는 아이들이 숲에서 놀 때는 서로 간의 갈등이 현저히 줄어드는 것을 발견하게 되었다. 나뭇잎도, 흙도 많기 때문이라고 우리는 이것을 해석했다. 교실에서처럼 한정된 놀잇감을 서로 더 많이 오랫동안 가지려는 욕심을 갖지 않아도 되는 것이 숲이 가진 장점이다. 숲에서는 규격화되지도 않고 정형화되지 않으며 각각 다 다른 의미를 담고 있는 것들뿐이다. 그래서 서로 소유하기 위해 경쟁하지 않아도 된다. 공간을 차지하기 위한 경쟁은 교실 내 놀이에서 그동안 많이 보았다. 하지만 숲에서는 아이들의 놀잇감 소유나 공간 소유 경쟁이 거의 없는 것을 보게 된다. 우리가 특별히 위험하다고 여기는 곳을 제외하고는 교사의 시야를 벗어나지 않는 한 숲 공간은 자유롭게 활용된다. 아이들은 뛰거나, 달리거나, 기어 다녀도 자신의 몸을 조절하면 괜찮다는 것을 안다. 그리고 숲에서 아이들은 놀 때 큰소리로 밝게 많이 웃는다. 그것을 바라보는 교사인 나도 마음이 밝아진다. 행복한 모습의 아이들을 보면 교사인 내가 좋은 교사가 된 것 같아 좋았다. 무엇보다 아이들에게 '안돼'라는 부정적인 말을 하지 않게 되니 아이들과 관계가 무척 가까워졌고 신뢰감이 커졌다.

물론 숲으로 나왔을 때처럼 운동장에서 놀 때도 아이들은 해맑게 자주 웃는다. 놀이터에서와 교실에서의 놀이는 조금은 상황은 다르긴 하지만 갈등상황이 자주 빈번하게 생기는데 그것은 공간의 문제가 아닐까 생각을 하게 되었다.

우리는 유아의 놀이에서 공간의 의미를 중요하게 본다. 우리가 추구하는 유아교육의 가치를 생각해보면 안전한 생활을 위한 제한은 공간과 함께 고민해봐야 할 부분이 많다고 봤다. 그리고 교사는 안전한 생활을 전제로 아이들에게 제한을 할 수밖에 없다고 여겼던 부분에 대해서 '과연 그럴까?'라고 되돌아보게 되었다.

공간에 대한 고민과 '마주침' 세 글자

21세기 이후 교육에 대한 본질적인 고민들이 주목받기 시작했다. 두루유치원 공동체 안에서도 유아교육의 본질을 되돌아보고 삶과 배움이 연결되어야 한다는 것에 깊이 공감하였다. 존 듀이의 실험적 학교에서 출발하여 비고츠키의 인지적 접근이 갖는 제한적 요소가 무엇인지 아이들과의 놀이 속에서 찾았다. 레지오 에밀리아의 교육과정에서 우리의 철학과 만나는 부분이 무엇인지, 아이들이 하는 놀이에서 배움의 관계를 찾아보는 일이 진행되었다.

아이들은 누가 가르치지 않아도 스스로 삶에서 세상을 만나고 시간의 변화를 느

2부 전문적 학습공동체

끼고 배운다. 우리를 둘러싼 거대한 세상이 빠르게 움직이기도 하고 때로는 침묵 같은 고요에서 아주 느리게 움직임이 이어지고 있다는 것을 알아차린다. 아이들은 삶에서 나와 세상을 연결하는 관계를 감각적으로 인지한다.

그러나 우리의 교육을 되돌아보면 반성 될 부분이 많았다. 삶의 변화를 경험하지 않고 각각의 차이를 인정하진 않았다. 통제와 획일성으로 관계를 왜곡해버리는 일들이 많았다. 경쟁이 무조건 중요하고 살아가기 위해선 반드시 이겨야 한다고 여기게 했었다. 사회 전반적으로 경쟁이 과열되어 태어나는 순간부터 계층을 만들어 버리는 문화가 형성되었다. 유치원 아이들에게도 경쟁하라고 부추기는 일들이 교육현장에서도 이루어졌다. 그 경쟁을 격려하고 더 나아가기를 독려하는 것이 교사인 내 모습이었다. 경쟁하라고 해놓고 한편으로는 친구와 사이좋게 지내라고 했다. 선한 경쟁이라는 말까지 만들어 경쟁을 두둔하였다.

과연 경쟁은 꼭 필요한가? 경쟁하지 않고 우리가 나아가는 방법은 어려운 걸까? 아이들이 경쟁하지 않고도 나아가는 배움을 얻게 하려면 어떻게 해야 할까를 생각하였다.

교육과정에서 우리는 교실 속에 수없이 많은 걸 규정하는 결정권자인 교사이다. 그래서 교사의 혁신이 무엇보다 중요하다는 결론에 이르렀다. 언제, 어디서, 어떻게 놀 것인가를 관행적이며 일방적으로 결정해버렸던 교사의 변화가 요구되었다. 변해야 한다면 어떻게? 유아교육과정에서 교사의 정체성은 무엇이어야 할까? 라는 물음을 교사인 우리 스스로 해보고 수많은 성찰의 시간을 이어갔다. 그리고 당연하다고 여겼던 것이 대부분 고정관념이었음을 알게 되었다. 우리 두루유치원 교사들은 교육의 철학 정립을 위해 늘 멈추지 않고 나아갔다. 서로가 다른 동료 교사들의 차이를 인정하는 것부터 우리의 사고의 전환을 이어갔다.

2016년 손우정 교수의 교육자문을 얻어 '배움의 공동체'를 일 년 동안 도입해 보았다. 이 도입은 우리 유치원 교사들의 성장을 도왔다. 사토마나부 교수의 '배움의 공동체' 철학을 통해 수업 혁신이 이루어졌다. 이를 통해 배움의 재정의가 이루어졌으며, 교사를 가르침의 전문가임과 동시에 배움의 전문가로 정의하게 되었다. 교사들은 전문성 능력 신장을 위한 자신과 동료의 교실 속 수업을 되돌아보았다. 이와 동시에 교사를 서로 배우는 반성적 실천가(도날드쉰, 1983)로 인식하게 되었다. 하지만 이것만으로는 우리의 교육적 고민 들을 해결하기에는 부족함이 있었다. 우리의 교육과정의 변화를 지지해줄 수 있는 철학적 기반을 찾기 위해 토론하고, 책을 읽고, 생각을 나누는 과정을 반복하였다.

이 과정에서 우리는 '차이'와 '사건'의 철학자로 알려진 질 들뢰즈의 철학을 접하게 되었다. 들뢰즈의 '마주침'이라는 세 글자는 우리 교육의 고민을 해결하는 열쇠가 되었다. 노벨문학상 수상자인 쉼보르스카 시인의 '두 번은 없다'가 들뢰즈가 말하는 차이와 반복을 정확하게 표현해주었다.

"두 번 일어나는 것은 하나도 없다. 일어나지도 않는다. (중략) 어떤 하루도 되풀이 되지 않고 서로 닮은 밤도 없다. 같은 두 번의 입맞춤도 없고, 하나같은 두 눈 맞춤도 없다."

들뢰즈는 '우리가 도달해야 할 하나의 이상적인 진리는 없다'라고 말한다. 매 순간 다양하게 변화하는 '변신체'라는 것이다. 들뢰즈의 '차이와 반복'이 말하는 교육은 목표나 예를 제시하고 '나처럼 해보자'라고 주입하는 교육이 아니었다. 진정한 배움은 시시각각 다르게 다가오는 차이를 감각적 경험을 통해 분해하고, 합성해보며, 분류하고 정리하여 새로운 의미체계를 생성하는 과정이라는 것이다. 이것은 교육과정이 운영되는 공간에 대해 고민을 하게 되는 계기가 되었다.

우리는 창의적인 교육과정을 펼쳐나가면서 아이들이 다양한 방법으로 변화를 주도해 가는 모습을 보았다. 창의적인 교육과정의 핵심은 유아의 자율성을 기반으로 하는 유아 주도적 놀이이다. 아이의 놀이 과정 몰입과 지속성을 위해서 공간은 아이 관심을 끄는 매력을 갖고 있어야 한다.

창의적 교육과정에서 제3의 교육자 공간의 의미

우리는 매일 누군가를 만나고 무언가를 접한다. 하지만 그 과정에서의 마주침은 어떠할까. 모든 감각을 열어 만나기가 가능한가를 생각했다. 유치원은 만3세에서 5세까지의 아이들이 대부분 획일화된 구조의 건물 안에서 매일 아침 8시 반에서 오후 1시 또는 5시까지 지낸다. 그 공간은 일정하게 규격화되어 있고 각반이 분리된 독립성을 강조한 형태다. 이 안에서는 서로의 안전을 위한 규칙이 존재하고 다 함께 공유하기 위한 다소 일방적인 약속들이 있다. 이것은 공간을 안전하게 사용하기 위한 운영상의 이유이다. 규정이 많이 있는 공간은 아이들의 놀이를 확장 시켜 배움이 촉진되는 역할을 하기에 어렵다. 우리는 일상적인 시간과 공간에서 제약조건 들을 어떻게 해석하고 풀어 주어야 할지를 생각해야 했다.

'교육은 발달이다.'라고 말한 존 듀이의 경험은 '일상적인 삶이 곧 경험'이라는 관점이다. 발달 특히 성장은 어떤 지점에 도달한 상태로 보는 게 아니라 도달하는 과정으로 본다면 공간 경험은 중요했다. 듀이의 경험이론은 계속성의 원리와 상호작용의 원리로 성장의 기준을 두고 있다. 이를 근거로 시간과 공간의 제약조건을 하나씩 접근하여 해결해 가는 과정이 진행되었다.

아이는 내가 선택한 공간에서 경험을 얻기가 안전한 보호를 이유로 허용되지 못하는 경우가 많았다. 하지만 교사와 교육 공동체간의 합의가 이루어진다면 그 제약을 조금씩 걷어내는 일이 불가능하기만 한 것은 아니라고 봤다. 교육환경에서의 공간은 창의적인 교육과정이 펼쳐지기 위한 중요한 조건이다. 공간과 학습능력의 상호관계는 이미 잘 알려져 있다. 로리스 말라구찌가 공간을 제3의 교육자로 정의한 것처럼 중요하다. 공간을 구성하는 부분은 심리학적인 연구에서도 활발하게 이루어지고 있어 우리는 아이들의 감성 능력 배움을 위한 부분에 대해 다양하게 시도했다. 존 듀이는 공간에서 겪어지는 경험을 자연과의 결합을 통해 설명하고 있는데 숲을 우리가 주목한 이유이다.

우리는 창의적 교육과정의 기본 조건을 공간혁신에서 찾아보게 되었다.

공간과 놀이 관계를 찾다

'진정한 교육은 뜻밖의 장소에서 일어난다'(로버트 폴컴. 2018)

우리는 아이들의 배움을 촉진시켜 줄 공간에 대해 생각했다. 먼저 유아의 공간 활용 특징을 분석했다. 아이는 매우 독립된 곳이거나 들어가고 나가기가 자유로운 열린 공간을 선호한다. 교실에서 구석진 곳이나 나무 블록으로 공간을 만들어 그 속에 들어가 노는 걸 자주 보았다. 그 속에서 자신만의 공간을 만들거나 큰 상자에 들어가 다른 사람과의 분리된 공간에 있는 것을 즐거워했다. 그렇다고 닫힌 폐쇄공간을 의미하는 것은 아니다. 친구와 선생님이 함께 주변에 있다는 전제조건이 있을 때 자유로운 즐거움을 얻었다. 그 반대일 경우에는 오히려 불안과 위험을 느꼈다. 아이들은 무리 속에 있지만 독립되고 싶은 특징을 갖고 있었다.

아이는 공간을 자신이 원하는 대로 조정하고 싶어 했다. 수직적인 공간을 경험하려고 의자를 높이 쌓아 올렸다. 길게 블록을 나열하여 수평적인 공간을 확보하려고도 했다. 때로는 들어가 앉을 수 있는 공간을 만들어보려는 3차원적 구성을 하기도 하였다. 아이들은 자유롭게 공간을 자기의 생각대로 구성할 수 있기를 원했다. 운동장, 공원잔디밭, 놀이터, 숲과 같이 하늘을 직접 볼 수 있거나 들어가고 나가기가 자유로운 공간을 이용하고 싶어 했다. 교사주도의 교육과정이 운영되면 아이들의 공간 선택은 어려운 일이었다.

아이는 뛰고, 달리고 멈추고, 움츠렸다 뛰어오르는 동작에서 심리적 해소감을 얻는다. 아이가 힘차게 달릴 때 보면 얼굴 가득 밝음이 담겨 있다. 넓은 공간에서 마음껏 달리게 해주고 싶었다. 하늘의 빛깔을 보고 바람의 촉감을 느끼며, 나무의 변화를 알아채는 일, 흙의 촉감이 기온에 따라 달라지는 것을 아이들이 감각을 통해 얻게 해주려 했다. 물속에 몸을 담그며 여름을 알아가고 소곤거리듯 오는 봄비와 발 구르기처럼 쏟아지는 여름비의 차이를 놀이하는 아이가 자연스럽게 알아가게 하고 싶었다. 외롭게 내리는 가을비가 오면 '우리는 지난여름의 놀이가 그리워요'라고 말하는 아이의 감성을 이해하고 '시간의 이해'를 하는 아이를 만나기를 바랐다.

아이의 본능인 놀이를 공간혁신을 통해 확장해주려는 노력이 두루유치원에서 진행되었다. 공간 제한의 관점을 전환하려고 위험한 놀이터가 아이의 안전민감성을 키울 수 있다는 이론도 읽어 보았다. 안전을 이유로 공간을 제약할 경우 아이의 놀이가 위축되는데 양쪽이 보완되는 방안을 토론했다. 전문가의 도움을 받아 우리 가치관의 전환을 시도해가는 과정이 이어졌다. 실제 운영을 되돌아보니 과도한 공간 제한이 상당이 많이 존재한다는 것을 확신하게 되었다. 아이들과 어느 공간에 있을지 정하는 최종 선택은 늘 안전책임자인 교사에게 있었기 때문이다. 아이의 놀이가 공간의 제약을 받지 않으면서 안전하게 놀이하려면 우리의 경직된 고정관념을 없애야 했다. 안전한 생활이 중요하다는 것에 중심을 두어야 하지만 그 속에 갇혀버려선 놀이확장은 어려운 것이기 때문이었다. 융통성이 필요한 부분이 많은데 공간혁신과 공동체의 공간인식변화는 중요한 관건이었다.

유아 주도의 놀이가 이루어지려면 공간지원 관점이 변해야 했다. 위험한 것은 무조건 다 제거해줘야 하는가를 깊이 생각해보았다. 아이들의 놀이를 살펴보니 놀이가 때론 멈추기도 하고, 뒤로 되돌아가기도 했다. 공간을 이용하면서 직감적으로 위험을 감지하는 능력이 발휘되어 그 위험을 제거하거나 대처하려는 걸 보았다. 여러 차례 시도해보고 도전해보며 뛰어내리거나, 뛰어오름이 갑자기 성공하는 걸 경험하는 아이의 배움은 삶을 앞으로 나아가게 한다고 보았다. 공간의 위험을 감지하는 능력이 발휘되도록 공간지원을 어떻게 할 것인가 고려하게 된 것이다. 놀이와 공간과의 관계를 관찰을 통해 분석해보니 공간허용이 놀이의 질적 변화를 촉진하는데 큰 요인이 됨을 알게 되었다.

우리는 교실 공간혁신과 함께 모험적인 놀이가 펼쳐질 수 있는 공간을 아이들이 선택하도록 시도해보았다. 이후 놀이 변화를 자세히 들여다보면 분명한 차이가 있음을 발견하였다.

자연과 마주침의 의미-숲 놀이

공간이 주는 아이의 놀이 변화를 잘 알아차리게 되는 경우가 숲 놀이였다. 계절의 변화는 놀이 변화의 중요한 요인이 되었다. 몸으로 직접 움직여 놀다 보니 놀이도 계절의 변화만큼 다양해지고, 풍성해졌다. 그리고 자연에 대한 따뜻한 배려가 숲을 다녀본 경험의 횟수에 따라 넓어지는 것을 보았다. 숲을 오고 가는 길에 만난 나무와 벌레 그리고 바람과 햇빛과 이야기를 나누더니 친구라고 불렀다.

"내 나무 친구야 여름이 깊어져서 더우니 가을에 만나자"

"벌레 친구야 나랑 놀다가 너희 집에 가면 좋겠어!"

"숲의 바람아 나뭇잎을 날려줘"

"우리 친구 거미야 찬바람에도 건강하게 지내. 봄에 다시 만나고 싶어"

아이들은 자신들의 신체적 성장과 계절 변화처럼 놀이의 형태나 대하는 태도가 달라졌다. '숲에 가면 뭐가 좋은가'라고 묻는다면 단연코 따뜻한 감성을 갖게 된다고 말하고 싶다.

숲은 미래사회가 요구하는 능력인 창의성이 발휘될 수 있는 최적의 조건을 갖추고 있는 공간이다. 숲 놀이를 하면 규격화된 놀잇감에서 벗어나 창의성을 발휘해볼 수 있어 좋았다. 숲 놀이를 삼 년 동안 관찰해본 결과 숲에는 아이들 스스로 변형할 수 있는 놀잇감이 많았다. 숲의 나뭇가지와 바위는 기본이고, 나뭇잎과 보슬보슬한 숲의 흙, 땅 속 깊이 박힌 잔뿌리며 작은 돌멩이들이 놀잇감이 되어 아이들의 배움을 증폭해주었다.

1. 창의적 교육과정 펼치기

아이들은 언덕진 숲길을 오르고 내려가며 몸 균형 감각을 터득하게 되고 오감을 자극해주는 놀이로 감성이 풍부해졌다. 그리고 맘대로 해볼 수 있도록 허용을 많이 받을 수 있어서 자주 가고 싶어 했다. 교사들도 배움을 관찰하기 좋은 놀이 공간은 숲이라고 말했다. 위험한 상황을 만나게 될 때 대처능력이 미리 키워지기 위한 제안을 수없이 듣는다. 하지만 실제상황에서는 대부분 당황하게 된다. 왜냐면 경험해보지 못한 것이기

2부 전문적 학습공동체

때문이다. 실물현장인 숲에서는 미리 벌이나 뱀, 쐐기벌레 독버섯 등을 만나면 어떻게 해야 할지 자연스럽게 주제로 이야기를 하게 되고 위험대처능력도 터득해간다. 유치원에서 배우는 것은 학교에서의 학습과 근본적으로 다르다고 여긴다. 유아기 아이들은 모든 것을 경험해보고 내 삶과의 관계성에서 배움을 얻는다. 사물을 오감으로 관계를 찾고 그것을 직감으로 익힌다. 아이들의 성장은 기억과 자유, 상상으로 한다. 건강한 성장은 틀이 정해지지 않는 공간에서 이루어진다. 유아기의 청각은 특별히 민감하다는 특징을 갖고 있다. 새와 곤충의 나는 소리를 아이들만 들을 때가 많았다. 열매를 따고 나무를 오르며 촉감으로 관계성을 가졌다. 모든 감각기관을 열어두고 만나는 숲 놀이는 사실 혼자 놀아도 함께 놀아도 좋은 것이다. 놀이하는 아이의 몰입에서 그것이 충분히 공감되었다. 아이와 교사가 자연을 바라보는 따뜻한 시선과 감성을, 갖게 되는 건 의미가 깊다. 유아기의 경험이 삶에서 중요하다는 것은 자주 언급되었다. 교육실천가 슈타이너가 말하는 7년 주기 아이 성장변화기에 획득하게 되는 중요한 기회는 숲 공간에서 얻어지는 중요한 경험이라고 본다.

교사는 아이에게 정신적 공간이다.

창의적 교육과정을 공간의 다양성으로 펼쳐보려면 놀이를 보는 교사의 안목이 중요하다. 창의적 교육과정은 아이가 스스로 해볼 기회를 많이 제공해야 하기 때문이다. 아이 스스로 성장하고 있음을 확신하려면 교사의 긍정적 지지가 필요하다. 배움을 얻어가며 성장해가려는 아이에게 무언의 지원이라 할 수 있는 표정과 반응을 포함한 것이어야 한다.

"물적적 환경은 상상할 수 있는 가장 넓은 의미로 받아들여야 한다. 거기에는 아이를 둘러싸고 물질적으로 발생하는 일뿐만 아니라 그를 둘러싸고 있는 모든 것, 신체의 공간에서부터 아이의 정신적 힘에 영향을 미칠 수 있는 모든 것이 들어있다."라고 슈타이너는 말했다.

공간허용의 한계를 설정하는 교사가 삶을 바라보는 관점이 어떠한가에 따라 아이의 놀이확장은 많이 좌우된다. 아이가 해볼 수 있도록 허용할 부분과 제한해주어야 부분을 결정하는 일이 교사에게 늘 어려운 부분이었다. 결정은 교사 자신의 삶 가치관이 대부분 영향을 주지만 두루 공동체가 합의하고 논의해왔던 원칙들이 적용되어 허용의 폭이 많이 변화했다. 이전과는 다른 공간허용의 혁신이 이루어지기 시작했다.

학령전기인 만5세가 되면 지식형성의 범위를 확장 시켜보려는 의도를 갖게 되는 때이다. 이때 교사는 방향 제시의 요구를 많이 받는다. 두루의 경우 공간 제한 허용이 시도되면서 교사들은 전혀 다른 도전을 경험하게 되었다. 공간에서 만나는 새로운 경험이 주는 과제를 해결하기 위해 아이들은 그에 대한 도움을 요청하는 경우가 종종 생겼다. 우리는 이때를 기회로 여겨 아이들이 공간에서 능동적으로 문제를 해결해 갈 수 있는 지원을 했다. 안내자의 역할을 하지만 너무 친절하여 아이들의 자율성을 침범하지 않도록 고려하였다. 자율성을 침범하지 않으려면 교사는 놀이 과정과 아이에 대한 이해를 폭넓게 볼 수 있어야 한다. 답이 다양한 질문을 해주어 스스로 문제해결의 핵심을 찾아가도록 돕는 조력자로서의 교사의 역할이 중요해졌다. 그래서 교사와 아이의 관계가 중요한 것이다.

교사는 반 아이들의 정신적 공간이 된다는 점에 공감하면서 우리는 좋은 정신적 공간이 되고자 노력을 기울였다. 유치원은 아이와 교사가 함께 있는 모든 시간이 수업으로 배움 연속인 것이다. 우리는 먼저 아이를 가르쳐야 하는 대상으로 보는 관점에서 벗어나는 것부터 시작했다. 대신 유아 주도의 놀이가 깊어지고 지속성을 갖게 하기 위한 지원을 위해 노력했다. 실제 아이들과 지내보니 교사주도를 덜어내기가 쉽지는 않았다. 하지만 덜어내려는 노력은 의미가 있었다. 교사들이 아이들에게 좋은 정신적인 공간이 되어주려고 노력하면서 아이들과 신뢰가 높아졌다. 그리고 아이들에게 좋은 선생님이

2부 전문적 학습공동체

되는 것과 함께 좋은 사람이 되어가는 스스로에 대한 만족감이 높아졌다. 두루유치원 교사들에게 변화의 가장 큰 이유를 물으면 다음과 같이 말했다.

"공간은 놀이뿐만 아니라 관계에도 영향을 많이 주는 것을 알게 되었어요. 행복하게 아이들이 놀이하며 나아가는 모습을 보면 함께 행복해지더라구요."

창의적인 교육과정에서 숲 놀이가 주는 의미

창의적인 교육과정이 펼쳐지기 위한 조건을 공간으로 본다면 숲은 중요한 공간이다. 숲을 두루유치원이 특별한 공간으로 보는 건 다양한 경험을 줄 수 있다는 이유 외에도 생명존중의 이해를 함께 배우기 위함이었다. 숲에서 안전을 위한 기본적인 약속을 잘 지켜가며 지내보면 숲의 모든 생명이 소중하게 느껴진다. 무조건 채취하지 않는 약속들이 이루어지고 훼손 않고 숲을 이용해야 한다는 이야기가 자연스럽게 아이들 사이에 오고 갔다. 누구나 낯선 환경을 두려워할 수 있다는 것을 서로 인정하면서 아이와 교사가 수평적인 관계를 형성하기도 하였다. 서로 돕는 관계성을 배워가면서 생태계 순환을 존중하는 마음이 자연스럽게 키워졌다. 그래서 두루 공동체는 아이들의 놀이가 닫힌 공간에서 열린 공간으로 전환이 더 많이 이루어져야 한다고 여겼다. 교실 놀이 공간은 다양한 기후환경을 만나기가 어려운 부분이 있다. 비가 오거나, 날씨가 춥거나, 더우면 되도록 안에서 놀이하는 게 편하고 안전하다고 여길 수 있다. 하지만 아이는 더워도 추워도 비가 와도 밖에서 놀고 싶어 한다. 숲에 가는 것처럼 흙을 밟으며 걷는 시간이 아이들 성장에서 필요하다. 그래야 건강하게 자란다. 계절을 모든 감각을 열어 경험하게 해야 깊이 배운다. 숲에서 만난 작은 생명의 소중함을 알아야 따뜻한 감성을 갖는 것이다. 오르거나 내리막을 만나는 숲길을 보면 함께 걷고 싶어진다. 숲은 공동체성을 펼칠 양분이 되는 곳이다. 이런 확신은 숲에서 계절을 모두 함께 지낸 일 년을 거치면서 생겼다.

1. 창의적 교육과정 펼치기

숲의 나무를 보면 천천히 자란 나무는 속이 꽉 차서 단단하다. 나무를 보며 기다림이 필요한 이유를 알았다. 단단하고 큰 나무를 보면 아이는 나무에 기대어 포옹하며 친구가 되었다. 내 나무 친구를 만나게 되는 일은 아이 삶에서 중요한 만남이라고 생각한다. 숲에서 자란 아이들은 몸도 건강해지고 마음도 단단해지리라고 믿는다. 숲에서 겪는 어려움을 해결해보려고 시도해보면서 실패해도 괜찮음을 알게 되고 서로를 돕는 일이 중요함을 알게 되기를 바란다. 숲에서 자란 우리 아이들은 삶의 근력이 단단해졌으면 좋겠다. 우리 아이들이 서로를 기대어 숲을 이룬 나무들처럼 함께 커 가기를 바란다. 바람에 춤추는 듯 보이는 나무들처럼 회복 탄력성이 커지는 삶을 살아가도록 열린 공간 숲에서 아이들과 즐겁게 놀고 싶다. 함께 행복하기를 원하는 우리는 공간혁신을 경험하는 숲에서 서로의 소중함을 배우기를 원한다. 그래서 우리는 숲 공간을 통해 놀이의 교육학을 완성해가면 좋겠다.

2

전문적학습공동체를 통해
수업 나눔을 하기까지

박지현

두루유치원 교사

교사는 잘 가르치면 되는 사람이라고 생각했던 시기가 있었다. 잘 가르치고 싶다는 욕구는 컸으나 구체적으로 무엇을 해야 할지 모르던 시기였던 걸로 기억한다. 의욕만 있을 뿐, 어떻게 해야 잘 가르치는 좋은 교사가 될 수 있는지 막연한 희망만을 간직한 채 밀려드는 행정업무를 하나씩 해내다 보니 어느덧 나는 바람과는 달리 수업을 잘하는 하는 선생님이 아니라 업무를 잘하는 선생님이 되어 있었다.

과거의 교사들, 어쩌면 지금까지도 현장의 많은 교사들은 수업 연구에 대한 열망을 뒤로 하고 매일 마주하는 현실적인 문제들(공문을 처리하기 위해 사전조사를 하거나 기안을 작성하고 관리자들에게 결재를 받으러 다니는 일상적인 행정 업무들) 처리로 수업시간 이후의 대부분을 보냈고, 또 보내고 있을 것이다. 2015년의 두루유치원(두루유치원 개원 첫 해) 교사들 또한 그렇게 매일을 보내며 하루하루 버티기에 급급했었다.

당시 교사의 구성원 절반 이상이 신규교사였기 때문일까? 배움과 성장의 욕구는 늘 잠재되어 있었고, 2015학년도 전문적학습공동체 선도 학교를 운영하면서 수업 고민과 관련된 연수를 100시간 이상 계획하여 듣는 열성을 발휘했다. 그러나 과한 연수 탓에 오히려 매일의 수업준비 시간은 부족하고, 수업이나 교육과정 전문가들의 연수를 들을 때마다 죄책감이 밀려드는 것을 경험하며 한 해를 보냈다.

그렇게 전문적학습공동체를 통한 좌절감만을 경험한 채 2016학년도 혁신유치원 1년차를 준비했다. 한 번도 중요하다고 생각해보지 못했던 민주적 유치원 문화 조성을 위한 기반을 마련하기 위해 혁신 교육이 무엇인지, 왜 교육적 비전과 철학이 교육과정 운영의 근간이 되는 것인지 또 그러기 위해서는 유치원의 민주적 문화가 바탕이 되어야 한다는 것들에 대해서 공부하기 시작했다. 당시에는 온전히 이해하지 못했지만 지금 되돌아보면 우리가 하고자 하는 교육의 방향성을 함께 논의하고 합의점을 찾고, 구체화시켜 나가는 과정의 중요성을 공감할 수 있었던 시간이었다.

수업 잘 하는 교사가 되고 싶어서, 온전히 수업에 몰두할 수 있다고 해서 전문적학습공동체 선도학교를 시작으로 혁신유치원까지 달려 온 보람은 혁신유치원 2년차(2017학년도)를 맞이하면서 드러났다. 우리는 드디어 '수업'이란 것을 고민할 준비가 되었다고 판단했다. 그 당시 준비가 되었다는 말의 의미를 풀어보자면 아래와 같다.

- 서로의 수업을 공유할 만큼 충분히 교사 간 신뢰가 형성되었다.
- 효율적인 협의가 가능한 협의체제가 구축되었다.
- 구성원 전체의 수업 연구 필요성과 그 추구하는 방향에 대한 합의가 되었다.
- 업무 경감(업무 합리화)을 통해 행정업무가 아닌 수업 연구를 할 수 있는 시간이 확보되었다.

수업 그리고 교사, 정체성에 대한 물음과 우리만의 답을 찾아가는 길

혁신유치원을 시작하면서부터 우리는 모든 것에 "왜?"라는 질문을 자주 하게 되었다. 수업 연구(수업 나눔)를 2017학년도 전문적학습공동체의 운영 키워드로 가져가기로 한 후에도 우리는 '왜 이 시점에서 수업에 대해 고민하고 있는 것인가?' 라는 질문을 던졌다. 그때의 우리는 혁신 교육이 교육의 본질로의 회귀를 지향한다면 당연히 가르침과 배움에 대해 고민하지 않을 수 없었고, 가르침과 배움의 현장은 곧 수업이기 때문이라는 생각에 모든 구성원들이 공감하고 있었다. 그리고 우리가 기존에 갖고 있던 가르치는 것, 배움이라는 것은 어떤 의미였을까? 그리고 수업은 무엇일까? 라는 질문들이 꼬리에 꼬리를 물었다.

가르치는 일을 평생의 업으로 살아가는 교사에게 가르친다는 것은 단순히 행정적이거나 법률적인 문제만이 아니며, 이론적이거나 관념적인 문제에 국한되지도 않는다. 또한 배움이라는 것은 교사의 입장에서만 논하기에는 배움의 주체인 아이들의 생각이 중요하고 선생님들의 생각만으로 온전히 이해하고 안다고도 말할 수도 없다.(이 시기의 두루 유치원 선생님들은 많은 질문을 끊임없이 서로에게 하며 우리만의 교육적 신념, 소신을 만들어갔다)

길이 막혀 있을 땐 돌아가라고 했던가. 우리는 가르침과 배움, 수업과 교사의 정체성에 대한 물음의 답을 구하기 위해 수업 전문성 신장과 관련된 책을 읽기도 하고, 각종 논문들도 찾아보거나 주변 선생님들(유치원을 넘어 초·중등학교까지)의 사례들을 수소문하기도 했다. 그러다가 배움의 공동체를 알고 있는 한 선생님을 통해 우리가 서로에게 했던 질문들과 같은 고민을 하고 계신 분(배움의 공동체 손우정 교수님)을 만나게 되었다.

배움의 공동체는 이미 혁신학교 교사들 사이에서는 유명했으나 유치원 교사들에게는 매우 생소했다. 하지만 배움의 공동체가 가진 교육철학인 '한 명의 아이도 배움으로부터 소외되지 않고 질 높은 배움을 실현하는 학교를 만든다'는 것에 우리는 매료되었고 지푸라기라도 잡는 심정으로 배움의 공동체 수업컨설팅을 연3회 계획했다.

교사에게 수업이란 잘 하고 싶은 열망이 큰 만큼 어렵게 느껴지는 숙제이다. 매일 펼쳐지는 교사의 일상이기도 하지만 그중 공개수업은 특별한 행사로 교사들에겐 타인에게 내 수업을 보여주고 평가 받는다는 인식 때문에 반갑게 맞이할 수는 없었다. 나 역시도 첫 배움의 공동체 수업컨설팅을 앞두고 한 달 전부터 무슨 수업을 할지 고민하면서 10가지도 넘는 수업안을 작성했다 수정을 반복했던 것으로 기억한다.

2017년 배움의 공동체 수업컨설팅 수업안-놀이를 통한 배움 활동안

배움 생활주제	가꾸는 여름	일시	2017년 6월 23일(금) 11시 ~ 11시40분	장소	유치원 놀이터
배움 주제	신나는 물놀이 장난감	반(대상)	새론반(만4세)	수업자	박지현
배움 목표	물놀이 장난감을 만들고 내가 만든 장난감으로 놀이 할 수 있다.				
누리과정 관련요소	• 신체운동 · 건강-신체 조절하기 • 의사소통-느낌, 생각, 경험 말하기/이야기 듣고 이해하기 • 사회관계-친구와 사이좋게 지내기 • 자연탐구-탐구하는 태도 기르기/과학적 탐구하기				
수업자의 의도	여름하면 아이들이 가장 먼저 떠올리는 것은 물놀이다. 그래서 본 수업에서는 물을 가지고 더 재밌게 놀이하기 위해 익숙하고 다양한 재료들을 가지고 아이들이 직접 물놀이 장난감을 만들어보고 완성된 장난감으로 즐겁게 놀이해보는 활동을 준비하였다. 아이들은 수업의 주체이지만 대부분 교사가 주체가 되는 수업에 참여자 역할이 되곤 한다. 그렇다 보니 일부의 아이들은 교사가 의도하는 정해진 정답을 맞추려고 안간힘을 쓰며 서로 경쟁하고 또 다른 아이들은 수업에 흥미를 느끼지 못하고 수업에서 소외되는 모습을 보이게 된다. 그래서 단순히 유아 발달 수준에 적합하고 흥미를 가질 수 있는 소재를 준비해주는 유아 중심 수업이 아닌 아이들이 수업의 참 주인이 되어 참여할 수 있는 활동을 고민하게 되었다. 교사가 수업의 모든 것을 준비하고 안내해주어 성공의 경험만을 갖게 하는 수업이 아닌 즐거움을 원동력으로 하여 무수히 실행하는 가운데 얻게 되는 성공의 경험이나 실패의 경험 모두가 아이들에게는 배움의 과정이 되는 수업이 지금 우리 반 아이들에게 필요한 수업이며 그러한 환경을 만들어주는 것이 나(교사)의 역할이 아닐까 하는 생각으로 본 수업을 준비하였다.				
단계	놀이를 통한 배움 활동 (수업의 흐름)				비고
배움 열기	• 도입hop(동기유발) - 내가 경험해보았던 물놀이 장난감, 물놀이 장난감을 가지고 하고 싶은 놀이 이야기나누기				

배움 활동	• 기초step
	  - 여러 가지 재활용품, 생활용품, 미술용품 등의 만들기 재료를 탐색하며 내가 만들 장난감 구상하기
	  - 물놀이 장난감 만들어보기
	• 발전jump
	  - 내가 만든 물놀이 장난감으로 놀이해보기
	  - 물놀이 장난감 보완해보기/친구와 함께 물놀이 장난감으로 놀이해보기	

배움 정리	• 정리 - 물놀이 장난감 정리 방법 찾아보기	

2017학년도 전문적학습공동체로 배움의 공동체 수업컨설팅을 운영하면서 기존의 수업컨설팅(수업장학이나 공개수업 후 협의 등) 때 교사가 협의의 주인공이었던 것을 아이들이 주인공인 협의회가 되도록 바꿔나갔다. 기존에는 가르치는 내용이나 방법에 대한 논의로 협의시간 내내 수업자는 자신의 교사 역량을 심판받는 것과 같은 고

2017년 배움의 공동체 수업컨설팅 장면

통스러운 시간을 보냈고, 동료교사들은 되도록 불편한 이야기를 피해가며 말하느라 정작 하고 싶었던 말들은 할 수 없었던 협의 시간이었다. 하지만 배움의 공동체 수업 후 협의를 통해서는 온전히 아이들의 배움 장면에 집중하고 아이들의 행동, 표정, 말 하나하나에 집중하며 배움의 주체가 어떻게 스스로 자신의 배움을 만들어나가는지 그 과정에 집중하는 협의를 경험했다. 그동안 가르치는 행위에 집중되었던 수업에서 아이들의 배움을 논의하는 수업컨설팅은 바로 우리가 찾던 것이라고 느껴질 만큼 수업을 바라보는 관점에 공감하였다.

그럼에도 불구하고 2018학년도에는 전문적학습공동체에서 배움의 공동체 수업컨설팅을 계획하지 않았다. 그리고 두루유치원의 수업 나눔과 수업 함께 보기 전략을 만들기 위해 우리가 만들어가고 있는 수업, 배움, 성장에 대한 개념들을 반영하여 새로운 수업안의 양식을 만들고 "놀이 구성안"이라고 새로운 이름도 붙였다. 슈퍼바이저인

손우정 교수님이 "유치원의 교육과정과 수업에 걸맞는 수업 나눔의 모델을 만들어가야 하는 숙제가 두루유치원에게 있다"고 하셨던 의견에 동의했기 때문이다.

2015학년도의 동료 장학에서 2016~2017년의 수업컨설팅, 2018년의 수업 나눔으로 우리의 수업을 공유하고 함께 발전시켜 나가는 전문적학습공동체의 모습은 변화하고 있었다. 수업 나눔을 위한 수업안의 양식도 해마다 크게 변했다. 2015년의 15쪽 짜리 동료 장학 공개수업용 수업안부터 현재의 놀이 구성안까지 살펴보면 매년 두루유치원 선생님들이 작은 부분 하나에도 우리의 고민들을 어떻게 반영했는지 알 수 있다.

2015학년도 동료 장학 공개수업안 – 교수 · 학습 과정안

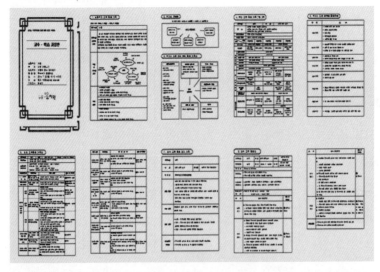

2016-2017학년도 수업컨설팅 수업안과 수업 후 협의 자료

1) 놀이를 통한 배움 활동안

배움 생활주제	소중한 가족	일시	2017년 5월 12일(금) 10시 20분~11시	장소	교실
배움주제	가족과 함께하는 밧줄놀이	반(대상)	한빛, 하랑, 새론반(만4세)	수업자	오현경, 김채희, 박지현
배움목표	가족과 함께 하는 밧줄놀이를 통해서 밧줄놀이의 즐거움과 다양한 놀이방법을 경험해본다.				
관련요소	• 신체운동·건강-신체를 인식하고 움직이기/자발적으로 신체 활동에 참여하기 • 의사소통-느낌,생각,경험 말하기/바른 태도로 듣기 • 사회관계-가족과 화목하게 지내기/친구와 사이좋게 지내기 • 예술경험-움직임과 춤으로 표현하기 • 자연탐구-호기심을 유지하고 확장하기				
수업자의 의도	부모님(엄마 또는 아빠)과 함께 하는 놀이 중 아이들이 가장 좋아하고 기억에 남는 놀이들은 대부분 스킨십이 많은 활동들이다. 그래서 스킨십을 하며 부모님과 함께 놀이할 수 있는 신체표현 활동을 고민하게 되었고 신체표현 소재로는 밧줄을 선정하였다. 놀이 밧줄은 개인 또는 소그룹, 대그룹의 다양한 구성으로 활동을 할 수 있고 발달 수준이 다른 구성원이라도 함께 협력하여 놀이하기 좋은 소재이다. 밧줄놀이 활동 3주차를 운영 중인데 부모님과 함께 하는 즐거운 밧줄놀이의 경험은 이후 밧줄놀이 활동에도 유아들이 긍정적인 관심을 갖게 되는 계기를 만들어 줄 것이며 부모님들에게는 유치원 교육활동에 대한 이해도를 높이는데 도움이 될 것으로 생각된다.				
단계	놀이를 통한 배움활동			비고	
배움 열기	• **동기유발(사전활동)** 1. 탯줄(엄마와 나를 이어주는 줄)에 대해 이야기나누기 - 태아 때의 내 모습을 상상하여 친구들과 함께 이야기 나누어 본다. - 뱃속에 있는 아기와 엄마가 어떻게 연결되어 있을지 이야기 나누어 본다. - 탯줄 그림자료 ppt 화면으로 제시하고 탯줄과 밧줄의 비슷한 모습을 찾아 서 이야기나누어 본다. 2. 밧줄의 다양한 쓰임(생명을 구하는 줄)이야기나누기 - ppt 그림자료(산악인,구조대원,소방관의 로프,밧줄놀이)를 보며 생명을 구하는데 사용되는 다양한 밧줄의 쓰임에 대해 이야기 나눈다. - 밧줄로 해보고 싶은 것들을 자유롭게 이야기 해본다.			※ 준비물: 그림자료 ppt	

| 배움 활동 | • **탐색 놀이**
3. 밧줄놀이 주의사항 이야기 나누기
　- 밧줄놀이 활동시 유아가 생각하는 조심해야 할 상황에 대해
　　서로 이야기 하고 들어본다.
4. 놀이 밧줄 탐색하기 놀이
　- 밧줄을 이용해 부모님과 함께 1개의 밧줄로 또는 친구의
　　밧줄과 함께 자 유롭게 모양 만들기, 밧줄을 이용한 몸놀이
　　(허리로 밧줄 당기기,줄다리기,줄감기 등)를 해본다.
• **협동놀이**
5. 햇님 밧줄 만들기
　- 햇님 밧줄놀이에 필요한 걸매듭 만드는 방법을 알아보고
　　부모님과 함께 걸매듭을 만들어 햇님 밧줄을 만들어 본다.
　　(전체가 하나의 햇님 밧줄을 완성한다.)
6. 햇님 밧줄을 이용한 놀이
　- 완성된 햇님 밧줄로 할 수 있는 놀이에 대해 이야기 해보고
　　놀이 할 때 주의할 점에 대해서도 이야기 나누어 본다.
　- 유아 한명씩 햇님 밧줄에 태워주기 놀이를 할 때 친구에게
　　들려주고 싶은 구호를 정해본다.
　- 사랑의 구호를 외치며 한 명씩 햇님 밧줄을 태워주는 활동
　　을 해본다. | ※ 준비물:
놀이밧줄 2개, 링밧줄 1개 |
| 배움 정리 | • **평가 활동**
7. 밧줄놀이 소감 나누기
　- 부모님과 함께 한 밧줄 놀이에 대한 생각을 서로 이야기하
　　고 들어본다.
　- 햇님 밧줄로 더 해보고 싶은 놀이가 있는지 이야기 나누어
　　본다.
8. 후속 활동 연계하기
　- 바깥놀이 시간 자연미술활동으로 연계하여 운영한다. | |

2) 수업 참관록

■ 소속학교명: (   )유치원   직위: 성명: (인)

주제		수업교사		수업대상	
활동명				참관일시	

참관 관점	• 교사의 수업기술보다는 유아의 '배움'을 관찰하고 이야기해 주십시오 • 유아가 '어디에서 배우고 어디에서 주춤거리는가' 라는 사실에 주목해 주십시오	
Ⅰ. 유아의 배움 (유아와 유아간의 배움, 유아 스스로의 배움, 교사 와의 배움 등)	(1) 교사의 안내에 유아들은 어떻게 하고 있는가?	
	(2) 유아들은 활동 내용 속에서 배움이 이루어 지고 있는가?	
	(3) 유아간 상호작용은 활발하게 이루어지고 있는가?	
	(4) 유아의 점프가 있는 배움은 어느 지점에서 이루어지고 있 는가?	
Ⅱ. 교사의 활동	(1) 교사는 유아 한 명 한 명을 보살피며 수업을 하고 있는가?	
Ⅲ. 교실에서의 관계	(1) 서로 가르쳐주고 배우는 관계가 잘 형성되어 있는가?	
	(2) 협동적인 배움이 일어나고 있는가?	
Ⅳ. 느낀 점 (배운 점)		
협의 관점	• 수업자에게 조언이 아니라 본인이 '배운 점'을 이야기해 주십시오. – 수업에서 좋았던 점, 느낀 점을 교류하면서 서로의 다양성을 배울 수 있도록 노력합시다.	
협의 하면서!	• 1대 1식의 대화는 하지 않기: 모두가 함께 생각하기 • 한사람의 의문을 모두가 함께 서로 이야기 하기 • 전체가 최저 한번은 발언하기 • 가르치는 방식에 집착하지 말기: 아이들의 자세와 사실로부터 배우기 • 문제가 있는 아이에게만 편향하여 이야기하지 말기	

2018학년도 수업 나눔 수업안과 수업 기록 양식, 협의 양식
-놀이 구성안 & 놀이 함께보기 & 놀이 되돌아보기

1) 놀이 구성안

놀이주제	우리들의 이야기	일시	2018년 12월 6일(목) 13:10~13:40	장소	지구반교실
대상	만4세 지구반(남 12, 여 8, 총 20명)			수업자	박지현
관련 교육과정 과의 연계	• 예술경험: 예술적 표현하기-미술활동으로 표현하기 • 심성: 심미적 감성능력-예술적 감수성, 예술적 표현				
놀이구성 의도·흐름	이번달은 시기적으로 한해의 마무리라는 의미가 있어서 우리들의 이야기라는 월주제를 통해 지나온 지구반에서의 추억들을 떠올려보고 추억을 어떠한 형태로든 남겨보는 것, 친구들과 못 다한 놀이들을 더 찾아서 함께 놀아보는 것, 한 해의 마지막을 같이 축하하는 것 등을 해볼 계획이다. 아이들은 친구들과 함께 해보고 싶은 놀이들(공룡,마술,변신,물,퍼즐 놀이 등)과 파티를 동시에 하고 싶다고 했다. 자유놀이시간에는 아이들이 이야기했던 놀이들 중에 그날 발현되는 한 가지 소제의 파티가 운영되기도 하고 일상적인 놀이(블럭놀이,역할놀이 등)가 운영되기도 한다. 최근 아이들이 많이 하는 놀이는 종이를 접어 만들기를 하고 만든 것으로 역할에 필요한 소품으로 사용하며 상황극 놀이를 하거나, 아이클레이로 책속에 있는 그림을 보며 만들기를 하거나, 책위에 코팅지를 대고 따라 그리기 한 후 오려서 가방에 거는 놀이, 박스나 재활용품으로 만들기 등을 한다. 변신/변장놀이를 하자는 이야기와 함께 페이스페인팅을 해보고 싶다는 아이디어도 제시해둔 상태이다. 자유놀이는 아이들에게 시작되는 소재로 아이들이 놀이 방법을 정해서 그야말로 자유롭게 노는 시간으로 지구반은 운영중이다.				

2) 놀이 함께보기

성명:

참관 관점	• 교사의 수업기술보다는 유아의 '놀이와 배움'을 관찰하고 이야기해 주세요. • 관찰대상 원아명:	
I. 놀이 속 유아	(1) 유아는 어떤 놀이에 흥미를 가지고 참여하는가? (2) 유아의 놀이 속에서 발견한 것은?	
II.놀이 속 관계	(1) 놀이 중 다른 사람과 했던 상호작용은?	
III.느낀 점 (배운 점, 궁금한 점)		

3) 놀이 되돌아보기

구분	내용
교사	예) 교사인 나의 역할과 활동 되돌아보기(본래의 의도대로 이루어졌는가)
유아	예) 나와 타 교사가 관찰한 유의미한 장면을 바탕으로

나눔과 공유의 참 의미를 찾아가는 수업 나눔

우연한 기회에 2017년 배움의 공동체 수업컨설팅을 7월에 있었던 배움의 공동체 전국 모임에서 유치원 분과 수업으로 가져가 전국 여러 유치원 선생님들과 공유하게 되었다. 그 이후로 우리 유치원에서 이루어지는 다양한 수업에 대한 고민들과 결과들, 교육과정의 계획과 운영 평가에 이르는 내용들을 2017년부터 현재까지 7회차의 연수 원학교를 통해 관내 선생님들과 공유하고 있다. 내부자가 아닌 이들에게 공개한다는 것은 비난을 감수한다는 전제로 인해 매우 불편한 것이다. 우리 구성원들도 그랬다. 2017년 처음 외부에 수업을 공개하고서는 차마 듣기 힘든 비난들과 마주해 수업 공개에 대해 회의적인 생각을 갖고 있던 시기도 있었다. 하지만 우리는 확고한 두루 공동체의 교육 철학과 비전을 믿고 흔들리지 않으려 했다. 공개의 두려움을 뛰어 넘으면 같은 교육적 고민들을 가지고 있는 더 많은 동료교사들의 응원이 따라왔다.

2019학년도 수업 나눔의 포인트를 '나의 수업고민'으로 정하고 1년간 수업 나눔을 했을 때 우린 더 많은 동료들과 고민을 함께 나누고 공유해서 성장하고 싶다는 욕구를 다시금 느꼈다. 그렇기에 2020학년도 수업 나눔 방법으로 수업 쉐도잉을 기획하고, 향후 두루유치원 선생님들과 관내 유치원 선생님들이 함께하는 수업 쉐도잉 운영 계획을 고려하고 있다.

두루유치원의 수업 나눔이 더 이상 외재적 요인이 아닌 내재적 동기가 작용해서

2. 전문적학습공동체를 통해 수업 나눔을 하기까지

이루어지는 것이 되었다는 것만으로도 의미 있지만, 두루유치원 안에 머무르지 않고 나눔과 공유가 진정한 교사의 성장의 발판이 될 것이라는 신념을 북돋는 일이라 앞으로의 두루유치원 수업 나눔이 더욱 기대된다.

2019학년도 수업 나눔 수업안 중 수업자의 고민과 놀이 구성 의도 예 발췌

· 구성의도

지금까지 나의 수업고민은 수업 내용이나 방법, 시·공간에 대한 고민들이 대부분이었고 여전히 그런 류의 수업고민들을 갖고 있다. 하지만 이런 고민들은 끊임없이 변화하는 모든 환경(아이들, 교사들, 물리적 환경-수업 매체, 시간과 공간 등)들과 지속적으로 상호연관지음을 통해 해소 가능한 점이 있다는 것에 대해서 이제야 알고 있다.

기존의 두루유치원 수업 나눔은 교사의 수업 속 고민을 들여다보고 그 가운데 한 장면을 동료 교원들과 공유하는 방식이었다. 그것을 통해서 수업고민이라는 것이 교사 개인의 영역에 머무르지 않고 공유의 대상으로써 수업고민의 의미를 부여하고 집단지성을 통해 다양한 해결 지점을 찾아가는 공동의 작업을 해왔다. 그렇기에 이번 수업 나눔에서는 기존의 수업고민이 수업내용이나 방법, 수업환경, 교수법과 같은 것들이었던 것과는 조금 다른 방식이지만 어쩌면 놀이 중심 수업에서 새로이 대두되는 고민이기도 할 **"놀이의 참여자로서의 교사의 모습"**에 대한 주제를 수업 나눔의 화두로 던지고자 한다. 아이들의 놀이를 이해하고자 하는 목적을 놀이를 위한 더 나은 지원이라고 나는 생각했다. 하지만 올 한 해 놀이를 한 아이씩/놀이 그룹별로 자세히 집중해서 들여다보기도, 모든 아이들의 하루 놀이를 빠짐없이 골고루 살펴보기도 하였다. 그러면서 가장 많이 했던 놀이에 대한 질문은 "왜?"로 시작되는 나 자신을 발견하게 되었다. 놀이라는 것은 우발적, 즉흥적, 모험적인 성격을 가지고 있으면서 또한 놀이의 목표를 뚜렷이 두고 발현된다기보다는 과정적인 즐거움을 꾀하는 자체 목적적인 활동이라고도 볼 수 있다. 즉, 놀이에서 "왜?"를 질문하는 나는 과거의 수업목표를 중심으로 수업의 내용이 구성되고 평가가 이루어지던 방식에서 아직 벗어나지 못한 채로 놀이를 같은 인과관계 속에서 분석하려고 했던 건 아닌가 하고 자문해본다.

이러한 나의 놀이를 보는 관점에 대한 문제를 해결해보기 위해 11월부터는 아이들을 지나치게 자세히 또는 열심히, 빠짐없이 관찰하고 기록(사진이나 동영상 촬영)으로 남기던 행위들을 줄이고 놀이 속 참여자가 되어 보고 있다. 오늘의 수업에서는 에너지반 아이들이 두루유치원 12명의 선생님들과 함께 해보고 싶은 놀이를 대략적으로 계획하였고 그 놀이 속에서 진정한 놀이참여자로 놀이를 함께 해보는 시간을 제안해보고자 한다.

오늘 수업 나눔의 주제를 "놀이 참여자로서의 교사의 모습"이라고 기술한 것의 의미는 놀이 참여자로 놀이를 아이들과 함께 즐기는 것에 더 큰 방점을 두고 있으며 놀이를 즐기는 행위를 통해서 느끼게 되는 교사의 모습들 가운데 놀이를 이해하는 데 도움 받을 만한 새로운 발견(알아차림)을 하는 것만으로도 충분히 의미 있다고 생각하기 때문이다. 놀이 참여자로서의 교사의 역할이라고 표현을 하였다면 우리는 놀이에 참여하고 있는 그 순간에도 교육적 지도와 가르침을 기저에 둔 교육적 행위를 해야 한다는 강박관념에서 자유로워지지 못해서 놀이를 함께 즐기기 어려울 것이며, 그런 상황은 늘 아이들에게 가장 먼저 들통이 나기 때문이다.

오늘은 에너지반 어린이들과 재밌게 놀아보고 놀아보며 느낀 교사 각 각의 다양한 소감을 나누며 아이들이 느끼는 놀이의 매력을 유추해보고자 한다.

3

첫 혁신학교,
전학공으로 적응하기

양은혜
두루유치원 교사

2018년 3월, 나는 전라북도 교육청에서 세종시 교육청으로 전입하게 되었다. 신규 발령을 받아 5년 동안 근무했던 전라북도를 떠나 세종시로 오게 된 건 멋진 포부가 있어 서는 아니었다. 지극히 개인적인 이유였다. 당시 결혼을 약속했던 사람이 있었고, 장거 리 결혼은 할 수 없어 고민 끝에 세종시로 이동하는 것으로 결정했다. 세종시 교육에 대한 아무런 정보 없이 지리적인 것만 고려해 덜컥 가장 중요한 나의 근무지를 결정한 것이다. 어리석었지만 간절했던 우리는 세종시로 오기 위해서는 2가지 방법이 있다는 것을 알게 되었다.

첫 번째로는 세종시에서 경력교사 채용을 위해 실시하고 있는 타 시도 일방 전입. 두 번째로는 새로 임용시험 치르기. 시골학교에서 근무했던 나는 퇴근 후 시간도 많았기에 두 가지 방법 모두 도전해보기로 했다. 결과는 먼저 본 임용시험에 1차 합격을 했고, 일방 전입에도 성공을 했다. 덕분에 기존 경력들을 잃지 않고 복잡한 과정들도 건너 뛰어 세종에서 신규교사가 아닌 경력교사로 시작할 수 있게 되었다.

1차 필기시험과 일방 전입 면접을 보러 처음 세종시에 왔을 때 보았던 야경이 아직도 선명히 생각난다. 시골에서 근무했던 터라 세종시의 불빛과 여러 움직임들이 살아있는 것처럼 느껴졌고, '이런 곳에서 근무를 할 수 있다면 얼마나 좋을까' 하며 마냥 설레었던 날들이 있었다.

합격 후 2018년 2월. 내가 3월부터 근무하게 될 유치원이 발표되었다. '두루유치원'. 근무지가 발표되자마자 내가 가장 먼저 한 일은 인터넷 검색이었다. 두루유치원이라고 검색하니 다양한 기사들과 맘카페 글들이 나왔고 그중 가장 눈에 들어왔던 것은 아이들이 주인공이 되는 색다른 졸업식, 그리고 세종시 유일의 '혁.신.유.치.원'이라는 것이었다. 기사들을 보고 철렁했다. "혁신유치원이 뭐지?" 이때까지만 해도 혁신학교에 대해 잘 알지 못했다. 사실 전북에서 근무하면서도 깡촌에 있던 터라 들어보지도 못했다. (내가 귀를 닫고 살았는지도 모르겠다.) 알지 못했기 때문에 혁신학교도 연구학교와 같은 개념이리라고 생각하고 잔뜩 겁을 먹었다. 그런 학교에 가면 일도 엄청 많고, 수업 공개도 매일매일 해야 하고, 학부모의 요구도 어마어마하다고 들었는데…하필 또 세종에서 유일하다니…. 이렇게 잔뜩 겁을 먹은 채로 2월 말 새학기 준비기간에 두루유치원의 문을 두드렸다.

전혀 익숙하지 않은 문화

2018년 3, 4월. 세종에서 근무를 시작한 첫 두 달이(아니 어쩌면 1년이) 나의 교직인생에서 가장 힘들었던 시기였고, 마치 전쟁이나 지옥과 같았다고 당당하게 이야기할 수 있다. 첫 시작부터 삐걱댔다. 동료 선생님들이 사용하는 용어나 교직원들의 문화 등 모든 것들이 나에게 익숙하지 않은 완전히 새로운 것이었기 때문이다.

3. 첫 혁신학교, 전학공으로 적응하기

구성원들이 회의나 교실에서 사용하는 혁신과 관련된 용어들은 어렴풋이 뜻을 유추할 수 있을 뿐, 도대체 정확한 뜻과 쓰임을 알 수가 없어 머릿속에서 빙빙 돌기만 할 뿐이었다. 그래서 어떤 말을 들어도 이해하지 못하는 것이 대부분이었다. 용어를 모르니 말도 할 수 없었다.

또 교직원의 문화 역시 충격적이었다. 전직원 회의라고 하여 들어갔더니 내가 지금까지 알고 참여했던 회의와는 완전히 다른 것이었다. 모두가 동그랗게 앉아서 안건에 대해 자유롭게 생각을 이야기하고, 다른 생각을 거리낌이 없이 표현했다. 말 그대로 핑퐁핑퐁이었다. 더욱 놀라운 것은 학교의 권력자라고 생각했던 관리자인 원장, 원감 선생님이 한 이야기에도 교사들이 반대의견을 스스럼없이 말한다는 것. 그리고 그것을 관리자가 인정한다는 것. 정말 유치원 문화가 자유로우면서도 서로 존중하며 함께한다는 것이 느껴졌다.

내가 5년 동안 참여했던 회의는 원장 또는 교장선생님이 상석에 앉아 내용을 하달하면 교사들은 교무수첩만 보며 '네' 하고 대답하고, 각계 대표들이 별도로 말씀드리겠다고 하면서 일방적으로 통보하면 역시 '네'하고 대답했었다. 회의시간에 자유롭게 말을 하는 사람은 대부분 관리자 아니면 교무선생님뿐이었다. 이런 회의문화가 익숙했던 나는 두루유치원 회의에 참여하면서 큰 혼란이 왔다. 하지만 기존 회의 문화보다 이곳의 회의 문화가 어떤 점이 좋은지 명확히 느껴져 빨리 이 두루유치원에 물들고 싶어졌다.

하지만 마음만 앞설 뿐, 함께하면 함께할수록 멋지고 대단한 공동체 안에서 나만 무력하고 무능력하다고 느꼈고, 좌절을 반복했다. 2015년 '전문적학습공동체 선도학교'에서부터 2017년에 시작한 혁신학교 2년을 마무리 짓고 3년차를 향해 발돋움하는 두루유치원은 나보다 100년은 훨씬 앞서 있는 것 같았고, 선생님들의 전문성이나 주도성은 1000년 정도 앞서 있는 것 같았다. 모두가 함께 일궈온 3년을 한숨에 따라잡기란 쉽지 않았다. 이런 좌절과 혼란의 반복 속에서 나의 희망, 아이들과 잘 지내기란 더욱 만무했다. 교사로서 효능감도 굉장히 낮아졌다.

그래도 극복해야지

공동체와 함께 발맞추기 위해 현재 두루유치원의 문화나 흐름을 열심히 동료들에게 물어봤다. 모르는 것을 물어보는 건 부끄러운 일이 아니라고 했으니까! 회의시간에도 열심히 듣고 기록하며 눈치껏 파악해보려고 애썼다. 하지만 '질문만을 반복하는 나, 고정관념에서 벗어나지 못하는 나, 공동체의 성장을 방해하는 듯한 나'의 부족함을 인지하는 순간 너무 부끄러워져 더 이상 질문을 할 수도, 입을 뗄 수도 없었다. 물론 그들이 눈치를 준 건 아니지만 이젠 내 자신이 물어보는 게 눈치가 보였다. 유일한 극복 방법이었던 질문하기가 막히자 이제 앞으로 어떻게 나아가야 하는지 막막했고 여기가 한계라고 느꼈다.

그 때 『학부모가 알아야 할 혁신학교의 모든 것』이라는 책 한 권을 내게 선뜻 건네며 "선생님, 이 책 한번 읽어볼래요?"라는 옆자리 부장 선생님의 말과 장면이 아직도 생생하게 기억나는 건 그것이 나의 첫 시작점이자 전환점이었기 때문일 것이다. 힘들 때 먼저 손을 내밀어 준 동료도 큰 힘이 되었지만 무엇보다 책과 연구를 통해 스스로 해결할 수 있는 방법을 찾은 것이 더 큰 힘이 되었다.

개인적으로 어렸을 때부터 책을 정말 싫어했다. 책은 마냥 지루한 것이었고, 읽고 난 후 감흥을 크게 느끼지 못했다. 독서에는 영 소질이 없었다. 하지만 이번엔 달랐다. 내가 이 유치원에 적응하고 살아남으려면, 또 나의 부진이 공동체의 발목을 잡게 하지 않으려면 열심히 책을 읽고 연구해서 나의 것으로 만들겠다고 다짐했다.

그렇게 혁신학교와 관련된 여러 책들을 추천받아 유치원에서나 집에서나 습관적으로 읽게 되었고, 혁신의 용어라던가 문화들을 머릿속에서 좀 더 선명하게 떠올리고 정리할 수 있게 되었다. 조금씩 익숙해지자 들리지 않던 말들도 들리고, 유치원에서 선생님과 아이들과 함께 보내는 시간들이 점점 재밌어지기 시작했다. '전문적학습공동체' 때도 조금씩 진정으로 참여할 수 있게 되었으며, 끔찍하게 어려웠던 전학공 모임 시간이 즐거워지기까지 했다.

두루유치원에서 매주 정기적으로 전 교원이 함께 참여하는 전문적학습공동체는 내가 공동체에 안으로 들어가는 데 가장 큰 힘이 되었다고 생각한다. 교원들의 전문성 신장을 위해 다양한 연구를 기본 전제로 하는 전문적학습공동체는 나에게 연구하고, 그를 통해 나의 것을 찾아가고 만들어가는 습관을 길러주었다. 또 구성원들의 다양한 이야기를 들으며 나의 생각과 안목을 넓힐 수 있는 장이 되었으며, 아이들을 위해 함께 고민하는 진짜 교사가 되게 해주었다.

두루유치원 전문적학습공동체에서 성장하는 나

두루유치원의 전학공은 교육 공동체의 전문성을 높이기 위한 교사자치 공동체이다. 교육과정과 수업의 전문성 확보를 통해 운영의 자율성을 돕는 것뿐 아니라 궁극적으로 놀이로 행복한 아이들의 배움을 위해 끊임없이 연구하고 고민하는 교원 학습 공동체라고 할 수 있다.

전학공 시간은 교원들이 모두 함께 모여서 교육 현안에 대해 토론을 하거나 팀별로 연구 주제를 정해 발표하기, 동료 교사의 수업을 함께 나누고 보기 등 다양한 방식으로 이루어진다. 일방적 전달과 수용이 아닌 주제에 대해 함께 이야기 하며 자유롭게 논의하는 형식이다 보니 기본적으로 개인 연구가 뒷받침 되어야 한다. 때문에 일방적인 강의식 연수보다 참여하는 교사가 전문적이고 실천적 지식을 구성하기에 더욱 효과적이고, 교실에서의 실천과 개선이 쉽다는 이점이 있다.

두루유치원 전학공 시간 중 개인적으로 가장 큰 도움이 되었던 것은 발령 첫 해 실시한 독서토론이었다. 두루유치원의 창의적 교육과정에 대해 선명한 그림이 없었던 나는 교육과정을 운영하는 데 있어 굉장히 힘들었다. 그 때 전학공에서 선생님들과 함께

2부 전문적 학습공동체

『발현적 교육과정』이라는 책을 읽으며 토론하고, 생각을 나누었던 것이 현재 우리 유치원의 교육과정을 이해하는 데 정말 큰 도움이 되었다. 마냥 하나의 이론에 대입해 교육과정을 이해했던 기존 방식과 달리 이중에서 우리가 취하고 있는 것, 우리가 더 필요하다고 느끼는 것을 토론을 통해 온전하게 느낄 수 있었고, 덕분에 우리가 추구하는 교육과정의 방향을 확실하게 이해할 수 있었다. 학부 때와는 다르게 동료 교사와 함께하는 전학공 시간의 이론 공부는 교실 현장에 바로 적용할 수 있었고, 운영을 하는 데에도 실질적으로 큰 도움이 되었다.

또 두루유치원 전학공 운영 내용 중 기존과 가장 다른 점이라고 꼽을 수 있는 것은 수업 나눔이다. 용어부터 '수업 공개'가 아닌 '수업 나눔'이다. 전처럼 참관자들이 교실 뒤나 중간에 앉아서 수업하는 교사의 기술을 바라보는 것이 아니다. 참관자들이 아이들 속으로 구석구석 들어가 아이들을 바라보며, 이 수업 안에서 아이들이 어떻게 놀이에 참여하고, 거기에서 어떤 배움을 지속하고 있는지 함께 바라봐주는 것이었다. 진행 방식뿐 아니라 수업 나눔 후 협의도 굉장히 인상 깊었다.

수업자와 참관자가 함께 아이들 이야기를 하며 고민을 나누고, 수업 중 교사의 이야기, 지원, 눈빛, 말투에 순간순간 변화하고 배움을 키워나가는 아이들의 이야기를 다른 선생님에게 전해들을 때 '아! 수업 나눔의 목적을 생각했을 때, 형식적이었던 이전 방식들보다 지금의 나눔 방식이 훨씬 교사들에게도 그리고 아이들에게도 효과적이겠구나!'라는 생각이 들었다. 수업자는 교실과 수업을 공개한다는 부담을 줄이고, 오히려 참관자들이 수업자에게 도움을 주는 형태. 우리의 주인공인 아이들 역시 뒤통수만 쳐다보는 게 아닌 아이의 표정, 고민, 생각들을 읽어주며 배움을 발견해주고, 그 배움을 키워갈 수 있도록 지원 방법을 함께 모색하는 그런 수업 나눔.

나 역시 처음 다른 선생님의 수업 속에서 아이들을 관찰했을 때에는 아이들의 즐거움이나 배움을 쉽게 파악하기가 어려웠다. 기존 선생님과 같은 아이를 관찰해도 그 내면을 보고 이해하는 것에서 확연히 차이가 났다. 아무래도 수업 중 아이 하나하나를

3. 첫 혁신학교, 전학공으로 적응하기

보는 게 처음이라 그랬을 것이다. 하지만 반복해서 선생님들의 이야기를 듣고, 우리 반 아이도 관찰하는 연습을 하다 보니 지금은 확연하게 성장했다고 자부한다. 또 수업 나눔을 직접 하고 피드백을 받아보니 교실 문을 여는 것이 부담이라기보다 우리 아이들을 자세히, 그리고 전문적으로 봐주시는 분들이 교실로 들어와 주시는 것이라는 생각이 들어서 오히려 그날이 기대되고 부담도 없었다. 이렇듯 두루유치원의 전학공은 교원의 전문성 신장과 아이들의 행복한 배움을 위해 다양한 방식으로 운영이 되고 있는데, 처음 아무것도 모르고 전학공에 참여했을 땐 나는 당연히 입도 뻥긋하지 못했다. 너무나 수준 높은 대화에 당최 무슨 말을 하는지 이해하지 못했고, 아는 게 없어서 말할 수 없었다. 또 말할 용기가 없었고, 나만의 확실한 주관이 없어서도 말하지 못했다.

이 어려움들을 극복한 나의 이야기를 해보자면 먼저 아는 게 없고, 이해가 되지 않아서 말하지 못했던 점, 주관이 없어 이렇게도 저렇게도 말하기 어려웠던 점들은 어느 정도 일정한 속도로 극복할 수 있었다. 앞서 이야기했던 다양한 주제의 책들, 관련 논문들, 강의 등을 통해 다양한 알 거리들을 마주할 수 있었고, 그것들을 직접 교실에서 실행해보면서 자연스럽게 그에 대한 나의 견해나 실천적인 지식들도 함께 생겨나게 되었기 때문이다. 이러한 경험들이 반복되면서 나의 현장 경험과 소신들, 그리고 지식이나 노하우들은 차곡차곡 나의 재산이 되어주었다.

그리고 두 번째 말할 용기가 없어 말하지 못했던 점은 굉장히 더디게 극복되었던 것 같다. 대신 극복되는 데 가속도가 훨씬 높았다. 원래부터 교직원 회의 때 막내 교사로서, 초등학교에 소속된 병설유치원 교사로서 발언을 해본 적이 거의 없던 터라 회의 같은 공식적인 자리에서 내 생각을 이야기 한다는 것이 익숙하지 않았다. 처음 말을 트게 된 계기는 1년이 거의 다 지난 2018학년도 말쯤이었던 걸로 기억한다. 두루유치원의 전학공은 참여하는 모든 구성원의 주체성을 부각시키기 위해 구성원 간의 자유로운 견해 교류와 공유를 중시하는데 이를 위해 회의 규칙이 존재한다. 예를 들어 모두가 한마디씩은 꼭 하기, 대화를 주도하는 교사는 3분으로 발언 제한 두기, '동의합니다'라는 말도 발언으로 인정하기 등 굉장히 디테일한 약속들이다. 선생님들의 경험에서 나와 정한 약속 때문일 것이다. 2018학년도 말에도 이러한 회의 약속들을 돌아보며 함께 약속을 추가하거나 보완하는 평가회가 열렸다. 그때 역시 모두가 돌아가며 회의 약속에 대해 자신의 의견을 이야기 하고 있었다. 순서대로 돌아 내 차례가 되었을 때 여전히 전처럼 발언에 대한 부담으로 심장은 쿵쿵 뛰고 있었고, 그때 힘들게 꺼낸 이야기는 "말하고 싶지 않은 사람은 말하지 않는 것도 존중해주면 좋겠어요" 였다.

아이러니하게도 말하고 싶지 않다는 솔직한 마음을 '말함'으로써 이야기 문이 열리게 됐고, 그렇게 나의 성장이 시작되었다. 지금은 동료와 함께 모였을 때 개인적인 교육적 고민에 대해 먼저 이야기 꺼내며 주제를 던질 수 있을 만큼 공동체 안에서 주체로서 참여할 수 있게 되었고, 이 분위기가 익숙해졌다. 이와 더불어 나에게 전학공 시간은 유치원 일과 중 어느 때보다 즐거운 시간이 되었다.

이렇게 두루유치원의 전학공은 내가 전문적인 교사가 되는 데에, 그리고 교육 공동체로서 자율성을 갖고 함께 발맞추어 가는 데 가장 큰 도움이 됐던 조직이다. 나의 부족한 점을 깨닫게 해주었고, 부족한 점을 공동체와 함께 채워나갈 수 있도록 해주었으며, 공동체로서 소속감도 느낄 수 있게 해주었다.

나처럼 처음 혁신학교에 발령받아 같은 어려움을 느끼고 있는 선생님이 계시다면 학교의 전문적학습공동체를 꼭 활용해보시라 말씀드리고 싶다. 어느 순간 그 안에서 공동체로 함께 물들고, 교사로서 성장하며, 더 큰 꿈을 꾸는 선생님을 발견할 수 있을 테니까.

3부

자율과 협력의 생활공동체

DURU
KINDERGARTEN

1

교사자치, 교사를 교사답게

양은혜
두루유치원 교사

　현재 우리나라 유아교육 계에서 가장 핫 이슈를 꼽으라면 「2019 개정 누리과정」일 것이다. 기존의 유치원 교육과정의 패러다임을 완전히 뒤엎은 개정 누리과정을 살펴보면 유아에게는 '유아가 주도하는 놀이 중심 교육과정'이, 교사에게는 '교사와 현장의 자율성'이 핵심 키워드라 생각한다. 이제 우리가 유치원 교사로서 해야 할 일은 전처럼 교육부가 이미 제시해준 주제나 교사용 지도서의 내용 전달이 아닌 유아와 놀이, 삶, 배움이 연결될 수 있도록 교육과정을 기획하고 운영하는 자율성을 발휘하는 주체가 되어야 함을 모두가 알고 있다.

　오늘의 주제 '학교자치-교사자치, 유아자치, 학부모자치' 등을 떠올렸을 때 '자치'라는 말이 추상적이고 어렵게 다가온다. 어려운 말은 뜻을 풀어보면 쉽게 이해될 수 있다. 자치의 사전적 의미를 살펴보면 스스로 자(自), 다스릴 치(治)로 '자기 일을 스스로 다스림'이라는 뜻을 갖고 있으며 영어로는 Autonomy이다. 이는 '자율성'으로 번역되기도 한다. 자치라는 용어가 쉽게 와 닿지 않는다면 우리가 익히 들어 잘 알고 있는 자율성을 떠올려도 무방할 것이다.

그렇다면 '학교자치'에 대해 우리는 무엇이라 정의내리고 있을까? 전국시도교육감 협의회에서 발표한 '교육자치 정책 로드맵(2017)'에서는 학교자치를 "단위학교가 학교 교육 운영에 관한 권한을 갖고, 구성원들이 학교의 고유한 교육과정을 구성·운영·평 가하는 과정에 함께 참여하여, 그 결과에 책임을 지는 것"이라 정의하고 있다. 이에 비 추어 본다면 유치원에서의 '교사자치'는 교사가 유아, 학부모와 함께 유치원 운영에 관 한 권한을 갖고, 유치원의 창의적 교육과정을 편성·운영·평가하는 과정에 참여하여 그 결과에 책임을 지는 것이라고 개념화해 볼 수 있을 것이다.

위의 개념을 바탕으로 두루유치원에서 이루어지고 있는 교사자치의 실제를 교육과 정의 편성, 교육과정의 운영, 교육과정의 평가 측면에서 이야기해보려 한다.

교육과정 편성에서의 교사자치
- 구성원 간 논의와 합의에 의한 교육과정 편성

2018년 세종시에 일방전입하기 전, 타 시도의 단설유치원에서 근무했던 경험을 떠 올려보면 교육과정의 편성과정은 다음과 같았다. 즉 교육과정 업무 담당자인 연구 부장 님이 국가 수준 교육과정과 지역청 수준 교육과정 등 상위 교육과정 문서를 참고하여 전체 유치원 교육과정을 편성하고, 이를 연령에 내려주면 각 연령에서 3, 4, 5세 별로 생 활주제나 주제, 특색활동에 해당하는 페이지만 펼쳐 표에 내용이나 활동명만 채워 넣는 식으로 교육과정이 만들어졌다. 그 당시에는 지금까지 쭉 그래 왔고, 교육과정은 그 런 식으로 업무 담당자가 상위 문서만을 중심으로 문서 찍어내기 식의 교육과정을 편성 해야 하는 게 유일한 방법인 줄 알았다.

그런데 두루유치원에서 교육과정을 편성하는 과정은 기존 프레임과는 완전히 달랐다. 소수 교원 중심이 아닌 모든 교사, 관리자, 행정실, 급식실 직원 등 두루의 온 공동체가 모여 '스스로 해보고 함께 놀자'라는 비전을 세우고, 이를 기본으로 하여 하나씩 차곡차곡 쌓아가거나 덜어내 간다. 여기에 유치원의 각 주체들이 모두 참여하는 교육과정 평가의 과정을 거치고 나면 이것이 다음 년도 교육과정으로 연결되면서 모두가 함께 교육과정의 주인이 된다. 이렇게 두루 공동체의 1년 교육과정을 만들어간다.

유치원의 창의적 교육과정이 이렇듯 공동체가 추구하는 기본 철학과 비전을 확실하게 담아주면 연령별 혹은 학급별 교육과정은 핵심가치나 방법에서 약간의 차이가 있지만 확실한 하나의 방향을 향해 나아갈 수 있다. 두루유치원의 연령별 교육과정은 학년 초 2월, 새 학년 집중 준비기간부터 시작된다. 동연령 선생님들은 아이들의 특성, 핵심 가치, 교육 범주 등에 대해 함께 고민하고 이야기를 나누며 각 연령의 교육 기둥을 세우게 된다. 또한 이를 실현하기 위한 교육 방향이나 내용의 실천전략을 수립하는 등 운영에 대한 세부 협의를 통해 연령별 교육과정을 수립한다.

유치원 교육과정과 연령별 교육과정의 편성 단계는 여기에서 끝이 아니다. 이것은 다시 교육 공동체에게 '공유'하는 과정을 거친다. 교사뿐 아니라 전 직원, 학부모, 아이들에게 공유된다. 전 직원에게는 소그룹 나눔의 형태로, 학부모에게는 3월 학급별 학부모 다모임으로, 아이들과는 철학과 가치에 대한 다모임 등 다양한 방식으로 공유한다. 함께 설정한 비전과 교육과정을 반복적으로 공유할 때 실행이 확실해진다는 것을 경험했기 때문이다.

두루유치원의 교육과정 편성에서 중요한 것은 '모두가' '이야기하며' '만들어간다'는 것이다. 모두가 참여하게 되면 저마다의 생각을 말로 꺼내게 되고 이는 자연스럽게 논의로 이어지며, 이 과정에서 교육과정과 관련된 내용들은 함께 협의하여 만들어지게 된다. 처음에는 다양한 사람들이 모인 곳에서 나의 목소리를 낸다는 것은 의외로 쉽지 않을 수 있다. 또는 너무 많은 목소리에 혼란스러울 수 있다. 하지만 이는 서로의 의견을 존중하고 수용하는 민주적인 분위기라면 충분히 해결될 수 있기에 무엇보다 유치원의 수평적이고 민주적인 문화 조성이 필요하다. 이렇게 우리는 교육과정을 만들어가는 첫 단계에서부터 편성의 주체로서 자율성을 발휘하고 있다.

교육과정 운영에서의 교사자치
- 끊임없이 배우고 실천하는 결속체

교육과정을 주체적으로 만들었다면 그 실행에서도 역시 주체로 나서야 할 것이다. 교사자치는 궁극적으로 교육과정의 편성과 운영에 관해 교사 공동체의 자율성을 보장하는 것이다. 이제 교육과정 운영의 자율성은 교사의 전문성과 직결되며 전문성이 담보되어야 교사자치가 가능하다.

두루유치원에서는 만들어가는 학급별 교육과정을 운영하고 있다. 연령별 교육과정에 기반을 두고 운영하지만 학급별 유아의 특성에 따라 놀이와 배움이 달라지는 것을 인정하기에 교사는 학급을 자율적으로 운영하게 된다. 하지만 교사 혼자 알아서 학급 운영을 해야 한다는 부담은 없다. 두루유치원의 교육 공동체로서 공동체의 전문성을 높이기 위한 교사자치 조직의 하나로 전문적학습공동체를 운영하고 있기 때문이다. 수업의 전문성을 확보하여 교육과정 운영의 자율성을 돕는 것이 두루 전학공의 목표이다. 두루의 전학공은 두 가지로 운영되는데 전체 교원으로 구성된 '교원 전학공'과 연령별 교사를 대상으로 한 '연령별 학습공동체(연학공)'이다. 교원 전학공은 매월 1·4주, 연학공은 매월 2주 수요일에 운영하고 있다.

모든 교사가 참여하는 '교원 전학공'은 참여 구성원의 주체성을 부각시키는 방식을 채택하고 있다. 함께 모여 교육 주제에 대해 토론이나 팀별 연구발표, 수업 함께 보기 등의 방식을 통해 자신의 견해를 자유롭게 이야기하고 함께 논의하는 방식으로 진행된다.

누구든지 '우리 이것에 대해 이야기 해봐요'라고 토론 주제를 던질 수 있을 만큼 전학공 내에서도 자율성이 보장된다. 교사의 전문적·실천적 지식은 흡수나 축적하는 방식이 아니라 비판적인 탐구를 통해 이루어지기 때문에 일방적인 내용전달의 강의가 아닌 구성원 간 자유로운 견해 교류와 공유를 통해 전문성 신장을 돕고 있다.

'연령별 전학공'은 연령별 교육과정 운영을 위해 함께 연구하는 동연령 교사를 위한 시스템이다. 같은 연령 아이들의 비슷하면서도 다른 놀이를 공유하며 개인의 실천 사례들을 일상적으로 나누기도 하고, 사회적 경제나 졸업식 등 해당 연령이 함께 실행하는 교육과정 관련 사항들을 협의하는 시간이 되기도 한다. 이는 연령별 교무실이라는 공간 혁신으로 보다 활발히 진행되고 있다.

이처럼 우리는 개별 전문성은 뛰어나지만 고립되기 쉽고 자율적 운영의 어려움을 겪는 교직의 특성을 보완하기 위해 2가지 형태의 전학공을 운영하였고, 이를 통해 혼자였다면 어려웠을 자율적 교육과정 운영과 그를 위한 전문성 기르기를 함께 해나가고 있다.

전학공 외에도 교육과정 운영의 자율성을 보장하는 기구가 또 있다. 교사 협의체로서 결정의 권한을 갖는 '교사 다모임'이다. 참여자 모두가 평등한 관계에서 교육활동 중심의 안건을 가지고 충분한 논의의 과정을 거쳐 민주적으로 의사결정이 이루어지는 협의 문화를 바탕으로 이루어지고 있다. 초기 협의의 모습을 돌아보면 역시나 부장교사 위주, 계속 이야기하는 사람만 이야기하는 모습들이었다. 여기에서 우리는 자유로운 토론과 민주적 협의 분위기를 만들기 위해 모두가 돌아가면서 이야기하기, 자율적으로 말하기, 3분 이내로 말하기, 저경력 교사부터 말하기, 경청하고 끝까지 듣기 등 협의 규칙을 세워 우리의 문화를 세워왔다.

민주적인 협의 문화 속에서 의사결정은 어땠을까. 다모임 운영 초반에는 흔히들 그렇듯 교사들이 애써 협의한 결과가 관리자의 한 마디에 무산되거나 끝없는 재협의의 과정을 거치는 곤란함도 많았다. 하지만 이럴 때 우리의 철학을 중심에 두고 돌아보는 과정들이 반복되면서 지금은 관리자가 교사들에 대한 신뢰를 기반으로 아이들과 가장 가까이에 있는 교사들이 의사결정을 내릴 때 가장 적절한 의사결정이 가능함을 인정해 주었다. 그렇기 때문에 현재 우리는 안건에 따른 의사결정의 단위부터 결재라인(위임전 결 규정)까지 사전에 협의하여 결정하였고, 덕분에 복잡한 결재 업무 절차를 줄였으며, 협의 때마다 이것에 대해 고민하지 않게 되었다.

두루유치원의 의사결정 단위 일부

협의 참여 대상	협의 안건
원장, 원감, 전 교원	학부모가 참여하는 행사(졸업식, 교육과정 설명회, 가족참여놀이), 방학계획
전 교원	그 외 교육과정 운영 관련 내용(연학공, 전학공에서 협의된 결과를 관리자와 공유)

두루유치원의 위임전결규정 일부

전결권자/결재자	세부업무명
원장선생님	교육과정 운영계획, 유치원 평가 계획, 학부모회 운영 계획, 현장학습 계획, 생기부 기록 관리 및 정정, 50만원 초과 품의 등
원감선생님	각종 위원회 구성, 경미한 행사 운영, 교내외 행사 운영, 연구 협의회 운영, 현장학습 평가, 10만원 초과 품의 등
부장교사	결·보강 계획, 교원 연수 운영, 동아리 활동 운영, 교구·도서 대장 관리, 10만원 이하 품의 등

통상적으로 이루어졌던 보통 학교의 결재 방식을 떠올려보면 모든 업무를 결재 맡으려면 하나의 계획안을 결재 올리기 위해서 업무 담당자가 계획안을 작성하면 먼 저 원감 선생님께 직접 가서 구두로 결재를 받고, 수정될 경우 또 찾아가 결재를 받고, 승인되면 원장 선생님께 또 직접 찾아가서 구두로 결재를 받고, 수정하고, 또 결재 받는 힘든 과정을 거치곤 했다. 그렇지만 현재 두루의 모습은 권한 위임을 통해 교사가 체감 하는 결재 단계를 간소화하였고, 위임전결규정에 대한 협의 후 함께 실천함으로써 규정

과 실제가 같게 운영되고 있다. 만약 규정과 실제가 달라 위임전결규정 상에서 최종결재자는 부장교사까지인데 관리자에게 꼭 구두로 결재를 받아야만 한다면 이는 교사가 업무경감을 체감하지 못하게 되는 가장 큰 이유 중 하나일 것이다. 공동체의 협의를 통해 결정된 사항이 있다면 그것이 문서로만 남는 것이 아니라 실제 학교 운영에도 실천되어야 한다.

이처럼 교사 협의체제 안에서 교사에 대한 관리자의 신뢰로 위임전결을 통한 교사에게의 권한 배분이 가능하게 되었고, 또 교사는 권한을 분배 받음으로써 교육과정 운영의 자율성과 책임의식을 가질 수 있게 되었다. 이렇게 두루유치원 교사들은 교육과정 운영의 주체로서 자율성을 발휘하며 참여적으로 의사결정을 하는 기초를 마련하고 있다.

우리가 전학공, 다모임 등을 통해 교육과정 운영의 자율성을 확보할 수 있었던 배경에는 시간 확보를 가능케 한 효율적인 업무경감이 있었다. 두루유치원에는 업무지원팀이 있다. 원감 선생님, 행정사 두 분으로 구성되어 있는 이 팀은 거의 모든 행정 업무를 전담하며 교사들이 유아와 수업에 관해 고민하고 성찰할 수 있도록 확실한 지원을 제공한다.

또한 교직 근무 특성 상 만기가 되면 전출하기도 하고, 빈자리에 전입하기도 한다. 이러한 구성원의 변화에도 흔들림 없이 나아갈 수 있었던 것은 연령별로 전입교원 1명, 부장교사 1명 등의 교원 배치 기준을 새 학년도 전 미리 협의함으로써 전입 교원이 이미 자리 잡은 유치원의 여러 문화(협의, 수업보기, 전학공 등)에 적응할 수 있도록 도와 함께 나아가려 했기 때문이다. 이렇게 우리는 교육과정 실행력과 변화의 추동력을 잃지 않기 위해 공동체 세우기에 더 힘쓰고 있다.

교육과정 평가에서의 교사자치

모든 자율성에는 책임이 따른다. 교사가 자율성을 갖고 수립한 교육과정을 실제 매일의 교육활동에서 적용하여 운영하였다면, 이제는 이를 돌아보며 성찰하는 평가의 과정을 통해 결국 그 내용이 다음 교육과정으로 환류되는 순환의 구조를 만들어야 한다.

두루유치원은 매 학기가 종료되기 전 모든 구성원들은 교육과정 평가에 다양하게 참여한다. 2018학년도 1, 2학기 평가를 돌아보면 모두가 모여 이번 학기 교육과정 평가의 내용과 방법에 대해 협의한다. 이후 주체별로 평가가 이루어지며, 주체별 평가의 내용을 취합하고 연구할 팀원이 자율 조직된다. 평가팀은 자체적으로 평가 과정 및 결과에 대해 조사하고, 결과를 도출하며, 이에 대한 제언을 모든 공동체에게 공유한다. 만약 여기에서 추가적으로 논의할 사항이 생기면, 이는 다시 전체 토의를 거쳐 추후 방향을 설정하게 되고, 이는 자연스럽게 내년도 교육과정 편성 시 반영된다. 평가가 단순하게 지나온 날을 되돌아보기에만 그치는 것이 아니라 앞으로 나아갈 방향을 설정하기 위함이기에 특히 교사는 모든 평가 주제에 다면적으로 참여하게 된다.

2018학년도 교육과정 평가 사례

	구 분	대상	평가팀	비고
1	유아 평가	유아	백○○, 양○○	학급별 다모임(비전 되돌아보기)
2	연령별 교육과정 평가	교육과정 교사, 방과후과정 교사	박○○, 최○○	성찰 및 공유 3주제 워크숍
3	2018 두루교육계획 평가	전 교원	김○○, 김○○	성찰 및 내년 방향 설정
4	방과후과정교사 평가	방과후과정 교사	천○○, 박○○	성찰 및 공유
5	업무 평가	전 교직원	김○○, 이○○	파트별 기록 공유
6	학부모 평가	교직원, 학부모	이○○, 김○○	설문 및 3주제 워크숍
7	교육과정 교사 성찰 워크숍	교육과정 교사	김○○, 박○○	성찰 체크리스트

2019년에 진행한 두루유치원의 교육과정 평가는 또 달라졌다. 다모임 협의 결과 자치학교를 앞둔 올해에는 교육과정을 더 자세히 평가하고 단단히 할 필요성이 모두에게 느껴졌기 때문이다. 기존 유아 및 연령별 교육과정 평가는 같은 흐름으로 가지만 2019 전체 교육과정에 대해서는 모든 구성원이 전반적인 영역에 대해 숙고한 후 모두가 함께 논하고 제언하기로 계획하였다. 업무 평가 역시 자체 분석을 통해 더욱 효율적인 경감을 이뤄보고자 했다.

두루유치원의 교육과정 평가는 구성원의 성장을 나타내기라도 하듯 매년 조금씩 바뀌고 있다. 나아가는 힘이 성장함에 따라 더 큰 목표를 위해 현재 하고 있는 것에 대한 평가 기준이 변화하기 마련이다. 변화 역시 떠밀리기 식이 아닌 교사가 평가의 주체가 되어 자율성을 지녔을 때 가능하다. 교사의 자율성이 커질수록 다양한 변화와 시도들이 가능하고, 이러한 변화와 시도의 누적은 자치의 밑거름이 될 것이다. 교육과정 평가 영역에서도 교사의 주체적이고 자율적인 역할이 중요한 이유이다.

마치며

학교자치는 학교의 전문적 자율성을 존중하기 위한 것이며, 학교의 민주적 운영과 개성을 살리기 위한 것이다. 이러한 학교자치는 앞서 살펴보았듯이 교사들의 자율성과 책무성에서 시작된다. 교사의 자율성은 곧 전문성 신장으로 나아가는 원동력이 되며, 신장된 전문성은 다시 자율성과 책무성으로 나타나게 된다. 그렇기에 교사는 자율적인 판단력과 실행력을 갖고 교육과정에 대해 스스로 생각하고 판단하여 실행하며, 책임지는 학교 민주주의를 실현해나가야 할 것이다.

누구에게나 답습은 쉽다. 하지만 우리가 쉬운 길을 두고 굳이 이것저것 시도하고, 실패하고, 다시 시도하는 어려운 길을 선택한 이유의 중심에는 아이들이 있다. 아이들의 삶, 놀이, 배움을 살려주기 위해 교사로서 어떻게 해야 할지, 그렇다면 교사로서 해야 할 진짜 업무는 무엇인지 등 아이들을 중심에 두고 교사 역할에 대한 많은 고민을 했기 때문이다.

우리 두루유치원도 처음부터 꽃길이었던 것은 아니었다. 구성원들의 눈물도 있었고 땀도 있었다. 매 단계가 개선과 성장을 위한 도전이었다. 현재 혁신유치원 4년차로 구성원 모두가 큰 도약을 이루어냈다고 자부하지만, 우리가 여기에서 멈추지 않고 혁신자치학교로 또 다시 도전하는 이유 역시 더욱 교사다운 교사가 되어 아이들을 맞이하기 위함이겠다.

교사가 교사로서 할 일을 스스로 다스려 하는 것. 교사자치를 시작하는 것은 어렵지 않다. 어쩌면 모든 선생님들이 이미 하고 계실지도 모른다. 자치의 시작은 그저 생각하고, 그 생각을 나누는 것에서 시작된다고 본다. 그 생각에서 실험과 도전이 일어날 것이고, 보다 나은 실행을 위해 자연스럽게 공동체가 만들어질 것이다. 공동체의 힘으로 도전하고 해결해나가는 과정이 반복되면 이것이 문화로서 자리 잡을 것이고 궁극적으로 아이들을 위해 교사가 교사다워질 수 있을 것이다. 그러니 여기 계신 선생님들께서도 유치원으로 돌아가면 작은 것에서부터 자율성을 갖고 시도하고, 도전하고, 함께 나누면 좋겠다.

2

아이가 주체로 서는 삶

이소담
두루유치원 교사

아이들의 삶 안에는 다양한 생활환경들이 있다. 가정, 유치원 혹은 어린이집과 같은 교육·보육기관, 학원 등의 환경 속에서 수많은 사람을 만나고 소통하며 살아간다. 아이들은 각자의 생활환경 안에서 여러 가지 경험을 하며 나와 다른 사람이 함께 어울려 살아가는 '공동체'에 대해 직·간접적으로 느끼게 된다.

그렇다면 저마다의 삶 속에서, 저마다의 공동체 안에서 아이들은 얼마나 주체적으로 살아가고 있을까? 자신이 공동체 안에 속한 하나의 존재라는 것을 무엇을 통해 인식하고 있을까? 아이들과 유치원에서 함께 생활하는 교사들도 한 번쯤은 고민하게 되는 질문이라고 생각한다.

두루유치원에서 근무하면서 '교사로서 아이를 바라보는 시각', '교사가 아이에게 해줄 수 있는 역할'에 대해 동료 선생님들과 함께 4년이라는 오랜 시간 동안 서로의 생각과 고민을 나누고, 올바른 방향성을 잡아가기 위한 과정을 겪어왔다. 그리고 그 시간을 지나오며 내가 깨달은 것은 '아이는 유능한 존재'라는 것이다. 아이에게는 이미 무한한 가능성이 있고, 해낼 수 있는 능력이 있고, 존재 자체만으로 존중해주어야 하며 교사는 이를 믿어야 할 마땅한 가치와 의무가 있다. 그리고 이러한 생각은 자연스럽게 우리 반, 우리 유치원이라는 생활환경 속에서도 드러나게 되었다.

교사가 아이를 유능한 존재로 인정해주니, 아이들은 그 안에서 자신의 생각을 자유롭게 표현하고 이를 놀이로 충분히 펼칠 수 있는 환경에서 지낸다. 아이들이 펼치는 생각을 존중하니, 한 아이의 의견일지라도 구성원들은 소중히 받아들이게 되고 이는 아이가 공동체 안에서 나의 의견이 수용되는 경험으로 이어졌다. 나의 삶 속에서 하나의 주체로서 살아가고 이것이 인정받는 '존재'인 것이다.

그렇다면 유치원에서는 구체적으로 어떤 방법을 통해 이를 실현할 수 있을까? 두루 유치원에서는 '유아 다모임'이라는 방법을 선택하고 실천해보았다. '다모임'이란 말 그대로 '다 모여 있다'는 뜻으로 이 시간은 공동체에서 함께 이야기 나누고 싶은 것들, 서로 협의해서 결정해야 하는 것들, 갈등 상황이 생겼을 때 문제 해결 방법 함께 찾아가기 등 다양한 주제를 가지고 운영될 수 있다. 그중 올해 담임을 맡았던 무지개반의 다모임 사례를 통해 그 과정에 대해 자세히 보여드리고자 한다.

유아 다모임 운영사례: 만들어가는 우리 반

3월은 우리 반 친구들, 우리 반 선생님과 같이 '우리라고 불리는 같은 반 공동체'가 되어 1년 살이를 시작하는 달이다. 기존에 알던 친구들도 있고, 새롭게 만나는 친구들도 있으며, 적응하는 기간도 아이들의 성향에 따라 제각각이다. 이렇게 다양한 구성원들과 함께 하나의 '공동체'로서 생활하기 위해서는 관계 형성이 중요하고, 이 관계가 친밀하게 형성될수록 공동체성은 단단해진다.

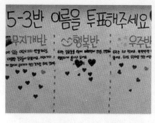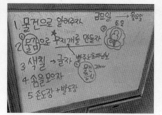

반 이름을 투표하고, 학급안내판을 만드는 모습

    친밀한 관계 형성을 위한 첫 단추는 무엇일까? 바로 아이들이 '우리는 유치원에서 함께 생활하는 사람들'임을 느끼는 것이다. 두루유치원에서는 새 학기가 시작되고 나면 한두 달 동안은 아이들의 관계 형성을 위해 기존의 일방적인 정보전달식의 유치원과 구성원에 대한 소개에서 벗어나 우리 반, 우리 유치원에서 '함께하는' 시간을 충분히 가지고 있다. 아이들의 삶 안에 '우리'라는 공동체가 생기고, 이들과 함께 자신의 생활을 공유하기 때문이다. 나의 생활을 공유하며 서로에 대해 알아가고 이해해가는 과정을 통해 '생활공동체'가 형성된다.

    그중 하나의 예가 바로 1년 동안 생활하게 될 우리 반 공간을 아이들이 직접 하나하나 채워나가는 모습이다. 다모임 시간에 아이들은 우리 반의 이름은 어떤 것이 되면 좋을지 서로 의견을 주고받고, 우리 반을 함께 구성하고 있는 친구, 선생님, 부모님과 함께 투표를 통해 정해보고, 일괄적인 학급안내판에서 벗어나 우리가 알려주고 싶은 우리 반 이름의 뜻, 소개방법을 이야기 나눈 후 여러 생각을 모아 만들어본다. 자신의 생각이 들어간 학급안내판이다 보니 아이들의 눈길도 더 자주 가고, 자연스럽게 다른 반에도 관심이 생기며 공동체성은 확장된다. ('옆 반은 이름이 뭘까?', '그 반은 왜 이름을 그걸로 정했대?')

만들어가는 교실 분위기(학급규칙)

신규 시절 새 학기 때 나를 떠올리면, 유치원 이곳저곳에서 지켜야 할 약속들을 알려주기만 해도 분주했던 모습이 생각난다. 아이들은 어떠한 장소에 가기 전에 미리 그 장소에서 지켜야 할 약속들을 다 숙지한 상태여야 하며 그것은 어른인 내가 친절하게 "이렇게 하면 될까요~ 안 될까요~?" 라고 명확하게 답이 정해져 있는 이분법적인 질문을 통해 알려주어야 한다고 생각했다.

하지만 그렇게 정한 약속은 아이들에게 내면화되기 어려웠다. 교사가 일방적으로 알려준 약속이다 보니 아이들은 비슷한 문제 상황이 올 때마다 교사에게 계속 허락을 구하거나, 행동기준에 대해 결정지어주길 바라거나, 약속을 어기는 친구를 이르기에 바빴다. 아이들 스스로가 필요성을 느껴 만든 약속이 아니었고, 자신이 정한 약속이 아니었기 때문에 생활 속에서 직접 와닿지 않았던 것이다.

그래서 아이들 스스로 지켜나가야 할 약속들을 다모임 시간을 통해 직접 의견을 듣고, 모두가 함께 합의하여 만들어 나갔다. 그 과정은 꽤 오랜 시간이 걸렸지만 함께 약속에 대해 이야기 나누다 보니 약속을 왜 지켜야 하는지 모르고 지키던 아이들도, 이미 정해졌던 약속이 사실은 지키기 어려웠던 아이들도 의견을 낼 수 있었고, 이에 대한 해답은 신기하게도 친구의 대답안에서 나왔다. 교사의 가치를 주입 시키지 않아도 아이들은 약속을 안 지키는 상황 속에서 자신이 불편했던 경험, 약속을 지킴으로 인해 좋았던 경험들을 나누며 해답을 찾아갔다.

급식실 약속에 대한 다모임 후, 아이들이 적은 약속을 급식실에 게시해 놓은 모습

함께 나눈 이야기는 일차적으로 교사가 칠판에 적으며 정리해주고, 그 후 약속들을 아이들이 직접 써서 해당

장소에 게시해 보았다. 실제로 학기 초에 급식실에서 아이들이 매일 같은 것을 물어보고 ("그만 먹어도 돼요?", "이거 먼저 먹어도 돼요?") 그에 대해 같은 대답을 반복해서 해줘야 하는 상황이 빈번해서 이 방법을 써 보았더니, 교사에게 물어보는 친구에게 다른 친구가 "우리가 만든 약속 보고 와봐! 거기에 다 나와 있어."라고 알려주는 모습을 보고 놀라웠던 경험이 있다.

이외에도 학급에서 갈등 상황이 발생했을 때, 우리 반 교실에 있는 교구장, 장난감을 바꾸고 싶을 때, 교사 또한 아이들과 함께 이야기 나누어보고 싶은 주제가 있을 때 다모임은 유연하게 운영되었고, 이러한 과정들이 쌓이며 자연스럽게 학급문화가 형성되었다.

자율적이고 협력적인 놀이

학급문화가 형성되어 가면서 이는 자연스럽게 아이들의 놀이 안에서의 분위기로 드러난다. 내 생각을 표현하고, 나와는 다른 상대방의 생각을 들어보고, 이를 조율해가는 과정을 겪다 보니 놀이 안에서 자주 발생하는 갈등 요인들이 크게 줄었다. 내 생각대로만 놀이하려 하던 아이들도 친구의 의견을 받아들이는 것이 여전히 어렵지만, 그 순간에도 상대방의 생각을 들어본다. 이전에는 나와 다른 의견을 듣는 것이 힘들었는데, 듣고 나니 친구의 놀이방법도 참 근사하다는 것을 경험해 나가는 것이다. 아이들이 자율적으로 하고 싶은 놀이를 하고 싶은 방식으로 하는 과정 안에서도 친구와 '함께'하려 하는 마음이 드러난다.

일 년 동안 아이들의 놀이를 관찰하며 가장 많이 들었던 아이들의 말은 "야, 우리 이렇게도 해보자", "그럼 이건 너가 해. 이건 내가 해볼게!", "이거 하려면 지금 ○○가 필요하니까 내가 가지고 올게"라는 협력하거나 도움을 주는 말들이었고 아이들이 가장

신발 던지기 놀이를 친구들과 함께 준비하는 모습

많이 성장했다고 느끼는 것이 바로 이 부분이다. 그리고 이는 하나의 공통된 놀이를 다 같이 준비할 때 가장 빛을 발했다.

5월에 만 5세 아이들이 반마다 전통놀이 부스를 준비하고 돌아가면서 놀이하는 날이 있었다. 우리 반 전체가 하나의 놀이를 준비하는 것이 처음이었기에 반별로 미리 놀이와 이를 위해 여러 역할들로 나누어서 준비해야 함을 다모임 때 안내해주었다. 신발 던지기 놀이를 한다고 알려주는 안내판을 만드는 친구들, 거리마다 점수를 써주는 친구들, 출발선을 만들던 친구들은 심지어 출발선 뒤에 발을 맞춰서 대는 모양까지 만들어 붙였다.

2학기가 되니 아이들 모두 협력하여 이루어지는 놀이는 더 확대되었다. 영화관 놀이를 하고 싶어 하는 한 친구의 의견에 따라 전체 다모임을 통해 준비해야 할 것들을 정하고 그에 따라 자신이 하고 싶은 역할을 선택한 다음, 맡은 역할에 따라 모둠 다모임을 실시해보았다. 아이들이 필요한 준비물을 준비해주고, 어려워하는 부분은 지원해주며 놀이가 펼쳐나가는 것을 보니 같은 역할 안에서도 다시 서로의 역할을 나누고 도와주며 몰입하는 모습을 볼 수 있었다. 영화 홍보 포스터를 만들 때에도 글자를 쓰는 사람, 사진을 붙이는 사람, 유치원을 돌아다니며 게시하는 사람 등의 모습이 보인다. 그리고 자신들이 열심히 준비한 영화관 놀이에 많은 친구들이 함께해주었을 때 아이들의 표정은 기쁨과 뿌듯함으로 가득 차 있었다. (다른 반이 어떠한 놀이를 계획하고 초대를 했을 때, 열린 마음으로 함께하는 유치원 분위기와 동료 교사로 인해 이러한 놀이들이 보장되는 감사함이 뒤따른다.)

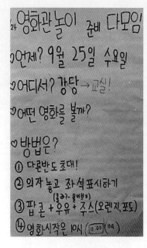

영화관 놀이를 준비하고
진행하는 모습

유치원에서 이루어지는 '가족참여놀이'(두루유치원에서는 협의를 통해 부모참여수업의
명칭을 바꾸었다.) 형태도 아이들의 자율성을 보장하고 서로 협력하며 이루어질 수 있도
록 같은 연령 교사들과 계획했다. 만 5세는 일주일에 두 번씩 숲에 나가 놀이하는데, 자
주 놀이하는 숲이라는 공간에서 진행해보자고 교사들이 사전에 합의하고 대신 그 안에
서 하고 싶은 놀이는 아이들이 선택할 수 있도록 했다. 아이들이 하고 싶은 놀이도 다양
할 테니 숲 놀이터로 주제를 정하고 아이들의 생각을 따라가 보았다.

같은 연령의 가족참여놀이라고 해도 반별로 제각각이다. 놀이터를 어떻게 구성할
것인지 다양한 의견들이 나왔고, 같은 의견인 친구들끼리 모여 놀이터 구성방법에 대한
생각을 모았다. 이때도 모둠 다모임을 통해 아이들의 생각을 더 자세히 들어보고 지원
해주었는데 한 번 경험했던 것이라 그런지 더욱 활발한 의견들이 오갔다. 이렇게 함께
정한 방법을 학부모에게 사전에 공유하고, 가족참여놀이 당일 모둠별로 각자의 놀이터
를 만든 후에는 돌아가면서 모두 무지개반 숲 놀이터를 공유했다.

가족참여놀이 이후 학부모에게 참여설문조사를 했을 때 대다수의 답변에서 도움을
구하지 않고 자신들의 방법대로 알아서 놀이하는 '주도적인 모습', 친구와 의견을 주고

가족참여놀이 전체 다모임과 모둠 다모임

받으며 '협력하여 놀이하는 모습'이 놀랍고 대견하다는 의견이 나왔다. 아이들을 보고 교사가 느낀 것과 학부모가 느낀 것이 동일할 때, 우리의 가치와 철학이 공유되었다고 느낄 때 교사로서 말로 표현할 수 없을 정도로 벅찬 기분을 이날 몸소 체험했다.

10월 말 수업 나눔(공개수업) 때에는 아이들에게 유치원에 있는 선생님들이 우리 반이 얼마나 재미있게 노는지 궁금해서 보러 오시는데 하고 싶은 놀이가 있냐고 물어보았다. 여러 가지 놀이를 다 하고 싶으니 팀끼리 나눠서 놀이를 준비하고 다 같이 돌아가면서 놀자고 입을 모았다. 세상에! 모든 아이들의 의견이 존중되면서도 내가 하고 싶은 놀이는 할 수 있는, 나만의 생각이 아니라 친구와 힘을 합쳐 놀이를 준비하려는 아이들의 모습을 보며, 또 그 이야기가 자발적으로 나오고 모두가 동의했다는 것에 큰 감동을 받았다.

3부 자율과 협력의 생활공동체

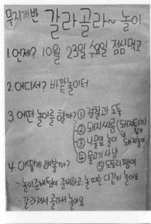

무지개반 갈라골라 놀이 전체 다모임과 모둠 다모임-모둠끼리 놀이장소와 방법 이야기

무지개반 갈라골라 놀이를 준비하는 모습

2. 아이가 주체로 서는 삶

놀이의 이름도 어찌나 재미있게 지었는지 바로 '갈라골라' 놀이이다. '갈라져서 골라서 하는' 놀이라고 한 친구가 이야기했을 때, 다른 친구가 "야! 그 이름 완전 딱이다!"라고 말하고 모두가 깔깔깔 웃던 모습이 아직까지 기억에 남는다. 더 놀라웠던 것은 이때까지 모둠 다모임 때마다 한 모둠씩 이야기하고 끝나면 다음 모둠을 지원을 해주었는데, 동시에 모둠 다모임을 진행하면서 교사가 모둠에 들어가 있지 않아도 자신들이 의견을 내고 방법을 정하는 모습을 보았을 때다. 교사가 돌아다니며 지원을 해줄 때 자기들끼리 정하기 어려웠던 부분을 묻고, 또 자신들이 생각한 방법을 교사에게 자랑스럽게 설명해주며 즐겁게 놀이를 준비했다.

사전 다모임 후 놀이하는 당일, 아이들은 유치원에 오자마자 자연스럽게 우리 팀이 오늘 준비하기로 한 놀이를 살펴보고, 알아서 준비물을 챙겼다. 놀이를 할 때도 각자 모둠끼리 흩어져 놀이를 준비하는데, 점심시간이 다 되어가도록 오랜 시간 자신들이 계획한 놀이를 실행하고 다른 친구들의 놀이를 해보는 데 푹 빠져 있었다.

이러한 아이들의 놀이는 월말이 되면 하나의 달력으로 정리가 된다. 이 놀이달력은 사전에 아이들이 하고 싶은 놀이를 듣고, 해당 놀이를 할 날짜를 정해서(보통 준비시간이 짧은 놀이들을 먼저 했다.) 적었다. 또한 유치원에서 미리 계획된 행사나 소풍은 교사가 미리 적어놓기도 하고, 어느 날은 빈 칸으로 비워져 있던 것을 그날 한 놀이로 적어주기도 했다. 달력은 항상 교실에 게시되어 있었고, 아이들은 그것을 보며 자연스럽게 지난 놀이에 대한 되돌아보기를 하고, 앞으로 할 놀이에 대한 기대도 하게 되었다. 놀이달력만 보아도 우리 반이 어떻게 생각을 모으고, 어떤 놀이를 했는지 알 수 있었다. 다모임을 통해 이루어진 아이들의 놀이과정이 고스란히 남아 있는 자료가 된 것이다.

3부 자율과 협력의 생활공동체

아이들이 하고 싶은 놀이에 대한 생각 모으기

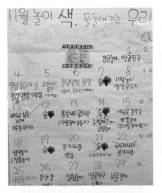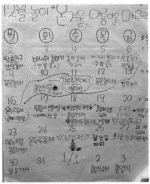

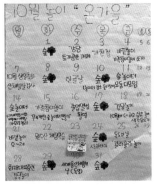

무지개반 놀이달력

2. 아이가 주체로 서는 삶

다모임, 자율과 협력의 생활공동체의 밑거름

일 년 동안 유아 다모임이 이루어지는 과정을 돌이켜보면, 자율적이고 서로 협력하는 생활공동체는 단기간에 이루어지지 않았다. 자신의 생각을 표현할 수 있는 분위기, 내 의견이 수용되는 경험, 서로 간에 활발한 소통, 함께한다는 것의 즐거움, 다양성을 존중하고 이해하려는 마음 모두를 경험하였을 때 비로소 조금씩 드러났다. 그리고 그러한 공동체를 만들어가는 과정에서도 여전히 갈등은 존재하고 함께 해결해야 할 문제들이 있었다. 이러한 과정들은 아이들이 살아가면서 우리 사회에서 반드시 겪게 되는 일들일 것이다. 우리는 혼자만이 존재할 수 없고 다양한 사람들과 만나며 살아가기 때문이다.

따라서 나와 다른 사람이 있다는 것을 알고, 여러 사람들과 함께 공동체 생활을 시작하는 유아기 때 자율과 협력의 생활공동체 안에서의 경험은 반드시 필요할 것이다. 아이들이 직접 경험한 이 소중한 가치들이 앞으로 주체적으로 살아가는 삶 속에서 빛을 발하기를 바란다.

3

학습자치 어떻게 배움으로
이어지는가

백은미
두루유치원 교사

자치의 표면적 의미는 자율성을 갖고 스스로 해본다는 데 있다. 자치가 잘 이루어지려면 철학적 원칙과 구성원 간의 상호 관계가 중요하다.

"교사와 있는 모든 시간이 수업이다"라고 하는 만큼 유치원에서의 자율성 허용은 교육과정에서 중요하다. 2020년 전면 시행을 앞두고 있는 '2019 개정 누리과정'에서도 자율성이 중요하게 언급되고 있다. 고시 내용을 보면 유아와 놀이를 중심으로 교육과정의 자율성을 추구한다고 되어 있다. 이것은 교육과정에 대한 유아의 소유권과 참여권을 대폭 강화한 것이다.

놀이 중심, 유아 중심 교육과정을 운영하려면 아이들에게 허용, 수용, 반영이라는 경험을 주어야 한다. 교사들은 소란스러운 것, 너저분한 것, 무모한 도전을 견뎌줘야 하고 즐기기까지 해야 한다. 유아의 주도적 자발적 놀이가 교육과정의 핵심적 위치를 차지한다.

유아의 학습 자치를 이야기하려면 먼저 생각해야 하는 것은 유아를 바라보는 인식과 교실 내 교사의 허용범위이다. 두루유치원은 학습 자치가 왜 의미가 있다고 하는 걸까? 유아의 자치권을 어떻게 실현하고 있을까? 학습 자치는 유아교육과정에서 정말 가능한 걸까?

두루유치원 자치의 기준은 자율과 허용

두루유치원은 혁신유치원 4년을 마치고 자치학교로 2020년 출발한다. 두루유치원이 다른 유치원과 다른 점이 있다면 무엇보다 3월 유치원 생활이다. 당연하게 있을 것 같은 것이 없는, 익숙함을 벗어난 상황을 만나게 된다. 즉 입학식 첫날 신발장 자리와 사물함 자리에 이름표가 없다. 그 대신 넣고 싶은 곳에 넣는 자율성이 허용된다. 그리고 반 이름도 정해지지 않은 상태에서 선생님과 만난다. 무엇을 이미 다 정해 놓은 상태가 아닌, 함께 처음부터 하나씩 차곡차곡 만들어간다는 게 두루유치원 자치의 출발점이며 기준점이다.

아이들과 함께 건강한 몸과 따뜻한 감성을 가진 우리가 되자며 스스로 해보는 힘과, 함께 놀 수 있는 공동체성을 발휘하기 위한 논의를 한다. 일주일에서 한 달 사이에 아이들은 교육철학을 기반으로 하는 반 이름을 제안하고 결정한다. 물론 각 반의 특성과 상황을 고려하여 방법이나 독립성을 인정하자는 합의가 이루어져 있다. 아이들의 생각을 귀 기울여 듣고 그것을 반영하는 삶이 있는 곳, 이것이 두루유치원 자치의 핵심이다.

학습 자치는 왜 필요한가?

반 이름을 정하는 과정에서 아이들은 자신들의 의견이 반영됨을 경험하게 된다.

존중의 의미를 느끼면서 아이들이 함께 무엇을 이루어 가는 과정인 셈이다. 사실 다양한 제안들이 오고 갈 때 논쟁과 갈등의 상황이 있게 마련이다. 이런 과정에서 민주주의의 다양성이 꽃피지 않는가? 이렇게 다른 생각을 듣는다는 것은 중요한 과정이다. 서로의 생각이 충돌하는 상황을 우리는 흔히 불편해한다. 하나로 의견이 모이지 않으면 어떤 분쟁이 있는 것은 아닐까 하고 부정적으로 보기도 한다. 나와 다른 생각을 만나면 흔히 내 생각을 관철시키기 위한 의지가 강해진다. 이럴 때가 두루유치원의 학습효과가 발휘될 순간이다. 중요한 것은 다른 생각을 인정하는 것이다. 의견이 충돌하는 상황에서 때로는 양쪽 모두의 의견이 합리적인 경우가 있다. 어느 쪽도 물러나지 않는 팽팽한 상황도 벌어지기도 한다. 이런 경우 우리는 수용하며 물러나기를 배워야 한다. 물론 쉽지는 않다. 이것이 가능하려면 일상적으로 평화롭게 말하기를 해야 한다.

아이들이 합의 과정을 거쳐 스스로 한 발 물러나는 걸 보여주는 행위를 보면 서로에 대한 존경이 생긴다. 내 의견이 통과되지 않아도 우리 모두에게 좋은 쪽으로 결정되면 받아들일 수 있는 사회적 합의를 이루는 배움을 시도하는 것이다. 나와 다른 생각을 듣는 기회는 이전의 내가 알던 관점에서 '다시 알아가는' 기회가 된다. '어 내가 알던 거랑 다르네!" 와! 그렇게 볼 수 도 있구나!' 라는 생각을 하게 되는 거다.

학습 자치가 정착되기 위한 전제조건들

크고 작은 갈등을 만나면 그것을 해결하기 위한 회의를 다 함께한다. 행복한 유치원 생활이 되도록 논의하는 유아자치회의 다모임이다. 학습 자치는 스스로 해결해가면서 배움을 이루어 가는 과정이다. 자치를 이루어 가려면 중요한 조건들이 형성되어야 수월하게 운영된다. 자치회의를 하는 집단의 크기도 중요하다. 서로 나눌 때 모여 앉는 형태도 회의 집중력에 영향력을 끼친다. 그리고 내 삶과 관련된 현실성 있는 내용들을 논의해야 창의성이 더 잘 발휘된다.

유아의 뇌는 다양한 것을 학습할 수 있는 무한의 능력을 지니고 있어 중요하다. 배우기를 스스로 원할 때 능력은 무한한 가능성을 발휘한다. 스스로 배움을 주도하는 것은 학습 자치가 추구하는 방향이다.

유치원에서 아이들은 '왜'라는 질문을 서로 많이 주고받는다. '왜'라는 질문을 할 수 있다는 것은 허용의 환경이 갖추어져 있다는 중요한 증거이다. 이 '왜'라는 질문에 교사가 답을 전달해주는 해결사가 아니어야 한다는 것이 학습 자치의 전제조건이다. 아이들이 스스로 답을 찾아가도록 기다리며 적절하게 지켜봐야 한다. 그 답을 찾아가는 과정에서 아이들의 창의적인 교육과정이 펼쳐지기 때문이다. 내가 무엇을 알고 싶은지 정확하게 알아야 질문을 잘 할 수 있다. 요즈음 질문하는 능력이 중요해지는 이유다. 정보를 교사가 주고 학습자는 일방적으로 받아들이는 형식은 효과적이지 못하다. 본인의 지식이 되지 못하기 때문이다. 교사는 아이가 스스로 터득하도록 조력자가 되어야 한다. 교사가 '말해야 하고' '설명해야 하고' '전달해야 ' 하는 것이 아니라 진정으로 '귀 기울여 듣기'를 해야 한다.

자치 실행 과정에서 수용되는 경험을 해본 아이들은 생각을 제안하는 데 좀 더 능숙하다. 생활 속에서 생기는 갈등이 생길 때 조정할 기준을 아이들 스스로 만든다. 사실 아이들의 유능함은 규칙을 만들 때 많이 보인다. '귀 기울여 듣기'라는 말을 서로 자주 사용하게 된다. 우리는 상대방이 이야기할 때 기다려주기 어렵다. 내 생각이 전달되는 것에 집중하다 보면 듣기가 쉽지 않다. 귀를 기울여 듣는다는 것은 상대방의 말에 몰입하는 태도다. 상대방에 대한 몰입은 다른 생각에 대한 존중이다. 이것은 일상적으로 연습해야 형성된다. 이러한 태도는 어른이든 아이이든, 말을 잘하든 못하든, 중요하다.

자치의 실천은 어떻게 나타나고 있나

존중과 수용을 경험한 아이들은 해를 거듭하여 마음과 생각이 성장한다. 특히 일곱 살인 아이들은 더 능숙해진 말로 자신의 의견을 잘 표현한다. 이런 변화를 두루유치원은 긍정적으로 보고 지원한다. 먼저 기다려주는 시간이 많이 필요하다. 아이들은 서로의 다름이 발생하는 순간에 '이걸 어떻게 해결해 보면 좋을까'라며 고민한다. 자율성을 지원받은 아이들은 자기네끼리 협의하고 토론하며 합의점을 찾으려고 긴 대화를 한다. 의견들이 합의점에 도달하도록 몇 차례에 걸쳐 대화를 나눈다. 서로 다른 의견을 조율하려면 양보도 필요하다. 이때 대부분 자치 회의에서 정한 기준규칙을 지켜보려고 한다. 이런 과정을 몇 번 거치다 보니 아이들은 이런 시간을 서로 다른 생각을 교환하는 시간으로 이해한다. 그러다 보면 다음에 아이들을 관찰해보면 좀 더 자신의 생각을 잘 말하기 위해 노력한다. 물론 자치규칙을 만들 때는 개인보다는 유치원 전체의 안전한 삶에 더 가치를 부여해야 한다는 것을 소통을 통해 받아들인다. 대부분 공동체성을 부각시키지만 소수 의견을 낸 친구가 괜찮은지도 물어본다.

생활에서 필요한 줄서기 방법, 모둠놀이 규칙, 친한 친구끼리 자리 맡아주기 있기 없기, 밥 먹고 교실 먼저 올라갈까 함께 다 같이 갈까, 교실놀이 정리는 매일 할까 일주일에 한 번 할까, 로봇 청소기가 고장 나지 않기 위한 대책은 어떻게 정할까, 책을 빌려갈 때 몇 권 씩 빌려가게 할까, 강당놀이와 교실놀이 둘 다 해도 되나, 친구가 모르고 다치게 한 것도 사과를 하는 게 맞나 아닌가 등등 구체적인 내용들이 오고 가면서 다양한 생각을 나눈다.

유아의 학습 자치를 보려면 놀이에 대한 이해가 중요

유아의 교육과정은 놀이에 대한 아이들의 학습 자치이다. 유아는 놀이가 삶이고 배움이며 학습이다. 미래사회가 요구하는 자율성과 창의성의 역량은 놀이를 기반으로 하는 교육과정, 놀이를 통한 교육과정에서 발휘된다. "유아의 놀이가 그 자체로 목적이다"라고 명시한 개정 누리과정의 실천은 이미 두루유치원에서 해왔다. 놀이가 깊어지고 지속성을 갖기 위해서는 놀이에 대한 자치가 중요하다. 유아 스스로가 선택하고 주도한 놀이는 깊어지는 것이 당연하다. 두루유치원은 기록화를 통해 놀이 자치와 아이들의 성장 관계를 연구하고 그에 대한 자료들을 정리하고 있다.

놀이계획을 아이들 스스로 세우고 실행하는 과정을 보장해주자 두루유치원의 많은 것들이 변했다. 교실 내에서 유아인 아이들의 선택권이 많아졌기 때문이다. 아이가 스스로 배움을 얻도록 지원하는 교실 내 수업방식이 변했다. 교사는 가르쳐야 한다는 주도성을 덜어내니 아이들의 놀이가 어떻게 실행되는지 비교 분석하는 데이터를 만들 수 있게 되었다. 아이들은 각자의 개성을 발휘해 놀이계획을 세운 후 놀이에 몰입한다. 교사는 아이들의 놀이 자치 성과를 알아보기 위해 매월 말에 아이들의 놀이를 '놀이 이야기'라는 저널을 통해 되돌아본다. 이 저널을 통해 놀이 내용과 함께, 놀이한 친구 관계, 놀이몰입과 실행과정에 따른 만족도를 살펴볼 수 있다. 자료를 보면 놀이 자치가 실행되자 만족도가 상당히 높은 수치를 기록했다.

이런 놀이 자치는 교실에 역동성을 부여하고 교실 속 환경도 변하게 한다. 놀이계획을 세운 아이들은 공간을 획기적으로 변형하려고 책상의 위치, 의자의 위치를 자기들의 놀이에 맞게 바꾸었다. 공간의 혁신을 이룬 셈이다. 매일 또는 일주일, 한 달 정도 공간이 변하는 과정을 통해 놀이하는 아이들의 잠재적 능력이 어떻게 발휘되고 있는지, 창의성의 다양한 모습은 어떤 것인지를 볼 수 있었다.

교사는 함께 참여하는 관객이 되어 놀이를 관찰하였다. 이때 아이들의 놀이에 대한 정당성도 부여해 주었다. 우리가 주목했던 부분은 아이들 스스로 자신의 놀이에 대한 연구성을 갖는 것이었다. 아이들은 자신의 놀이의 발전을 위해 늘 끊임없이 고민하고 더 흥미로운 놀이를 위해 더할 것과 뺄 것을 생각하였다. '선생님 이렇게 내가 해 봤어요!'라며 아주 자세하게 놀이의 과정과 결과들을 제시하였다.

아이들은 이제 자신의 생각을 잘 표현하고 있다. 공간을 넘나들며 허용과 수용이 보장된 놀이의 창의성을 펼쳐가고 있는 것이다.

유아에 대한 인식변화의 중요성

유아기 어린이들이 자치를 이루어 가는 게 가능하겠어? 라는 질문은 어떤가?

현대 진보적 교육학자들은 그동안 유아를 부족한 존재로 잘못 위치시켜면서 교육의 실제와 의사결정 과정에서 유아를 제외시켜 왔다고 주장한다. 유아에 대한 이전의 인식론은 연약한 주체로 보는 것이다. 그러나 유아는 태어나는 순간부터 풍부한 가능성과 재능을 갖춘 강한 존재이다. 아이는 어제보다 더 성장하기를 원하고, 그리고 모든 것에 담긴 특별한 이유를 찾아내려는 놀라운 호기심을 가지고 있다. 아울러 성장하고픈 높은 기대감을 갖고 있다. 그리고 자신이 알고 있는 것을 보여 주고 싶어 하며 따뜻한 감성을 갖고 무언가에 감동할 줄 아는 강한 존재이다. 학습 같은 지식형성에도 의지를 보이고 타인을 깊이 존중하는 마음으로 상호작용하는 데도 능숙하다.

학습자치의 실천이 좀 더 확산 되려면 유아에 대한 신뢰가 우선되어야 한다. 기다려주면 아이들은 자신들의 생각을 정확하게 말한다. 창의적인 생각들이 수용되고 허용을 받으면 아이들은 스스로 배움을 확장해 간다. 그 과정을 아이들과 경험한 두루유치원은 학습 자치의 의미를 알았다. 그것은 곧 유아교육과정이 가르침의 관점에서 벗어나야 한다는 것이다.

레지오 에밀리아 말라구찌 교수는 "어린이가 스스로 학습할 수 있는 것이 있다면 그것은 교사가 가르치지 말라" 라고 말했다. 유아의 학습자치가 잘 펼쳐질 수 있으려면 교사와 아이가 서로를 신뢰하는 관계가 중요하다. 자치를 실현할 수 있는 환경적인 조건들도 잘 갖춰야 한다. 무엇보다 천천히 데워져 오랫동안 열을 간직하는 복사 에너지 같은 교사의 사랑과 돌봄이 필요하다. 유아자치에서 놀이의 힘의 중요성을 다시 한 번 강조해 본다.

4
물음으로 시작하는 교사자치

박지현

두루유치원 교사

1.

교사자치는 가능한가? 이 질문에 흔히 대답하기를 교육혁신의 지속과 교육자치 실현의 의지가 확고한 교육청이 나서서 교사자치가 제도적으로 현장에 안착되도록 강력한 권한을 행사해주면 가능한 일이라고 이야기한다. 또는 학교장이 권한을 이양하고 모든 결정권을 스스로 내려놓지 않고서는 불가능하다는 이야기도 한다.

교사들은 교사자치에 대해 논하면서 왜 가능과 불가능의 이유를 교사 내부가 아닌 교육청과 학교장에게서 찾는 것일까? 그 이유는 '그간 우리의 학교사(學校史)...'[1]에서

---

[1] 그동안의 학교에서 교사는 주체로서의 역할(권한)을 행할 수 있는 기회를 갖지 못하였고, 학교와 교육에 관한 정책 기획에서도 배제되었으며, 교사자치를 교사편의주의로 오해받기까지 해온 경험들이 주 내용이다.

말한 요인들이 작용되었을 것이라고 생각한다. 충분히 동의하고 있지만 언제까지 우리는 외부요인에 대한 원망만 하며 '그간 우리의 학교사'를 반복할 것인가!

교사자치 없이는 학교자치를 논할 수 없다는 의견에 적극 공감하면서도 '왜 우리는 교사자치를 하려고 하는 것인가?'에 대해 숙고해보게 된다. 복잡성과 불확실성의 시대가 우리를 지금의 위치와 역할에 안주할 수 없게 만들고 있어서? 아니면 자신의 삶을 스스로 결정하고 영위해 나가고자 하는 인간 본연의 욕구의 표출? …여러 가지 이유들이 있겠다. 하지만 교사자치의 당위성을 주장하는 첫째 이유는 '교실에서 만나는 아이들의 행복'이어야 한다. 늘 교육의 고민과 질문의 중심에는 아이들이 있어야 방향을 잃지 않고 나아갈 수 있다. 그렇기에 우리가 이루고자 하는 교사자치는 건강한 교사자치 조직을 통해서 학교자치의 초석을 마련하고, 교육자치의 꿈을 이루는, 그래서 교육의 본질에 한 걸음 더 다가갈 수 있는 길의 시작이라고 할 수 있다. 이 길을 교사들이 열지 않으면 누가 열어주겠는가!

2.

여러 혁신학교에서 시도된 교사자치를 구동시켜주는 학교 내 조직과 시스템들은 교육자치 무풍지대였던 유치원에도 변화를 시도할 수 있게 하는 시발점이 되었다.

4년차 혁신유치원인 두루유치원에서의 교사자치의 조직은 크게 두 가지로 나눌 수 있는데 우선 '교사 협의체의 기능을 가진 교사 다모임'과 다음으로는 '교육과정 운영 자율성과 수업 전문성 확보의 기능을 가진 전문적학습공동체'이다.

먼저, '교사 다모임의 운영 방식'은 교육과정 운영에 영향을 미치는 제반 사항들을 주로 협의 안건으로 상정시키고 전체 교사가 직접 참여하여 안건에 대해 충분한 논의를 통해 민주적인 의사결정을 하고 실행된다.

교사 다모임 운영 초반에는 교사 다모임 안건 협의 결과가 관리자 의견과 충돌되면 재협의하는 과정을 반복해 곤란한 상황들이 많았다. 교사와 관리자간의 의견충돌 지점에 대해 객관적으로 분석해보고 해결방법을 찾는 과정은 불편했지만 교육자치에 대한 공감대가 있었기에 지속할 수 있었다. 교사 다모임이 협의와 결정의 권한을 갖는 안건의 종류를 관리자와 함께 추출해서 해당 안건에 대해서는 온전히 결정을 인정하거나, 상충되는 의견이라도 이해와 존중을 할 수 있도록 규칙을 만들어보기도 하며 적지 않은 시간 진통을 겪었다.

이러한 과정을 통해 느낀 점은 관리자와 교사는 서로 결정권을 주장하며 대립각을 세워야 하는 상대가 결코 아니라는 점이다. 의견이 다를 때, 우리 유치원이 추구하는 교육비전과 철학을 선택의 기준으로 세우고 다시 처음으로 돌아가 함께 협의하는 과정들이 누적되면서 자연스럽게 상호간 이해와 존중, 신뢰의 결과물들을 쌓아가는 것, 그것이 건강한 교육자치를 만드는 방법이 아닐까 생각한다.

교사 다모임 협의 사례

새 학년도가 시작되는 수몰삼(수업에 몰입하는 3월) 집중기간에 처리하는 사안들 가운데 모든 교사들의 관심이 높은 일은 업무분장(연령 배정 포함)일 것이다.

일반 유치원의 업무분장 방식이나 병설유치원에 근무하면서 경험한 초등학교의 업무분장방식들은 크게 다르지 않았다. 원장(교장) 선생님이 업무분장의 최종 결정권자라는 전제하에 업무희망원 제출은 형식적으로 이루어지며, 최종 업무와 연령(학년)은 관리자의 결정에 달려 있었다.

희망대로 배정받지 못한 교사들은 업무희망원은 왜 받는 것이냐 볼멘소리가 나오기도 하고, 원하던 보직이 겹쳐 경쟁 관계에 있었던 교사들은 근무하는 기간 내내 갈등관계로 지내기도 했다. 이렇게 1년을 시작하는 교사들에게는 과연 본인이 맡은 일에 대한 기대와 책임감이 얼마나 자발적으로 생기게 될까?

4. 물음으로 시작하는 교사자치

두루유치원의 업무분장 및 연령(학년)배정 절차는 아래와 같다.

- 전학공에서 학년도 말 유치원 자체평가 기간에 업무분석과 업무 재구조 작업, 업무분장 기초 자료 마련
- 교사 다모임에서 부장교사 협의(관리자 지명이 아닌 희망지원, 교사들의 추천 등의 방법 활용)
  - 교사 다모임에서 전교사의 민주적 대화와 협의 과정을 거쳐 연령(학급) 배정
- 각 연령에 부장교사 1인을 배치하여 연령간 교사배정의 균형을 유지 의견은 존 중하여 협의에 반영

교사 본연의 업무인, 가르치고 배우는 행위에만 집중할 수 없는 현실이나 현재 수준에서 가능한 최선으로 기존의 업무를 분석하고 재정비하는 일들을 유치원에서는 교사들이 직접 참여하여 의견을 말하고 협의하는 과정을 통해 교육구성원들(유아, 학부모, 교사)이 교육의 변화를 빠르게 체감할 수 있는 교육과정 중심의 유치원으로 변모시키는 데 큰 역할을 했다고 생각한다.

전문적학습공동체(이하 전학공)는 전체 교원이 참여하는 교원 전학공과 연령별로 교사가 참여하는 연학공(연령별 학습공동체)으로 구분된다. 전자는 유치원 교육과정과 운영 전반에 대한 내용, 수업 나눔, 유아성장중심기록화 등에 관한 사항을 논의하고 후자는 연령별 교육과정에 운영에 대한 사항, 일상적 수업 및 기록화 공유에 관한 사항을 논의한다. 앞에서 말한 교사 다모임은 교사와 관리자의 관계 형성이 운영을 위해 중요했다면, 전학공은 교사간의 관계가 중요한 요소로 작용이 된다.

교원 전학공에서 협의되는 내용들은 교육과정, 수업과 직접적으로 닿아 있는 부분들이다보니 협의과정 중 교사들 간 교육관의 차이나 혁신교육에 대한 이해와 공감의 차이를 느끼게 되는 상황들이 생긴다. 교사간 격차의 발생 요인은 나이나 경력, 개인적 상황 등 다양한 요소가 작용된다. 이때 각각의 교사들을 교육공동체로 묶어주는 것이 바로 전학공이다.

전학공은 매주 수요일(주1회) 실시되는데 1주는 성장중심기록화, 2주는 교육과정 협의 또는 수업 나눔, 3주는 네트워크 참여 또는 외부 연구활동 공유, 4주는 수업 나눔

의 주제로 운영된다. 토론이나 세미나, 팀별 연구발표, 독서토론, 워크샵, 수업함께보기 등 전교사가 참여하여 해당 주제에 대한 견해를 말하고, 듣고, 공부할 수 있는 방식을 택하고 있다. (기존의 전문가 초청 강의를 하지 않는 것은 전학공 만큼은 수동적 학습참여자가 아닌 능동적 학습참여자가 되도록 하기 위함이기도 하다.) 이런 과정들에 꾸준히 참여하면서 각각의 교사들은 교육공동체로 자연스럽게 응집되며 운영 초반에는 단순 참여자로 역할을 하지만 결국에는 모두가 전학공 기획자이자 참여자의 역할을 하게 된다.

연학공은 행정업무가 아닌 수업연구를 하는 교사를 지원하기 위한 체제이다. 수업 연구하는 교사를 지원하기 위해 유치원 공간의 변화도 시도하였는데, 두루유치원의 교무실은 업무지원 효율화를 위해 업무지원팀이 사용하고, 연령별로 독립적인 수업연구실을 교사들이 사용함으로써 동료간 업무대화가 아닌 아이들의 놀이와 배움, 성장에 대한 이야기를 일상적으로 나누고, 시간과 장소에 구애받지 않고 연학공을 운영할 수 있는 장점들이 있었다. (신규교사나 저경력 교사가 많은 세종시에서 매일 나의 수업고민과 교육 지원방법들에 대한 협의를 할 수 있는 동료와 공간, 시스템이 있다는 것은 연례행사 같이 실시되었던 기존의 동료장학보다는 더 교사의 성장에 도움을 줄 수 있다고 생각한다.)

전문적학습공동체 사례
연령별학습공동체에서 함께 만들어가는 연령별 교육과정 • 수물삼 집중기간부터 2월 말까지, 연학공에 집중 • 연령 교육과정에 담을 세종형학력, 교육내용과 방법, 예산(연령 교육과정 운영 예산)사용계획 등을 협의 • 교원 전학공 시간에 연령별 교육과정 발표와 공유 • 3월 중 학생, 학부모와 연령별 교육과정 공유, 추가 설문 실시 • 학생과 학부모의 의견 반영하여 연령 교육과정 완성 • 1, 2학기 연령 교육과정 자체 평가 실시 및 공유

4. 물음으로 시작하는 교사자치

전학공이 본래의 역할을 하기 위해서는 교사의 자발성이 반드시 필요한데, 두루유치원 교사들이 체감한 자발성의 발동 지점은 '교사에 대한 믿음과 기대'이다. 교사자치가 자칫 교사 편의주의로 변질 될 것에 대한 두려움은 교사 내부에도 존재한다. 교사 스스로가 편안하고 나태해지는 것으로부터 자신을 견제하고 교육에 대한, 교사 전문성에 대한 책임을 다할 수 있는 존재라는 믿음이 절대적으로 필요하다. 그러한 믿음이 있다면 당연히 교사들의 역량에 대한 기대가 커질 것이다. 교사에 대한 긍정적인 기대는 안주하는 교사가 아닌 성장하는 교사의 모습으로 나타나, 결국 기대대로 되었다는 선순환을 만들어 낼 수 있다.

3.

앞에서 제시한 두루유치원의 교사자치의 모습들이 초·중등에서는 이미 지나온 과거 이야기일 수 있다고 생각한다. 하지만 유치원의 열악한 교육 생태계[2] 속에서 시도한 교사자치의 모습이기 때문에 뒷북치는 이야기라 할지라도 부끄럽지 않다. 앞으로 우리가 현장에서 더 구현해나가 보고 싶은 교사자치의 모습을 구체화 시켜나가는 것에 집중할 뿐이다.

- 교사자치의 동력인 인적 시스템은 어떻게 지속할 것인가?
- 유치원 교사자치에서 리더 교사가 맡는 역할의 중요성 인식과 지속적인 리더교사를

---

2 유치원은 의무교육기관이 아니다. 누리과정 학비지원이라는 (교육바우처) 일부 무상교육 지원을 받는 교육기관 이며 전체 유치원의 75%정도가 사립의 형태로 운영되고 있다. 이로 인해 교육기관이 추구해야 할 공공성이라는 규범적 가치에 대한 인식이 부족하였으며 국가가 주도해 왔던 초·중등교육과 비교하여 공교육이라는 조직과 인식을 갖기보다는 개인사업체로서의 모습이 지배적이었다.

3부 자율과 협력의 생활공동체

양성하기 위해 유치원에서 할 수 있는 일은 무엇일까?

- 교사자치의 영역이 교사 교육으로 범위를 넓혀가야 할 필요성이 있다면 어떤 시스템이 마련되어져야 할까?

- 교사자치도 결국은 학생자치와 학부모자치와의 연대가 관건, 학교자치를 이루기 위해 교사자치에서 더욱 세심하게 고민해야 하는 부분과 구체적인 방법들은 무엇이 있을까?

4.

교육자치가 꽃 피울 수 있는 토양은 민주적인 학교문화이며, 민주적인 학교문화 안에서 교육주체 간 신뢰와 기대, 이해와 존중, 소통과 협력의 모습이 자연스러운 것이다. 하지만 우리가 매일 아이들을 만나는 유치원(학교)은 이렇게 이상적이기만 한 공간이 아니다. 교사자치를 시작하기에는 학교마다 다양한 걸림돌들이 당연히 있을 것이다. 혁신학교가 처음 시작된 작은 학교는 처해 있던 모든 상황들이 척박했다. 척박한 가운데 일구어낸 기적 같은 교육의 변화이기에 그 감동이 전국에 있는 교사들의 마음을 움직이게 한 것은 아닐까?

교사자치의 自治(자치)가 의미하는 바를 실현하기 위해서는 교사들의 자발적 운동이 그 시작이 되어 점차 현장으로 번져나가야 한다. 교육의 본질을 향해 나아가는 길은 단순한 것 같았지만, 입장에 따른 다양한 이해관계들이 충돌하기 시작하면서 그 여정이 험난해졌다. 하지만 '나는 이곳(유치원/학교)에 왜 존재 하는가'라는 교사의 존재론적 물음을 끊임없이 자신에게 던져야 하고 그 답을 찾기 위해 고민해야 한다. 그 고민을 혼자가 아닌 동료와 함께하면서 교사자치의 첫발을 떼자! 우리가 원하는 학교자치와 교육자치는 그 한 걸음으로부터 이루어 낼 수 있는 것이라고 믿는다.

5

자율적이고 협력적인
유치원에서 살아보기

박현주
두루유치원 교사

혁신학교 4년차를 지나오면서 돌이켜보는 두루유치원의 이야기 중에서 자율과 협력에 대한 생각을 하게 되었다. 두루유치원은 4년 동안 세종 혁신학교 4대 과제의 한 파트인 '자율과 협력의 생활공동체'를 실천하고 있으며 교육공동체가 자율과 협력을 비교적 잘 지키고 있다고 생각한다. 그렇다면 우리 유치원의 자율은 무엇이며 협력은 어떻게 이루어지고 있는지 이야기해보려고 한다.

'자율'의 의미를 생각해보면 사전적으로는 '자기 스스로의 원칙에 따라 어떤 일을 하거나 자기 스스로 자신을 통제하여 절제하는 성질이나 특성' 으로 정의내리며 비슷하지만 조금은 생소한 용어인 '자치'로도 이해될 수 있다. 이를 유치원에서의 자율로 생각해보면 '교사가 자신의 신념에 따라 스스로 판단하고 행하는 모든 행위'라고 생각한다. 따라서 유치원 안에서 교사가 판단하고 실천하는 모든 것들이 개별 교사들의 신념에 따른 것이므로 이를 존중받는 분위기가 되어야 유치원 문화의 자율을 잘 지키는 것이라고 생각한다.

다음으로 '협력'을 생각해보자. 사전적 의미로 '힘을 합하여 서로 도움'이라는 쉬운 말로 풀이된다. 이를 유치원 안에서 생각해보면 '교사와 교직원, 유아와 학부모 모든 교육공동체가 서로 도움을 주고받는 것'이라고 생각한다. 유치원은 교사로만 이루어진 것이 아니다. 유아들의 생활과 삶을 지원하고 함께 키우는 터전인 유치원에서는 교직원, 학부모도 중요한 공동체이며 모든 공동체 구성원이 서로 도움을 주고받는 협력적인 분위기를 만들어가야 하는 곳이다.

이와 같은 자율과 협력을 바탕으로 만들어진 두루유치원의 자율, 협력의 실제는 어떠한지 소개해보고자 한다.

스스로 판단하고 실천하는 우리들

먼저 학급 교육과정 운영의 자율성이다. 두루유치원은 기본적으로 만들어가는 교육과정을 실천하고 있다. 새 학년 초에 이미 구체적이고 체계적으로 만들어진 교육과정을 교실 안에서 교사가 일방적으로 유아들에게 전달하는 것이 아닌 유아와 함께 만들어가는 교육과정을 운영하는 것을 전제로 하고 있다. 물론 연령별로 서로 협의되고 고민한 연령별 교육과정이 계획되어 있지만 이는 연령별 철학, 교육과정 방향, 구성과 같은 큰 틀만 수립하는 것이고 이를 중심으로 학급에서 풀어나가는 것은 온전히 교사와 유아들의 몫이다. 따라서 학급별로 자율성이 보장되고 발휘되어 교사가 학급운영을 하는 데 유아의 의견을 중요하게 생각하여 반영하고, 이를 실천하기에 학급마다 펼쳐가는 과정과 결과는 모두 다르다.

반 이름 정하기의 예를 들어보자. 3월 새 학기 초에는 반 이름을 정하는 것이 가장 큰 일이다. 우리 유치원은 반 이름을 유아들이 정하기 때문에 처음에 반 이름이 없는 상태

우리반 이름짓기의 투표과정   '동글반' 반 이름   만3세 '고운향기반' 반 이름

로 새 학기가 시작된다. 반 이름이 없다는 것은 행정적인 처리, 아이들의 적응과 소속 감 같은 정서적 분위기에도 많은 불편함이 따른다. 따라서 반 이름을 정하는 것부터 교사와 유아의 자율이 시작된다. 많은 학급들이 유아의 의견과 생각으로 이름을 정하지 만 만 3세인 향기반의 경우 아이들이 반 이름의 의미를 생각하거나 이를 언어로 표현하 는 것에 아직 어려움이 있다고 생각되기에 교사가 학교종이앱을 통해 학부모로부터 의 견을 구하여 정하기도 하였다. 우리 반인 동글반의 경우에는 다양한 의견(하트반, 카봇반, 콩콩이반, 케이크반, 토끼반, 핑크반)과 하고 싶은 이유가 아이들의 생각으로 나와 투표를 통해 '동글반'이라는 반 이름으로, '동글동글 동그라미 같은 반이 되고 싶다'는 이유로 만들어졌다.

두 번째로 의사결정의 자율성이다. 교사들이 자신의 의견을 말하고 이를 결정하는 과정에서 교사의 의견이 수용된다는 것은 큰 의미가 있다. 왜냐하면 많은 유치원에서는 교사가 특히나 저경력 교사, 초임 교사와 같은 교사들이 의견을 말하는 것 자체가 많이 없기 때문이다. 의견을 낸다고 하더라도 이를 결정하는 데 수용되는 일은 별로 없다. 나 역시 성격상으로도 의견을 말하는 데 소극적이고 사립유치원에서 근무하던 초임 시절 에도 이미 결정된 사항을 수직적으로 통보 받고 따르는 일들이 많았다. 그런 일들이 비 일비재하고 당연한 듯 조직문화가 형성된 곳에서는 교사가 안건에 대해 생각하지도 않 을 뿐더러 주인의식이 있거나 책무성을 가지지도 않는다. 따라서 그러한 결정에 대해 마음속으로 반대의견이었을 경우에는 불평과 불만이 쌓일 수밖에 없다. 그렇지만 장점도 있을 것이다. 내가 낸 의견이 아니기 때문에 책임감을 느끼지 않기에 마음이 편하다는 것이다.

그럼 교사가 자신의 생각을 표현하고 구성원들이 귀 기울여 들어준다는 것은 어떤 의미가 있을까? 안건에 대해 생각함으로써 생각하는 교사가 될 수 있고 이는 교사의 내적 성장으로 이어질 수도 있다. 내 의견이 수용되고 의사결정에 큰 영향을 미침으로써 느끼는 소속감, 주인의식은 교사효능감도 향상시킬 것이다. 이렇듯 교사에게 긍정적인 영향을 미치는 의사결정의 자율성 보장이 두루유치원에서는 어떻게 이루어지고 있을까?

하나의 예를 들어보자. 2019학년도의 두루유치원은 혁신학교 4년차를 마무리하는 단계이며 2020학년도에 어떤 유치원의 모습으로 만들어갈지 결정하는 중요한 시기에 놓여 있었다. 이는 일반학교, 혁신재지정학교, 자치학교의 모습 세 가지 중 하나의 학교로 결정하는 것을 말한다. 이러한 중요한 결정을 해야 하는 시기에 누군가는 혁신학교를 나름 성공적으로 이끌어갔으니 당연히 한 단계 더 성장한 자치학교로 나아가야 하는 것 아냐? 라고 생각할 수 있다. 하지만 우리는 그렇지 않다. 자치학교로 가는 것이 당연한 것이 아니라 구성원들의 의견을 물어보고 이를 결정하는 것이다.

교사들은 전학공 시간을 통해 3가지 학교모습의 장단점, 나아가야 할 방향성, 자치학교에 대한 궁금한 것을 혁신부장 선생님께 질의 응답하는 시간을 마련하여 교사 각자가 비교하고 판단할 수 있도록 충분히 이야기를 나누었다. 학부모에게는 11월에 모든 학부모를 대상으로 한(참여하고 싶은 사람에게 기회를 줌) 연석회의를 통해 3가지 학교의 모습을 이해하고 비교, 판단할 수 있도록 기회를 주었다. 이러한 이해와 충분한 궁금증 해결의 기회를 마련하고 교직원, 학부모들에게 학교종이 앱을 통해 설문을 받아 모든 교육공동체의 의견을 수용하고 결정할 수 있도록 하였으며 그 결과는 '자치학교로 한 단계 더 올라가 보자'하는 도전으로 결정되었다. 이러한 과정이 바로 두루유치원의 의사결정의 모습이다.

이처럼 원장, 원감 선생님 또는 누군가 이미 결정하고 통보하여 그대로 따르는 것이 아닌, 모든 구성원들이 각자 판단하고 선택 할 수 있는 기회를 마련하고 이를 의사결정에 반영하는 모습이 민주적이면서 자율성이 보장된다고 보면 자연스럽게 유치원의 주인은 '구성원 모두'라는 느낌을 받게 한다. 이러한 각자의 의사결정이 반영된 결과에 대한 책임감은 자연스럽게 부담을 주기도 한다. 그러한 책임감에 대한 부담은 당연한 것이지만 부담감을 극복하고 책임감을 다할 때 그 결과는 아이들에게 긍정적인 변화로 돌아가게 된다는 것을 느끼기도 한다.

서로 돕고 함께 성장하는 우리들

두루유치원은 교사들이 공동체성을 발휘하여 함께 동반성장하는 것이 목표이다. 이는 협력적인 분위기로 자연스럽게 형성되고 있으며 첫 이야기는 연령별 협력에 대한 것이다.

두루유치원은 연령별로 협력하는 분위기이다. 이를 좀 더 발전시키고자 교사실을 공간적으로 구분하여 연령별로 배치하였다. 이처럼 동료교사들 중에서 협의하는 시간을 더 많이 할애하는 동일연령 교사와 근접하여 배치한 구조는 교실 안에서 나타난 유아에 대한 이해, 학부모와의 상담, 놀이 중심 수업 등 교사가 도움이 필요할 때 언제든지 동료교사로부터 도움을 구하는 데 유용했다.

예를 들어, 3월 학기 초에 학급다모임을 운영할 때 올해 학급다모임을 처음 시도해 보는 나에게는 어떻게 접근해야 할지 고민이었다. 나름대로 시도해 본 후 이렇게 하는 것이 맞는지 의문이 들어 동일연령의 동료교사에게 3월 학급다모임을 어떻게 운영했는지 물어보았다. 동료교사가 나름 자신이 운영한 학급다모임을 이야기해 주었는데 아이들의 자발적인 참여를 존중하는 분위기가 있었음을 알게 되었고, 그러한 도움과 조언으로 처음 시작하는 학급다모임을 용기 있게 운영할 수 있었다.

나보다 저경력 교사이지만 두루유치원에 더 오래 근무했고 학급다모임을 더 많이 운영해 보면서 생긴 나름의 노하우, 거기에 그 교사의 신념과 철학을 담은 학급다모임 운영을 보면서 많은 것을 느끼고 배울 수 있었다. 이러한 도움으로 1년간 학급다모임을 운영하면서 보람을 느끼게 되었고 아이들이 성장하는 것도 알 수 있는 유아에 대한 이해로 이어지게 되었다. 동일연령의 교사에게 곧바로 도움을 구할 수 있는 공간적인 협력구조가 형성되어 있었기 때문에 나의 고민과 어려움이 쉽게 전달될 수 있었다.

또한 지금 이 책을 쓰면서도 어떻게 시작해야 하는지 막막하고 글이 자연스럽게 써지지 않을 때 선배교사에게 도움을 청하여 물어보며 쓰고 있다. 서로가 바쁜 12월 중에도 모른 척 하지 않고 선뜻 어려움을 나눠주는 동료교사가 있어 고맙고 든든하기도 하다.

내가 도움을 받았듯이 내가 도움을 준 사례도 이야기해 보려 한다. 옆 반의 교사에게는 급식지도에 대한 고민이 있었다. 귀가 지도를 하고 교사실로 돌아온 나에게 고민을 털어놓았다. 동료교사가 급식지도를 할 때 편식이 있거나 밥을 먹지 않는 유아들을 먹이고자 하는 책임감으로 힘들어하고 있었던 것이다. 마침 나는 유아생활지도에 대한 인터넷강의를 청취하고 있었는데 그 주제도 유아급식지도였고 정보를 공유하였다. 감각이 예민한 유아들 중에서 유독 민감한 미각을 갖고 있는 유아는 밥알을 씹는 것도 예민해서 밥을 먹는 것이 힘들 수도 있다는 정보를 알려주고 나의 급식지도에 대한 인식과 신념을 함께 말해 준 결과, 동료교사가 부담감을 덜 수 있었다. 그리고 유아 급식지도에 대한 사고의 전환과 부담감에서 조금은 벗어날 수 있도록 도움을 주었다.

교육과정에서의 아이들의 놀이 협력

만4세 에너지반 아이들이 만3세 동글반 아이들의 미끄럼틀 놀이를 도와주는 장면

2학기가 되면서 높은 연령의 유아들과 어린 연령의 유아들이 함께 놀이하는 분위기가 만들어졌다. 5세 반인 퐁퐁반은 가게놀이를 하면서 유아들이 만든 머리핀이나 네일스티커를 동생반으로 가져가 팔기도 하고 동생들에게 선물로 주기도 한다. 4세인 에너지반은 아이들이 2층 복도에 만든 실내미끄럼틀을 모든 유치원의 유아들이 와서 타 볼 수 있도록 개방하였고, 동생들이 와서 주저할 때 타는 방법이나 약속들을 친절하게 설명해주고 도와주는 모습도 보였다. 5세인 쑥쑥누리반에서 찻집이 열렸을 때 모든 유아들을 초대해 차를 대접하고 자연스럽게 놀이로 이어지는 모습을 보기도 한다.

이와 같이 타연령 간 놀이와 공간 통합을 통해 유아들에게도 협력하는 분위기가 자연스럽게 나타나는 것을 보고 교사가 우리 반만 잘 하려고 앞서가기보다 서로 개방하고 어려울 때 함께 도와주는 협력적 관계 형성이 아이들의 놀이에도 긍정적인 영향을 끼치는 것 같다.

이러한 협력은 나 혼자 잘나고 튀려고 하는, 비교하고 경쟁하는 유치원 분위기가 아닌 서로가 함께 성장하는 데 중점을 두는 유치원 문화에서 나타날 수 있다. 또한 서로 간의 신뢰가 쌓인 관계일 때 가능하다. 두루유치원은 이러한 분위기와 함께 교사들의 신뢰와 믿음을 바탕으로 이루어진 인간관계가 협력적 분위기를 형성하는 데 기반이 되었다고 생각한다.

글을 맺으며

두루유치원의 자율과 협력은 교육과정과 유치원 조직문화 등 모든 영역에 걸쳐 영향을 주고받는 것 같다. 확신하건대 신뢰와 상호이해, 믿음을 바탕으로 자율과 협력을 중시하는 두루유치원의 운영이 혁신학교를 성공으로 이끈 힘이 아니었을까? 또한 두루유치원에 교사로 재직하고 근무하며 공동체와 어울리면서 교사로서 많은 것을 배우게 되었으며 전문적인 성장을 이끈 원동력도 바로 자율성을 보장받고 협력적인 분위기 속에서 지지받고 함께 공감해준 공동체가 있어서 가능했던 것 같다.

아이다움교육과정

1

교육공동체가 함께 만드는
두루교육과정이 되기까지

김혜진
두루유치원 교사

'교육과정'은 우리에게 어떤 의미로 존재할까

대답하는 주체에 따라 다른 답이 나올 수밖에 없다. 학자들이 생각하는 교육과정은 좀 더 교육과정을 개념적으로 탐구하여 구분할 수 있겠고, 학교교육과정을 기준으로 구분하자면 계획으로서 교육과정(문서로서 교육과정), 실천으로서 교육과정(수업으로서 교육과정), 결과로서 교육과정(가르쳐진 교육과정) 등 세 종류로 나누기도 한다. 또, 개발수준에 따라 국가수준교육과정, 지역수준교육과정, 학교수준교육과정으로 구분한다.

이처럼 '교육과정'을 말하면 많은 이론들이 있기 마련인데 그중에서 국가수준의 교육과정과 지역수준교육과정, 학교수준교육과정은 가장 쉽게 대답할 수 있는 내용이지 않을까 싶다. 그렇다면, 학교수준의 교육과정은 어떤 내용을 담고 있으며 누구를 위한 것일까 처음으로 교직에 발을 내딛었던 20년 전을 떠올려보면, 선배로부터 다른 유치원 운영계획서 파일에 내가 근무하고 있는 유치원 이름과 몇 개 내용만 수정하여 3월에 제출했던 기억이 있다. 이후 해가 바뀔 때마다 제출했던 교육계획서는 어떠했을까? 다시 찾아보지 않아도 뻔하다. 편집의 기술은 늘었을 것이다. 하지만 내용 몇 가지를 제외하고는 변화가 거의 없었다. 안타깝게도 그 안에 유치원(병설은 학급)교육의 방향을 담은 진정성 있는 글은 한 줄도 없었던 것 같다. 한 권의 책은 안전을 보장하는 행정문서에서 벗어나지 못했던 것이다. 경력이 쌓여가면서 교육의 본질을 담은 새로운 교육계획에 도전하고 싶은 마음은 가득했지만, 언제나 바빴던 3월은 오랜 시간 동안 습관이 된 목차에서 벗어나지 못했고, 결국 실제적 효력과는 점점 멀어져 갔다.

하지만, 목차의 형식에서 벗어나지 못한 교육계획서가 실효성이 높아지기 시작한 때가 있었다. 2007년부터 '유아교육 공공성 확보'라는 미명 아래 시작된 '유치원 평가'로 기억된다. 유치원평가 매뉴얼 기준이 되었던 교육계획서를 두고 실제로 운영되고 있는 것들을 점검했으니 그 때부터 교육계획서는 더욱 아이들의 삶을 그려내는 방향에서 멀어지고 말았다. 국가수준의 교육과정과 지역수준의 교육과정(지역수준의 편성운영지침 정도로 말해두는 것이 나을 것 같다)을 반영한 조직화된 유치원교육계획서를 기준으로 교사 또는 유치원이 교육을 위해 수행하는 실제를 평가하도록 하고 그 성실함을 교사와 기관의 책무성으로 평가했으니 결국 유치원교육계획서는 평가 매뉴얼에 담긴 모든 내용들을 더 담아내야 우수한 운영을 하고 있음을 입증하는 도구로 전락하게 되었던 것이다.

세월이 갈수록 더 조직적이고 체계적으로 작성되는 각 유치원의 교육과정은 세종시창의적교육과정 '아이다움교육과정'의 탄생으로 지금까지의 교육계획과 실제 운영에 대해 비판적 사고로 되돌아보기 시작했다. 혁신학교를 운영했던 4년 동안 두루유치원 교육과정의 변화와 속도는 굉장히 빨랐다. 세종시창의적교육과정(아이다움)에서 지향하는 방향성을 중심으로 교육과정을 공동체가 다함께 그려나가고 그 안에 실행력을 높여 성장을 일구어 나갔다.

단위유치원 교육과정은 지역교육과정의 철학과 방향성을 배경으로 우리 유치원의 아이들과 공동체에 가장 적합한 교육과정을 그려낸 것이어야 할 것이다. 이것은 결국 우리 유치원 아이들에 대한 깊은 이해와 유아교육이 나아가야 하는 본질적인 유아 중심·놀이 중심이 기반이 된 기획이여야 한다. 세종교육청 창의적교육과정의 시작은 2015년도로 거슬러 올라간다.

아이다움교육과정이란?

• 국가수준교육과정의 총론을 바탕으로 놀이와 친구를 좋아하는 아이들의 참주체적 삶을 반영한 세종특별자치시의 유치원교육과정 (세종창의적교육과정)입니다.

• 단위유치원에서는 유아의 전인발달을 지향하기 위하여 세종특별자치시의 특성과 유치원의 특수성에 맞추어 교육공동체가 함께 유아 스스로 놀이를 통해 배움이 일어나도록 구성합니다.

이런 교육과정 기획에 대한 선생님들의 관심이 많아지자 '연수원학교'를 통해 우리 유치원의 교육과정 편성·운영에 관한 내용을 함께 공유하는 시간을 가졌다. 이 원고는 연수원학교에서 '두루유치원 교육과정 함께 둘러보기' 강의 내용이 대부분이다.

지난 4월 두루유치원 연수원학교를 준비하면서 '교육과정'에 대한 선생님들의 생각을 듣고자 질문을 하고 답을 받은 적이 있는데 그 내용은 아래와 같다.

선생님들이 떠올리는 '교육과정 이야기' 속에는 문서로 정리된 교육계획서에 대한 이미지가 대부분이다. 이러한 학교(유치원)교육과정이 담고 있는 내용의 상당 부분은 국가수준의 교육과정 영역별 내용과 지도서의 활동을 중심으로 한 교육활동을 구조적으로 조직한 것이다. 이런 촘촘한 계획들의 문제점과 개선에 대한 정책연구는 그간 끊임없이 진행되어 왔다. 그래서 교육부는 국가주도의 교육과정에서 벗어나 지역중심의 교육과정에 힘을 실어주고 자율화가 실질적으로 구현되도록 교육과정을 대강화(slimmimg

1. 교육공동체가 함께 만드는 두루교육과정이 되기까지

down)시켜 수립하라고 말하고 있다.

세종창의적교육과정이란?

세종특별자치시교육청은 2015년 「새로운학교, 행복한 아이들」 비전과 「생각하는 사람, 참여하는 시민」 지표에 걸 맞는 세종형 창의적교육과정을 개발하기로 하였다. 2015년 프레임워크를 시작으로 2016년 총론 집필 마련을 위한 기획단 구성·운영하여 정책연구(정대현외. 2017)를 하고 2017년 아이다움 교육과정 시범운영, 2018년 아이다움교육과정 전면 시행하여 오늘에 이르렀다.

초, 중, 고는 '초(중, 고)등학교 세종창의적교육과정'으로 명시되지만 유치원은 '아이다움교육과정'이라 이름을 붙이게 된다.

'아이다움'의 개념은 놀이이며 놀이는 유기체가 주체가 되는 모든 행위이며, 아이다움교육과정이란 교육과정의 내용이 아닌 방향을 의미 한다. 즉, 무엇을 가르칠 것인가? 어떻게 가르칠 것인가? 하는 것을 제시하는 것이 아닌 '아이다움'이라는 대 전제를 향한 교육과정의 슬로건(방향)이다.

질문: 당신에게 교육과정이란 무엇인가?

1. 담당 업무하는 선생님에게(교무) 내 업무 중심의 문서를 전달하고 담당자는 그 자료를 수집해서 편집해 놓은 책 같아요.

2. 유치원의 1년 계획들이 체계적으로 잘 정리되어 있어요. 하지만, 너무 내용이 많아서 필요한 부분만 출력해서 보고 있어요(출력한 것-연간계획, 학사일정, 안전교육)

3. 교육과정의 내용을 보며 아이들의 수업을 계획하고 있어요. 주간교육계획을 세울 때 칸칸에 넣어야 되는 내용들을 교육과정 책을 보며 작성하고 있어요

4. 각 유치원의 특색있는 경영방침을 소개하는 책이라고 생각해요.

5. (타시도교사 답변)지역교육내용과 맞추어 짜깁기 하는 것 같아요. 저희 지역은 교육계획서를 컨설팅 받는데 우리시도교육과 안맞는 곳을 찾아 포스트잇에 붙여주면서 검사를 받는 형식이죠. 주체적으로 교육과정을 짜는 게 아니라 검사(컨설팅) 이라는 숙제를 안고 완벽한 문서를 만드는 작업 같아요

6. 교육과정이라함은 아이들과 함께 해 가는 삶의 모든 것들일 수 있는데 그것을 체계적인 문서로 담는 것이 어려운 것 같아요. 큰 아웃라인만 정해지고 그때마다 아이들과 자유롭게 교육과정을 채워가고 싶어요.

'두루유치원 교육과정' 변화를 기록하다

○ **2015 두루교육계획**

두루유치원 교육과정도 변화의 과정을 거듭하며 오늘에 이르렀다. 개원했던 2015학년도의 교육과정은 여느 유치원과 다를 바 없는 익숙한 문서의 형식과 내용으로 구성되었다.

1. 교육계획의 기반-기조, 기저, 원장의 경영관
2. 교육목표 및 교육중점
3. 교육과정 편성. 운영
4. 영역별 목표 및 내용 편성 운영
5. 주요교육활동
6. 특색교육활동 운영
7. 교육과정 운영 지원
8. 교육과정 평가
부록

『두루유아교육 2015』를 보면 '창의와 인성으로 아름다운 세상을 꿈꾸는'은 두루유치원 교육의 목표(비전)고 원장의 경영관은 '창의와 인성을 키워주는 두루교육'이다. '창의·인성'은 그 당시 교육의 화두였다는 것을 알 수 있다. 이를 실천하기 위한 유치원의 핵심적 덕목인 원훈은 '바르게 다함께 행복하게'로 기록되어 있다.

지금에 와서야 낯설게 느껴지지만 '원장의 경영관', '원훈'이라는 말은 그야말로 교육의 주체들이 수동적 행동을 하는 용어였음을 알 수 있다. 그동안 의문 없이 사용했던 것은 아이들과 하고 싶은 것들에 대해 교육공동체가 함께 고민하지 않았음을 말하고 있는 것이다.

2013 누리과정 지도서에 나와 있는 생활주제 자료를 활용하여 연간교육계획을 세

2015학년도 만5세 연간교육계획

월	주	생활주제	주제	월	주	생활주제	주제
3	1	유치원과 친구	두근두근설레는 환경	9	1	교통기관	교통기관의 종류와 고마움
	2		유치원에서의 하루		2		교통기관의 변천과정과 구조
	3		유치원과 교통생활		3		교통통신과 교통생활
	4		함께 만드는 유치원		4	환경과 생활	돌·흙과 우리생활
4	1	봄	봄	10	1		물·바람 소리와 우리생활
	2		봄의생활		2		빛과 소리와 우리생활
	3	동식물과 자연	동식물과 우리의 생활		3	가을	가을의 변화
	4		자연과 더불어 사는 우리		4		가을의 생활
5	1	나와 가족	나의 몸과 마음	11	1	우리나라	우리나라의 놀이와 예술
	2		소중한 나와 소중한 가족		2		우리나라 사람들의 생활
	3		가족의 생활과 문화		3		우리나라의 역사와 자랑거리
	4		고운말과 모습과 생활		4	세계여러나라	세계 여러 나라의 문화유산
	5	우리 동네	우리 동네 사람들		5		세계의 자연과 사회현상
6	1		우리 동네 전통과 문화	12	1	겨울	겨울의 변화
	2	건강과 안전	즐거운 운동과 휴식		2		겨울의 생활
	3		맛있는 음식과 영양		3		겨울방학
	4		안전한 놀이와 생활		4	겨울	즐거운 겨울방학
7	1	생활도구	다양한 생활도구와 힘	2	1	유치원과 친구	즐거웠던 유치원
	2		생활도구로서의 미디어		2		초등학교에 가요
	3		여름의 날씨와 생활					
	4	여름	여름방학과 안전					
8	5		즐거웠던 여름방학					

1학기: 2015. 3. 1. ~ 2015. 8. 30(100일).
2학기: 2015. 8. 31 ~ 2016. 2. 29(90일).
교육일수: 190일

2015학년도 만 5세 주간교육계획

3월 3주 교육계획안

기간 : 2015. 03. 16. ~ 03. 20.(5)   044)903-2900

생활 주제	유치원과 친구		주 제	유치원에서 만난 친구	
목 표					
기본생활습관	놀이규칙 지키기				
안 전 교 육	친구가 싫어요(성안전)				

요일 / 날짜	16(월)	17(화)	18(수)	19(목)	20(금)
소 주 제	친구와 함께하기	친구 이름 알기	친구의 다른 점 알아보기	친구와 사이좋게 지내기	

※ 본 교육계획은 유치원의 실정에 따라 변경될 수 있습니다.

2015학년도 만5세 일일교육계획

생활주제	우리나라	주제	우리나라의 놀이와 예술	일일주제	우리나라의 옛 이야기
활동목표					
교육과정 관련요소					

시간/활동명	활동목표	활동 내용	자료 및 유의점
(~ 09:00) 등 원			
(09:00~09:10) 함께 모이기			

활동 과정	활동목표	활동 내용	자료 및 유의점
(10:20~10:40) 바깥놀이			
(10:40~10:50) 손씻기 및 화장실 다녀오기			

윘고, 그에 따른 주간교육계획과 일일교육계획을 수립하였다.(하루의 목표 뿐 아니라 활동마다 명확한 목표가 제시되게 계획하며, 적게는 1장 많게는 3장 이상 계획한 경우도 있다)

일일교육계획을 보면 교사가 어떻게 치밀하게 계획을 세워 빈틈없는 하루일과를 운영하려고 노력했는지 알 수 있다. 결재를 위한 문서였다면 기존 계획에 날짜를 바꿔 복사+붙이기를 했었는지도 모른다. 위의 일일교육계획안을 살펴보면 아이들의 흥미와 자율성이 전혀 느껴지지 않는다. 어쩌면 2019 개정 누리과정의 유아 중심 · 놀이 중심이 어쩌면 이러한 일일교육계획의 반란으로부터 시작되었다고 해도 과언이 아닐 듯싶다.

지난 날의 일일교육계획은 자율적으로 배우고 세상과 관계를 맺어가는 유아에게 자신들이 알아가고자 하는 욕구를 표출할 수 있는 기회가 박탈된 목표중심적인 교사의 계획들이었다. 교사가 제안한 놀이(활동)와 유아가 주도적으로 이끌어가는 놀이(활동)가 뒤섞여 자유로운 흐름의 배움 과정이 나타나려면 이러한 일일교육계획이 아닌 하루일과의 흥미롭고 자연스러운 흐름을 나타내는 '새로운 방식의 기록들'이 절대적으로 필요했다. 두루유치원도 2016년도부터 일일교육계획을 사전에 계획하지 않고, 사후 '일과정리'를 하기 시작했다.

○ **2016 두루교육계획**

1. 교육계획의 기반-기조,기저,원장의 경영관
2. 교육목표 및 교육중점
3. 교육과정 편성.운영
4. 영역별 목표 및 내용 편성 운영
5. 주요교육활동
6. 특색교육활동 운영
7. 교육과정 운영 지원
8. 교육과정 평가
부록

2016학년도 교육계획은 원장 선생님께서 직접 작성하셨다. 2016년 혁신유치원 1년 차 운영이 시작되고 어떤 방향으로 유치원 운영을 계획해야 하는지에 대한 고민과 부담이 상당하셨을 것이다. 그해 교무업무를 지원하기 위한 목적도 있었지만 더 나은 교육과정을 수립하기 위한 욕심도 있었을 것이다. 전국에 있는 유치원 교육과정 중 잘 기획된 것들을 직접 찾아보시고 참고한데다 세종시혁신학교 방향과 철학이 담긴 내용이 추가되었으니 2015년도보다 더 많은 내용과 계획들이 늘어날 수밖에 없었다.

혁신유치원 시작. 두루유치원 헌장과 교육과정 의미 정리하기

2016학년도 두루교육계획의 첫 페이지에는 두루유치원 헌장이 나와 있다. 혁신학교 4대과제를 반영한 교육공동체의 약속들을 정리함으로써 유치원 운영의 변화를 위한 밑그림 그리기를 시작한 셈이다.

두루유치원 헌장

(전문)

두루유치원는 2015년 3월 개원하고 2016년 혁신유치원 지정된 유치원으로서 현재 190명의 새싹들이 사랑과 꿈을 키워가는 행복 자람터이다. 유아, 학부모, 교사 등 모든 구성원이 서로 존중하고 함께 나눔과 즐거움 속에서 행복한 유치원을 만들기를 위해 노력한다. 이를 위해 유아교육법 제 12조, 제13조, 제14조 및 유아교육법시행령 제 11조, 제 12조, 제 13조, 제14조, 제 15조, 세종특별자치시교육청 고시 제 2016-016호에 의거 유치원헌장을 제정하며 이에 근거하여 우리는 구성원의 참 배움과 성장 중심의 교육을 실현하고 미래와 더불어 현재의 행복한 삶을 살게 하는 교육을 실천한다.

1장 유치원철학과 문화

1조 우리는 협력, 공동체, 다양성, 능동적 교육철학을 지향하고 실천한다.

2조 우리는 구성원들의 자발적인 참여와 소통을 바탕으로 민주적인 토론과 협의의 과정을 중시하고 교원협의회를 통해 결정된 사항을 실천한다.

3조 교육구성원 모두는 민주적인 리더십을 발휘하여 자율적인 유치원 문화를 조성하고 교육과정 중심의 유치원을 만들기 위해 적극 노력한다.

4조 우리는 서로의 다양성을 인정하고 존중하며 유치원의 가치를 지키기 위해 책임을 다한다.

2장 유치원 운영

1조 주요 교육 활동의 기획 및 운영은 유치원 비전에 근거하여 연령 중심의 스몰스쿨제로 자율적으로 운영하며 정기적인 만남을 통해 협력하고 공유한다.

2조 교사 전문성 신장을 위해 유치원, 연령 단위로 학습공동체를 구축하고 공동 연구, 공동 실천을 통해 모두의 성장을 추구한다.

3조 유치원 행정과 예산은 유아, 교사, 학부모의 교육활동 지원을 우선으로 한다.

3장 교육과정

1조 발달에 적합한 연령별(3, 4, 5) 누리 교육과정 운영과 수요자 방과후 과정 운영과 함께 교사, 유아들이 배움 삶을 연결하여 협력이 일어나도록 교육과정을 재구성한다.

2조 우리는 유아 평가 등은 유아의 전인적 성장 발달을 실현하기 위한 과정으로 생각한다. 그러므로 경쟁에서 협력으로, 결과중심에서 과정중심으로, 자신의 생각을 보다 깊고 넓게 표현할 수 있도록 하는데 중점을 둔다.

3조 우리는 다양한 체험과 생태ㆍ문화예술 교육을 통해 유아들의 감수성과 생명존중을 기른다.

4조 유치원은 유아들이 쾌적한 환경 속에서 자신의 꿈과 끼를 마음 껏 펼칠 수 있도록 열어주는 교육의 장을 제공한다.

4장 원아생활

1조 교사는 유아들이 유치원 안 어디에서나 안전하고, 차별 받지 않도록 노력하며, 상호 존중과 배려의 교실공동체 문화를 만들기 위해 노력한다.

2조 유치원은 유아들의 개개인의 성장을 위해 가정과 연계한 공동체를 구성하여 이루어지도록 노력한다.

3조 유아는 함께 만든 규칙을 준수하여 존중과 배려의 학급문화를 만들기 위해 노력한다.

5장 대외협력

1조 학부모는 유치원교육에 대한 권리와 책임을 동시에 갖는 교육의 주체로서 자발적으로 유치원교육에 참여하고 지원한다.

2조 유치원은 지역과 연계하여 협력하는 문화를 만들기 위해 힘쓴다.

2016. 두루유치원 교육과정의 의미

두루유치원 구성원들은 합의와 성찰에 의한 유치원 공동체의 철학과 실천의지를 담은 지속가능한 혁신유치원을 위한 교육과정을 만들어 가고자 한다. 교육과정이라는 그릇은 쉽게 금가거나 깨지지 않게 튼튼해야하며 그릇에 담을 내용은 미래사회 구성원인 우리 유아들이 신체적, 정신적으로 안정된 환경에서 자기주도적으로 문제를 해결하는 창의성, 존중과 배려, 행복한 삶을 꿈꾸는 미래의 삶과 연결되어야 한다. 또한 그 내용을 실천하는 과정은 유아-교사의 두터운 신뢰 관계 형성으로 시작되어야 한다.

두루유치원 구성원별 교육과정 지향성은 유아는 서로를 배려하고 존중하며 협력과 나눔을 통해 더불어 살아가는 바른 인성과 창의를 배울 수 있는 교육과정을 추구한다.
교사는 개방과 공유를 통한 동반 성장을 도모하며 서로 묻고 함께 답하는 집단지성과 솔선수범의 실천을 통해 몸으로 가르치는 교육과정을 추구한다.
학부모는 기존의 조력자, 관찰자의 역할에서 벗어나 다양한 교육과정 지원단 역할로 교육과정에 직접 참여하며 지원과 더불어 학부모 전문가 양성의 교육과정을 추구한다.

교육과정의 다양화, 정교화를 위해 지역사회의 자연환경, 인문환경을 적극 활용하며 지역사회와 함께 발전하는 혁신유치원 모습을 추구한다.
배움과 나눔, 배려와 존중의 유치원 문화 속에 행복의 유치원 핵심 가치를 모두가 공유하며 교사 개개인 모두가 자율적 존재임을 자각하고 솔선수범을 통해 그 책임을 다한다.
일방적 지시 및 다수결에 의한 승부내기 식 의사결정 문화를 벗어던지고 공공성에 입각한 대화와 협의, 토론을 통한 성숙한 의사결정을 할 수 있는 민주적 자치공동체를 형성한다.
행정업무 중심의 유치원 조직을 최대한 학습조직화로 구축하고 개별 교사 중심의 연구 풍토를 버리고 동료와의 신뢰성을 기반으로 하는 집단지성이 살아있는 공동 연구 풍토를 조성함으로써 개방과 공유를 통한 동반 성장이 가능한 전문적학습공동체를 구축한다.
유치원이 배움의 기쁨을 누리며 서로 배려하며 신나게 어울릴 수 있는 공간으로 몸과 마음을 튼튼하게 키울 수 있는 교육내용, 교육방법, 교육평가가 이루어지도록 노력을 한다.
새로운 시각과 융통성 있는 사고력을 신장시킬 수 있는 내용과 유아-유아, 유아-교사, 유아-상황 등의 교류를 통한 배움이 일어날 수 있는 방법과 성장과 배움을 추구하는 교사별 상시평가를 실시한다. 이를 위해 교사들의 자기 수업 성찰과 수업 나누기를 체계화 한다.

두루유치원 교육과정을 통해 유아, 교사, 학부모, 지역사회가 함께 배우고 성장하며 배움과 나눔을 실천하는 참삶을 만들어가는 행복한 교육을 만들어 나간다.

'두루유치원 헌장'과 '교육과정의 의미'를 읽어보면 2016 두루교육계획은 교육과정 재창조의 첫발을 뗀 기록이라고 볼 수 있겠다. 문서의 내용에서 여전히 원장의 경영관 (교육공동체의 아름다운 동행으로 놀며 배우는 행복한 유치원)은 존재하고 교육 방향을 담은 구호들이 하나로 정리되지 않았다. 그러나 '두루유치원 교육과정 의미'를 생각해 봄으로써 우리 유치원 교육과정의 철학과 비전을 세우는 이유를 찾게 되었다는 점에서는 매우 고무적인 일이었다.

2016 두루교육계획 속 다양한 구호!

- 바라는 인간상: 더불어 배우며 미래를 일구는 인간 육성
- 교육비전: 놀며 배우며 함께 하는 두루교육
- 원장경영관: 교육공동체의 아름다운 동행으로 놀며 배우는 행복한 유치원
- 교육철학: 나누는 기쁨과 함께하는 즐거움을 실천하는 유치원
- 원훈: 바르게 다함께 행복하게
- 기타: 꿈과 끼를 키워 미래를 준비하는 두루교육(창의인성중심의 교육과정)

함께 묻고 답하는 두루유치원 교육과정 로드맵

구분	항목	내용	방법	일시	대상	장소
1단계 (유치원 철학 세우기 및 비전 공유)	1	유치원 교육과정 평가 및 검토	협의	2015년 12월	전직원	원장실
	2	교육과정 중심 유치원토론회	토론 및 협의	2016년 1, 2월 2주	전직원	원장실
	3	유치원 철학 세우기 및 비전공유	토론 및 협의	2016년 2월	전직원	학습 준비물
2단계 (유치원 철학 구체화 하기)	4	교육 목표 중점 활동 구체화하기	토론 및 협의	2016년 2월	부장 및 교사	학습 준비물
	5	교육활동 제안과 수정	토론 및 협의	2016년 2월	전직원	학습 준비물

	6	교육과정 만들기 유치원 목표 및 중점 활동, 특색사업 수립	연령 협의	2016년 1-2월		연령 단위 협의
3단계 (연령 및 영역별 활동 재구성 하기)	7	연령 및 영역별 활동 재구성하기	연령 협의	2016년 2월	연령	연령 단위 협의
4단계 (평가 및 개선 협의)	8	교육과정 평가 및 개선을 위한 대토론회	워크숍 및 설문	2016년 4월, 12월	연령 전직원	강당
	9	대책 수립 및 결과 피드백	대토론회	2016년 4월	전직원	강당

2016학년도 두루유치원 첫 교육비전 만들기 요약

가. 유아, 학부모, 교사, 유치원에 대한 우리의 생각 꺼내보기

1) 우리가 바라는 아이들은? (유아상)
  – 남을 배려하는 아이, 감정을 공감하는 아이, 자기 생각을 잘 표현하는 아이
2) 우리가 바라는 학부모는?(학부모상)
  – 사전 학부모 설문 참고
  – 교사를 존중하는 학부모, 유치원과 협력을 가지고 공동체 의식을 가진 학부모
3) 아이들이 바라는 교사는?(교직원상)
  – 재밌게 놀아주는 선생님, 이야기를 잘 들어주는 선생님
4) 우리 모두가 바라는 유치원의 모습은?(유치원상)
  – 즐겁고 행복한 유치원, 모든 사람이 소외되지 않는 유치원, 공동체로 협력, 소통하는 유치원

나. 비전을 세우기 위해 제일 많이 나온 중심 키워드는?
– 비전 속에는 유치원의 모든 주체(유아, 학부모, 교직원)이 다 담기도록 하기

1) 아이: 배려, 사랑, 공감, 행복
2) 부모: 존중, 협력, 아이사랑, 행복
3) 교직원: 경청, 존중, 이해, 친절
4) 유치원: 행복, 사랑, 소통, 협력

다. 키워드를 넣은 비전 문장 만들어보기

1. 사랑하는 마음으로 남을 배려하고 존중하는 행복한 유치원
2. 아이들을 사랑하는 사람들이 만든 아이들이 행복한 유치원
3. 존중과 협력 속에 사랑으로 하나 되는 유치원
4. 공감과 이해를 바탕으로 경청하고 존중하는 유치원
5. 서로 사랑하며 존중하는 마음으로 모두가 행복한 유치원
6. 스스로 배우고 함께 성장하는 행복한 학교(교육공동체)
7. 존중과 배려로 행복한 유치원
8. 서로 사랑하며 더불어 배우는 삶 속에 모두가 행복한 유치원
9. 나누는 기쁨과 함께하는 즐거움을 실천하는 유치원
10. 나와 네가 즐거운 유치원

★가장 많은 교원이 공감한 문장 (2016학년도 두루유치원 비전)
"나누는 기쁨과 함께하는 즐거움을 실천하는 유치원"

교육과정을 수립하기 위해 위와 같은 로드맵과 교육비전을 작성하여 운영하였지만 실행에 있어서 큰 변화는 가져오지 못했다. 교원들의 경력 차이도 있었고, 혁신학교 연수에 적극적으로 참여했던 교사와 이해의 차이도 있었으며 우리 자신의 교육철학도 또렷하지 않았기 때문이었다고 생각된다.

다만, 빈틈이 없었던 2015학년도 주간교육계획의 자유선택활동은 요일로 나누어 영역활동을 계획했다면 2016학년도에는 일주일 단위로 제시하였다. 또, 고정된 대소집단활동에 계획한 활동을 요일별로 입력했던 것을 2016학년도에는 빈칸에 대한 부담감을 덜어내기 위해 문서의 형식을 달리 구성하였다.

2015주간교육계획

요일 / 날짜	16(월)	17(화)	18(수)	19(목)	20(금)
소 주 제	친구와 함께하기	친구 이름 알기	친구와 다른 점 알아보기		친구와 사이좋게 지내기
쌓기놀이영역			블록으로 친구 탑 쌓기		
역할놀이영역			우리는 쌍둥이 친구		
언어영역	친구 얼굴 막대 인형 놀이			친구의 이름에서 모양 찾기	
수·조작영역		친구 얼굴 찾기		친구와 사이좋게 놀이하기	
과학영역		친구 손바닥 둘러보기		거울로 친구 얼굴 완성하기	
미술영역	명화감상- '김홍도의 서당' 따라그리기		모션 판토로 만든 친구 손 내손	색종이 접기 - 나비접어 꾸미기	
음률영역				친구와 함께 연주하고 녹음해요	
이야기나누기	주말지낸 이야기	친구와 함께 놀이하고 싶어요	친구와 나의 같은점, 다른점	명화감상 -김홍도의 서당	'언니랑 동생여행'
동화·동시·동극	동시)우리는 친구	동화)내 자녀 책 입어주기	동화) 우리 같이 놀자	동화) 내 친구 예슬이	누가 누가 무겁나
음악		우리 우리 친구			(행님 안아주기, 동생 업어주기)
신체·게임	신문지로 신나게 놀아요	게임) 우리 반 친구의 이름을 알아요	게임) 어떤 친구일까요?	친구와 함께 걸어요(협동작품)	
바깥놀이			친구와 함께 콜라후프 놀이해요		

2016학년도 만 5세 주간교육계획

소 주 제	유치원에서 만난 친구				
안전교육	유치원 주변에서의 안전 / 따라가면 안되요 / 횡단보도 5원칙				
자유선택활동	언 어 - 친구 표정속에 담긴 마음은? / 고마워, 미안해 수조작-두루 친구를 모여라 / 퍼즐블록속의 친구 만들기 미 술 - 좋아하는 친구모습 꾸미기 / 친구 얼굴 접기 과 학 - 얼마나 높아났을까? / 친구의 물건 관찰놀이 음 률 - '딱 하나만 비교' 노랫말 바꾸기 / 마데츠리 멜린과 감상하기 역 할 - 친구 소대하기 쌓 기 - 친구와 사이좋게 함 쌓기				
요 일	월	화	수	목	금
대·소집단활동	<이야기나누기> 블록놀이의 약속	<이야기나누기> 친구와 나의 같은 점과 을 찾아요	<이야기나누기> 친구와 나의 다른 점을 찾아요	<이야기나누기> 서로의 마음을 알아요	<이야기나누기> 예쁘고 고운 말을 사용해요
	<블록놀이> 친구와 놀이에요	<동화> 소라의 새 친구들	<동시> 만약 친구가 없다면	<동화> 무지개물고기	<동극> 무지개물고기
	<블록놀이> 친구와 놀이에요	<게임> 친구 이름 찾기	<미술> 고운말 카드 만들기	<게임> 릴레이 기차놀이	나의 친구 이름 부르기
	<블록놀이> 친구와 놀이에요	<신체> 친구하고 마주보고	<oo때> 꼭짝앉네	<신체> 들이 하나를 만들어요	<oo때> 친구야 외!
바깥놀이	친구와 함께 징검다리 건너기 / 친구와 달리기				

> 2015학년도 주간교육계획안을 작성하는 것에 굉장한 부담감이 있었습니다. 대·소집단 활동을 계획할 때 모든 활동을 다 할 수 없음에도 불구하고 빈칸을 남겨두면 아이들이 다양한 활동을 경험하지 못한 것처럼 느껴졌거든요. 2016년도에는 선생님들과 협의하여 주간교육계획 양식을 바꾸었더니 빈칸은 없어졌지만 여전히 활동이 많아 고민은 되었습니다.
>
> -경력2년차 C교사-

학부모 다모임의 시작

두루유치원의 교육철학인 '나누는 기쁨과 함께하는 즐거움을 실천하는 유치원'을 실현하고자 참여와 소통을 위한 학부모회 운영이 필요했다. 따라서 학부모들이 교육공동체의 일원으로 교육활동에 능동적으로 참여하여 두루유치원 교육발전에 도움을 주고자 하는 모임을 계획하였다. 하지만 2016학년도 두루유치원의 학부모다모임은 제대로 운영할 수 없었다. 학부모를 교육공동체로 인정하기에 서로가 준비되지 못했기 때문이다. 교육운영에 대한 수많은 민원과 소통의 어려움으로 '학부모'라는 존재는 두려움의 대상이었으며 함께 교육과정을 공유하기에는 입장 차이가 너무나 컸다.

'교사전달'에서 '배움중심'으로

교수학습방법이라는 말은 교사들에게 익숙한 용어다. 동료장학과 학부모수업공개에서 보여지는 교사의 수업이 일상의 교실수업과 다르지 않아야 한다면 그동안 교수학습방법은 무엇이 문제였을까?

누군가 내 수업을 들여다본다고 생각하면 교실에서 교사행동은 훨씬 더 부자연스럽게 변할 수밖에 없을 것이다. 면밀히 살펴보면 수업을 참관하고 있는 대상(동료교사나 학부모)에게 맞춰진 '관점' 때문일 텐데 그것이 곧 평가로 연결되고 교사 능력의 잣대가 되어졌다.

공개되는 수업장면은 교사와 유아간의 인간적인 일상이 드러나지 못한다. 우리의 교육이 다양한 감각을 통해 유아들이라는 존재와 끊임없이 관계를 맺어가도록 자유로운 환경이 펼쳐져야 하는데 지금까지의 수업은 구조적이고 부자유스러운 환경으로 설정되어 있다. 유아의 자율성이 존중되기 보다는 목표중심의 교사 수업기술(skill)이 우선되었기 때문에 마치 교사는 장기 자랑하는 사람이 되고 참관자는 그 능력을 기록하는 경우가 대부분이다.

이런 문제점을 해결하기 위해 2016학년도에 자율장학 계획을 '배움중심수업' 연수로 추진하였고 이는 수업에 새로운 변화를 불러오게 된 계기가 되었다.

교육과정 덜어내기

혁신유치원 1년차를 보내면서 끊임없는 협의와 평가를 통해 교육기획의 문제점들을 발견하게 된다. "혁신은 더하기가 아닌 빼기부터 시작하라!"는 말이 있듯이 너무나 무거웠던 2016 교육과정이 혁신학교 철학과 괴리가 있었기 때문에 계획과 실행이 일치

하지 않은 점들을 찾아내고 싶었다. 그래서 차기년도(2017)교육과정을 새롭게 기획하기 위해『교육과정에 돌직구를 던져라』(정성식, 2014)를 참고로 교사 워크샵을 진행하였다.

이 워크샵에서는 우리의 교육과정에서 덜어내야 하는 것은 무엇인가? 우리가 할 수 있는 것들은 무엇인가? 유아의 삶을 담는 교육과정을 어떻게 드러낼 수 있을까? 그리고 유치원경영이 아닌 교육공동체가 함께 바라보는 교육계획은 무엇일까? 라는 질문을 논의했다.

첫째, 교육과정을 덜어내기 위해 2016학년도 교육활동 중에서 '교육적인 것, 교육이 아닌 것, 교육은 아니지만 해야 할 것, 교육을 위해 해서는 안 될 것'으로 분류하여 구성원들의 의견을 모았다. 판단의 기준은 '교사와 학생의 성장'이며 교사와 학생이 모두 성장했다면 교육적인 것으로 분류했다.

교원들이 다 함께 모여 워크샵하는 것이 익숙하지 않았던 때였고 우리 스스로가 더 깊은 교육적 고민을 하는 작업이 서툴렀기에 교육과정을 덜어내는 작업은 시도해 보는

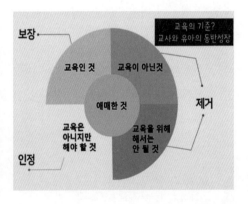

것으로도 큰 변화를 가져왔었다고 생각했다.

표의 내용을 보니 '교육이 아닌 것 (제거)'에 '혁신연수'가 들어 있다. 워크샵 때 이구동성으로 의견을 냈던 이유를 들어보니 혁신학교 1년차를 보내면서 너무나 많은 연수를 듣게 되었는데 시간이 지날수록 의무적으로 자리에 앉아만 있었을 뿐 수용할 수 있는 용량을 초과했다는 평가가 있었다. 또한 교육과정 평가 내용에서 2016년 공동체가 함께 비전을 수립하였지만 수정이 필요하다고 느껴 2017학년도 비전에 대해 다시 고민하였다.

2017학년도 교육계획에 담긴 목차를 살펴보면 확연하게 달라진 구성을 살펴볼 수 있다. 교육계획 속에 담겨진 내용이 대강화(slimmimg down) 되었고, 많은 것들이 덜어진 대신 명확한 방향성이 드러나기 시작했다. 얇아진 두루교육계획에 드러내지 못한 연령

○ **2017 두루교육계획**

별 교육활동은 별도의 문서로 작업하였고, 유아의 현재 상황을 이해하고 도와주기 위한 교육과정의 연장선에서 성취중심의 결과 평가보다는 변화과정을 진술하는 평가의 내용을 기록하기 위해 '행복한 우리반 이야기' 라는 노트를 만들었다. 이 속에는 학급교육활동 및 유아관찰 기록 내용이 담겨 있다. 그러니까 두루유치원의 교육과정은 1. 2017 온두루교육계획 2. 연령별교육과정 3. 행복한 우리반 이야기 등의 세 가지로 볼 수 있겠다.

2017 두루유치원 비전 세우기

　두루교육은 교육공동체(유아, 교직원, 학부모)의 의견을 모아 실질적으로 반영하기 위해 고민하였고, 유아교육 본래 의미와 역할을 찾아가는 유아 중심 교육과정 구성을 통해 모두에게 따뜻하고 안전한 배움과 돌봄, 삶의 공간으로, 다니고(보내고) 싶은 민주적 유치원으로 만들기 위해 아래와 같은 공동체의 목표와 생각을 교육계획에 넣게 되었다.

　학년 말 평가 이후 새롭게 수립한 교육비전은 우리 교육과정의 방향을 제시해 주었고 이러한 방향을 근거로 교육과정 재구성에 대한 도전을 하게 되었다. 국가수준의 교육과정의 지도서에 있는 순서에서 벗어나 아이들의 삶을 들여다보며 통합적 생활주제와 엮어보게 되었다. 한편 유치원이라는 기관을 다니는 유아들에게 3월부터 다음해 2월까지의 시간의 흐름을 분기별 카테고리로 정리되는 단어(처음-자람-고마움-나눔)를 아래와 같이 추출했다.

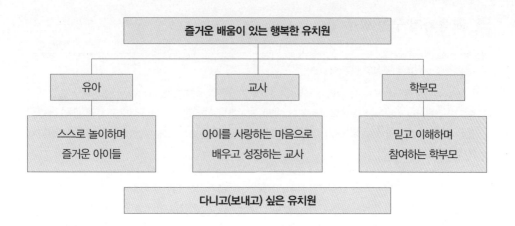

즐거운 배움과 성장이 있는 유치원	건강한 몸과 따뜻한 감성을 지닌 아이들
• 연령별 교육과정 구성이 여유롭고 발현적인 유치원 • 다양한 체험활동이 있는 유치원 • 프로젝트 활동을 통해 심도 있는 배움을 키워가는 유치원 • 자연 속에서 유아가 커가도록 하는 유치원 • 아이들이 자발적으로 놀 수 있는 유치원 • 교사가 공부하는 유치원 • 유아를 지원 할 수 있는 평가를 하는 유치원 • 선생님이 이야기를 잘 들어주는 유치원	• 따뜻하고 안전한 유치원 • 감성을 건드려주는 유치원 • 유아들이 마음껏 뛰어노는 유치원 • 책을 좋아할 수 있도록 도와주는 유치원 • 아이들과 잘 놀아주는 유치원 • 아이들이 편견 없이 잘 어울리는 유치원 • 안심하고 아이를 맡길 수 있는 유치원 • 바깥놀이 많이 하는 유치원 • 밥이 맛있는 유치원

행복한 교육공동체가 함께 만들어 가는 유치원	
• 친절한 유치원 • 엄마아빠랑 함께 놀 수 있는 유치원 • 소통이 잘 되는 유치원 • 편안하게 관계 맺는 유치원 • 서로 협력하고 배려하는 유치원	• 인성교육에 힘 쏟는 유치원 • 마음 편하게 생활할 수 있는 유치원 • 기본과 기준을 지키는 유치원

교육과정 구성 범주

○ **연령별 교육과정 구성의 범주(FGTD)**

유아와 유아를 둘러싼 사람과 자연 생태의 관계성에 기반을 두고, 더불어 함께하는 삶이 매우 즐겁고 중요한 경험이라고 느끼는 것에 중점을 두어 5개 누리과정의 신체운동·건강, 의사소통, 사회관계, 예술경험, 자연탐구 5개 영역의 목표와 내용을 유아 주도 활동으로 융통성 있게 운영할 수 있도록 재구성하였다.

처음 **Frist**	봄의 따스한 계절감과 유치원생활의 첫출발이라는 의미를 담았다. 유아를 둘러싼 물리적·인적·자연 환경을 탐색(자연탐구)해보고, 선생님·친구들과 긍정적인 관계(사회관계)를 형성하여 새로운 환경에 잘 적응하고, 자발적으로 활동을 선택하여 참여·탐색하고, 집단생활에서 지켜야 할 규칙과 약속(의사소통)을 함께 만들고 지켜나가는 것에 중점을 둔다.
자람 **Growth**	여름의 건강한 계절감과 깊어가는 유아성장을 의미한다. 스스로에 대한 기초적인 호기심(자연탐구)과 이해를 바탕으로 주변 환경(친구, 가족, 마을, 생태 등)에 대해 관심과 흥미를 가지고 구체적이고, 참여적이며, 체험 중심(신체운동·건강)의 활동으로 탐색하는 기회를 가지며, 궁극적으로 나와 친구, 가족, 자연생태의 성장을 긍정적으로 바라볼 수 있는 것에 중점을 둔다.
고마움 **Thanks**	가을의 풍성한 계절감과 유아가 생활 속에서 친숙하게 접하는 환경(사람, 자연, 문화, 의식주 등)을 관계성을 고려한 다른 시각으로 생각해 보는 경험(사회관계)을 의미한다. 유아를 둘러싼 환경의 존재와 변화과정에 대한 관심과 체험의 경험을 통해 생활과의 연관성을 좀 더 깊게 생각(의사소통)해 보고 표현해보는 것(예술경험)에 중점을 둔다.
나눔 **Distribute**	겨울의 편안한 계절감과 한 해의 마무리를 의미한다. 그동안 놀이를 통한 유아의 배움과 유아를 둘러싼 환경(사람, 자연 등)과의 교감(자연탐구)은 무엇이었는가를 함께 생각(의사소통)해보고, 그것을 나누는 경험을 통해 즐거움과 기쁨을 확장해 보는 것에 중점을 둔다.

4부 아이다움교육과정

두루교육의 구현 내용

철학과 교육과정은 맞닿아 있다. 철학이 추구하는 것은 결국 인간의 삶이다. 우리가 유치원에서 가져야 할 의문은 무엇인가? 유치원에 있는 것(존재)과 유치원에서 이루어지는 것(행위)의 가치와 의미에 대해 정립해보았다.

비전	즐거운 배움이 있는 행복한 유치원
유아상	스스로 놀이하며 즐거운 아이들
교사상	아이를 사랑하는 마음으로 배우고 성장하는 교사
학부모상	믿고 이해하는 학부모
배움	자발적 흥미와 관심을 바탕으로 즐겁게 성장하는 것
가르침	유아의 행복한 삶을 위해 스스로 배워가도록 조력하는 것
평가	배움 속에서 유아가 행복했는지 알아보는 과정

'2017 두루교육과정'의 가장 큰 특징 중 하나는 172페이지였던 내용을 37페이지로 줄였다는 점이다. 문서의 형식과 내용을 양적으로 축소했을 뿐만 아니라 질적으로 적정하게 조절하고 학교교육과정이 업무담당자의 것도 아닌 구성원 모두가 이해하기 쉬운 내용과 방식으로 기록했다.

두루교육 구현 마인드맵

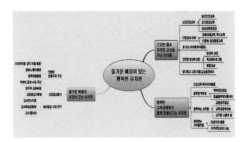

변화는 있었지만 여전히 아쉬운 연간·주간교육계획

2017학년도 두루교육계획을 평가하며 누리과정지도서의 교육내용을 벗어나지 못했던 것을 발견했다. 물론 누리과정지도서의 예시된 생활주제가 잘못되었다는 것이 아니라 우리에게 익숙하게 자리 잡은 교육활동의 습관도 문제였고, 교사의 교육과정 재구성에 대한 깊은 고민도 미흡했기 때문이었다. 여전히 교사는 배움 주제를 중심으로 주간교육활동을 사전에 계획하게 되고 목표중심의 교육을 교실에서 실행했었다고 평가했다. 유아에게 주도권을 좀 더 많이 넘겨주고 유아가 이끄는 놀이를 존중하기 못했다는 교사들의 평가가 있었다. 처음-자람-고마움-나눔의 범주를 4분기로 나누고 익숙한

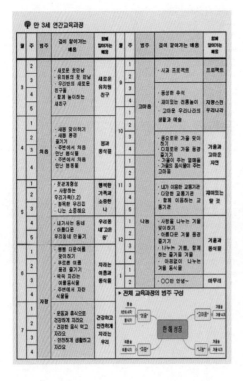

만3세 연간교육계획과 주간교육계획-2017 두루교육계획 중

누리과정 생활주제를 월별로 짜놓은 격이라 교육공동체가 처음 비전을 세웠을 때의 방향에 좀 더 접근하지 못했다는 아쉬움이 있었다.

교육과정을 기록하는 '행복한 우리반 이야기'

주간교육계획안을 작성하고 학부모님들께 발송을 하다 보니 교육활동을 계획한 대로 잘 실행했는지 조바심이 있었고 그러다보니, 선생님이 미리 만든 완벽한 시간표로는 아이들의 생각과 주도성이 담긴 하루일과를 담을 수 없다고 평가했다. 또한, 2017학년도에 추가적으

우리반 학급일기

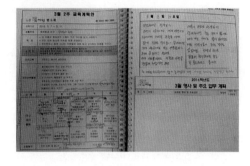

로 수립한 연령별교육과정의 내용은 과거 교육과정의 교육계획의 형식과 내용에서 벗어나지 못한 아쉬움이 있었으며 연령의 철학을 담은 깊은 고민이 더 필요하다고 생각했다.

왼쪽 주간교육계획 출력한 곳에는 한 주의 수업목표와 요일별 교육활동을 점검하며 잘 실행했으면 동그라미 표시하고 활동한 내용을 간략하게 적는 방법을 사용했습니다. 그리고 오른쪽 면 유아를 관찰하는 내용은 주로 제 수업진행에 대한 유아의 반응을 기록했고 유아의 부정적 행동수정에 대해 어떻게 지원해야 할지에 대한 내용이 대부분이였어요.

-경력2년차 L교사-

○ **2018 두루교육계획**

어느새 혁신학교 3년차가 된 두루유치원 교육과정은 중장기발전계획의 '발전기'까지 와 있었다. 3년차에는 1. 민주적 유치원문화 정착, 2. 연령별교육과정의 다양화, 3. 유아 중심 수업활동의 일상화가 주된 과제였는데 그보다 여전히 고민되었던 것은 두루 교육삼주체(교사, 학부모, 유아)가 쉽게 이해하고 공감할 수 있는 비전이었으면 좋겠다는 것이었다.

게다가 세종창의적교육과정인 유치원 '아이다움교육과정'이 2018학년도에 시행하게 됨으로써 지역교육청의 철학을 담고 우리 유치원의 교육과정의 방향성을 가장 잘 나타내는 내용의 비전으로 다시 한 번 고민해 볼 필요가 있었다.

2017년 12월 1일 공주한국문화원에서 1박 2일 동안 실시한 '유치원 단위 교육과정

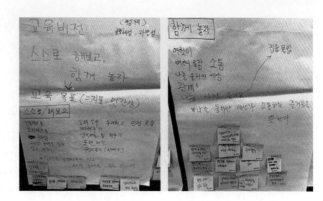

2017년 12월 8일
1박2일 워크샵 [비전 세우기]

설계 직무연수'에 두루유치원 전체교원이 참여하여 1일차 연수 이후 밤을 꼬박 세워 두루유치원 비전을 수립했었다.

절차과정은 2016학년도와 비슷했지만 새롭게 수립한 비전은 교육과정-수업-평가-기록을 하나로 엮는 역할을 하고 비전 실천을 위한 구체적인 전략들이 쉽게 드러나도록 핵심가치와 유아상을 자세하게 풀어서 제시하였다.

두루유치원 비전과 핵심가치

스스로 해보고, 함께 놀자

자발성: 책임감, 독립, 행복
유연성: 비판적 사고력
공동체성: 배려, 존중, 협력, 나눔, 소통, 공감

교육목표(유아상)

스스로 해보는 유아

스스로: 능동적으로, 도전적으로, 주도성, 삶의 주체, 자신의 능력을 믿는 것

해보고: 실패나 실수를 두려워하지 않는, 인정, 존중해주는 것, 기다려주는 것, 생각하는 힘을 기르는 것

실패를 두려워하지 않고 자신의 능력을 믿는 것

함께 놀이하는 유아

여럿이, 배려, 존중, 공감, 소통, 나를 둘러싼 세상, 나눔, 관계, 사랑, 즐거움, 기쁨, 집중, 몰입하는 것

나를 둘러싼 세상과 소통하는 즐거움을 아는 것

국가 및 세종시 교육과정과 두루 교육의 연계

○ '누리과정의 총론, 신체운동·건강, 의사소통, 사회관계, 예술경험, 자연탐구 5개 영역과 놀이와 친구를 좋아하는 아이들의 참 주체적 삶을 융합한 세종시 아이다움교육과정'을 녹여 재구성하였다. 유아와 유아를 둘러싼 사람과 자연 생태의 관계성에 기반을 두고, 더불어 함께하는 삶이 즐겁고 중요한 경험이라고 느끼는 것에 중점을 두어 융통성 있게 운영할 수 있도록 하였다.

두루교육 범주	국가수준 교육과정과의 연계성	아이다움교육과정과의 연계성	
		세종시 학력	핵심요소
처음 Frist	봄의 따스한 계절감과 유치원생활의 첫출발을 의미한다. 유아를 둘러싼 물리적·인적·자연 환경을 탐색해보고, 선생님·친구들과 긍정적인 관계를 형성하여 새로운 환경에 잘 적응하고, 자발적으로 활동을 선택하여 참여·탐색하고, 집단생활에서 지켜야 할 규칙과 약속을 함께 만들고 지켜나가는 것에 중점을 둔다.	도덕능력 민주시민능력 공동체 능력 의사소통능력 자기주도적 학습능력	비판하는 사고습관 존중하는 태도 민주적 의사결정 사회적 기여 공감 갈등조정
자람 Growth	여름의 건강한 계절감과 깊어가는 유아성장을 의미한다. 스스로에 대한 기초적인 호기심과 이해를 바탕으로 주변 환경(친구, 가족, 마을, 생태 등)에 대해 관심과 흥미를 가지고 구체적이고, 참여적이며, 체험 중심의 활동으로 탐색하는 기회를 가지며, 궁극적으로 나와 친구, 가족, 자연 생태의 성장을 긍정적으로 바라볼 수 있는 것에 중점을 둔다.	생태적 감성능력 창의적 사고능력 자율적 행동능력 심미적 감성능력	생명존중태도 생태적 감수성 전략적 사고 지적호감 긍정적 자아 자주적 행동 예술적 감수성

고마움 Thanks	가을의 풍성한 계절감과 유아가 생활 속에서 친숙하게 접하는 환경(사람, 자연, 문화, 의식주 등)을 관계성을 고려한 다른 시각으로 생각해 보는 경험을 의미한다. 유아를 둘러싼 환경의 존재와 변화과정에 대한 관심과 체험의 경험을 통해 생활과의 연관성을 좀 더 깊게 생각해 보고 표현해보는 것에 중점을 둔다.	도덕능력 민주시민능력 공동체능력 자율적행동능력 심미적감성능력	성찰하는 습관 존중하는 태도 문화적 소양 공동체의식 자기관리 예술적 표현 적극적 도전
나눔 Distribute	겨울의 편안한 계절감과 한 해의 마무리를 의미한다. 그동안 놀이를 통한 유아의 배움과 유아를 둘러싼 환경(사람, 자연 등)과의 교감은 무엇이었는가를 함께 생각하며 표현해보고, 그것을 나누는 경험을 통해 즐거움과 기쁨을 확장 해보는 것에 중점을 둔다.	자기주도적 학습능력 창의적사고능력 생태적감성능력 공동체능력 민주시민능력	기초학습습관 전략적 사고 생명존중태도 생태적 기여태도 공감 문화적소양 글로벌시민태도 사회적기여

2018학년도 아이다움교육과정 시행에 따라 세종형학력을 교육과정에 편성하여 운영해야 했었다. 세종형학력 지성, 심성, 시민성의 경험에 영향을 주는 핵심학력(창의적 사고능력, 자기주도적 학습능력, 자율적 행동능력, 심미적 감성능력, 생태적 감성능력, 의사소통능력, 도덕능력, 민주시민능력, 공동체능력)들이 아이들의 교육활동 속에 통합되어 유아 수준에서의 경험을 어떻게 교육과정에 담을 수 있을지 고민이 되었다.

유아의 주도성을 존중하는 교육계획은?

2017학년도까지 주간교육계획으로 작성된 교육활동 내용이 월간교육으로 바뀌어 작성되고 학부모님께 배부되었다. 연령별 협의회에서 논의되어 월 놀이(월 교육활동)의 방향은 세우지만 놀이를 주체적으로 이끌어가는 유아의 아이디어와 참여를 존중하여 펼쳐가기 위해 교사가 의도한 방향 몇 가지만 기록했다. 돌이켜보면 처음 월간교육계획

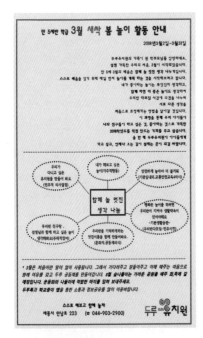

만5세 3월 월간교육계획

을 만들었을 때 유아의 주도적인 놀이가 존중되는 교육활동 계획에 대해 끊임없이 반성적 사고하고 수정하는 일을 반복했던 것이 생각난다.

대강화된 월간놀이계획은 각 교실에서 생성되는 교육내용의 색깔은 모두 다름을 인정해 주었고 발현된 교육활동 결과의 모습은 전문적학습공동체를 통해 교사 서로간의 피드백으로 공유되었다.

월간놀이계획은 결국 놀이가 교육과정과 분리되어서는 안 되는 것이며 유아의 흥미가 존중되어진 시간 운영의 융통성을 포함한 것이다. 교사는 연령이나 학급에서 펼쳐지는 놀이의 흥미로움과 배움의 과정을 발견하고 기록하여 다음 놀이 활동 시 성찰의 과정을 통해 우리학급의 교육과정을 만들어 간다.

2018 우리반 일기-교육과정과 수업-기록을 담다

교육부의 '2017유아교육혁신방안'을 보면 "교사는 기존 지침서 위주의 교수방식이 아닌 유아의 다양한 놀이를 유도하고, 놀이과정에 대한 관찰과 기록을 통해 유아의 건전한 성장을 지원"하도록 했다.

두루유치원에서도 월간교육계획의 내용--유아를 지원하고 학부모와 교육과정을 공유하는 방법으로 유아를 관찰 기록하는 성장중심기록화를 '우리반 일기'라는 노트에 기록하였다. 노트에는 아이들의 놀이의 흐름과 개인의 관찰이 담긴 내용이며 각자 교사

4부 아이다움교육과정

마다 기록의 형식은 달랐다.

또한 학부모와 교육과정 공유를 위해 '학교종이앱-사진첩 & 알림장'을 통해 유아의 놀이 장면 사진과 놀이 이해를 돕기 위해 자세한 내용을 기록하여 매주 금요일마다 업로드 했다. 주간교육계획이 월간놀이계획으로 바뀌어 가정으로 배송되었을 때 학부모님들의 반응이 달갑지만은 않았다.

우리반 일기

"유치원에서는 애들이 뭐하는 거에요? 주간교육계획을 보면 무슨 수업을 하는지 알 수 있지만, 월 놀이활동안내로는 애들이 유치원에서 뭐하다 집에 오는지 알 수가 없네요."

이렇게 말했던 학부모님의 뜨거운 반응이 떠오른다.

이러한 반응은 여전히 학부모님들에게 유치원 교육과정에 대한 이해가 공유되지 않고 있음을 말하고 있다. '스스로 해보고 함께 놀자' 우리 유치원의 비전은 결코 교사와 유아들만의 것이 아니며 교육 삼주체가 함께

학교종이앱-놀이 이해 학부모 공유

바라보고 나아가야 한다. 그렇기 때문에 유치원에서의 배움, 놀이를 안내하고 두루유치원이 펼쳐가고 있는 교육과정을 공유해야 했다. 하지만 1년이라는 시간이 흘러 교육과정을 평가 했을 때, 학부모님들이 두루유치원 교육과정에 대해 얼마나 공감하고 있는지를 실감할 수 있었다. 2018 학부모 평가 내용 중 몇 개를 발췌한 내용이다.

2018 평가 학부모 설문 글

질문: '아이다움 세종유아교육'을 실현하기 위하여 놀이로 배우고 가르치는 「유아 중심 놀이 중심 교육 활동」(교사가 유아를 이해하고 존중하며, 유아가 놀이를 통해 느끼고 생각하고 질문하며 해결해가는 교육 활동)으로 교육과정을 전개하였습니다. 놀이수업의 좋은점은 무엇이라고 생각하나요? 또, 유아(자녀)에게 어떤 변화가 있었나요?

* 놀이수업의 좋은점이라면 아이가 즐겁게 참여할 수 있다는 점 같습니다. 선생님이 알려주시는대로가 아닌 능동적인 자세로 다양한 것을 배워나가는게 가장 좋은점 같습니다.
- 아이가 요즘 부쩍 "~하는게 어때?"라는 말을 사용합니다. 유치원에서 자기 의견을 내세우고 함께 의견을 나누는 연습이 생활화 된 것이 아닌가 싶습니다. (만3세 학부모)

- 어떤 문제가 있을 때 무조건 엄마에게 의존화하기 보다는 본인 스스로 해결하기 위해 노력하며, 창의성과 문제해결력, 인지능력이 많이 향상되었습니다. (만5세 학부모)

- 선생님의 주체가 아닌 아이들이 스스로 생각해 보고 방법이나 결정을 하다보니 더 적극적으로 또 다양하게 참여할 수 있다고 생각된다. 아이도 스스로 할 수 있는 범위를 넓혀가며, 다양한 창의적인 생각을 많이 할 수 있게 되었다.(만4세 학부모)

- 아이들이 정하고 생각하고 실천하므로 규칙도 정하는 것은 넓은 세상을 살아가는 모습이라고 생각됩니다. 이런것들을 두루유치원 안에서 생활을 해 가면 배워가는 것 같습니다. 나를 존중하고 친구도 존중하는 아이로.. 자기의 생각을 말할 수 있는 아이로.. 친구의 생각도 들어줄 수 있는 아이로.. 나눔을 배우는 아이로 변화한 모습을 볼 수 있었습니다. (만4세 학부모)

- 놀이를 통해 배움을 얻는 것도 중요하지만 배려와 규칙, 함께 살아가는 방법에 대해 놀이하면서 익혀가는 것 같습니다. 또한, 아이가 유치원 등원을 매우 즐거워하는 것은 무엇보다 큰 장점이자 긍정적인 요인. 변화라고 생각합니다. (만3세 학부모)

- 즐겁게 참여할 수 있다.
- 스스로 능동적으로 수업의 내용을 확장시키며 만들어간다.
- 하나의 놀이에서 통합된 영역으로 수업의 깊이가 깊어진다.
- 아이들이 협동하여 창조적으로 수업에 참여하는 기회를 열어주어 학습의 기쁨을 함께 만들어 간다.
- 이런 교육의 효과로 인해 아이의 자발적 성향과 창의적 놀이구성 능력이 더욱 발현되었다. (만5세 학부모)

- 마음껏 놀이하니까 아이가 유치원에서는 "내 마음대로 놀 수 있어서 좋아요"라고 말합니다. 그래서 아이가 행복하게 유치원에 가는 모습이 좋은 것 같아요.
- 그게 가장 최고가 아닐까요? (만3세 학부모)

4부 아이다움교육과정

우리 모두가 함께 참여하는 평가

두루유치원에서 삼주체가 참여하는 교육과정은 직접 참여로 기획되어지고 실행되며 그것에 대한 성찰의 과정으로 평가한다. 학년 말에 지난 교육활동을 떠올리며 다음 해 교육내용의 적합과 부적합을 유추하거나 학부모가 기록해준 몇 가지의 설문 결과로 정리되는 것을 넘어, 말 그대로 학부모와 유아의 직접적인 목소리와 교육내용에 대한 의견을 현장에서 듣고 삼주체의 의견을 정리하여 조직하는 직접 참여의 방법으로 평가한다.

두루교육과정 평가
1박2일 워크샵을 통해 교육주체별-
유치원 비전 실천 나눔

두루교육 공동체 평가

○ **2019 두루교육계획**

두루 교육과정은 유아가 자신을 사랑하고, 자신의 삶을 스스로 가꾸고 나가며 더불어 사는 삶의 기쁨을 누릴 수 있는 사람으로 성장하도록 돕기 위하여 적합한 교육내용과 연속선상에서 교육방법을 유아와 함께 만들어가는 포괄적인 계획을 담고 있다.

교사의 교육과정 자율성-연령별교육과정에서 꽃 피우다

2018년도와 크게 달라진 점을 찾는다면, 2019에서는 연령별 교육과정을 '새학년집중기간'을 통해 기획했다는 점이다. 새 학년에 맡을 연령과 담임이 정해지면 '새학년집중기간'이나 2월말까지 연령별협의회가 계속된다.

두루교육과정이 '아이다움교육과정'의 철학을 담고 두루공동체의 합의된 비전과 철학을 중심으로 기획되었다면, 연령별교육과정도 각 연령의 특성에 맞게 연령별교사들끼리 모여 소그룹 워크샵을 통해 치열하게 고민하고 재구성해 간다.

만 5세 연령별 교육과정의 핵심가치를 정하며

만 5세는 초등학교에 가기 전 연령으로 학부모의 요구가 많은 때이다. 또한 성장이 가파르게 일어나는 시기로 교사들은 어떻게 지원할 것인가를 좀 더 고민하게 된다. 유치원에서는 교육철학자 존 듀이의 경험주의에 근거하여 내가 선택하는 경험과 다양한 공간에서 겪어지는 경험을 중점으로 핵심가치를 설계했다.

내가 선택하는 경험은 주관적이고 내적인 요소로 유아의 흥미를 통해 이루어지는 능동적인 경험을 존중해주는 것이다. 다양한 공간에서 겪는 경험은 다분히 객관적인 외적인 요소로 두었다. 유아가 선택하는 결정 안에서 새롭게 만나는 경험을 어떻게 놀이 안에서 풀어가게 될지 기대를 갖게 해보는 부분이다. 이 부분에 있어서 교사는 열린 마음으로 기다려 주어야 한 다는 것에 지원의 의미를 두었다. 내가 선택한 경험이 다 양한 환경에서 만나 놀이로 펼쳐질 때 아이들은 성장하 게 되리라 기대하는 것이다.

교육과정을 하나의 순환구조로 이해하고 펼쳐가는 과정도 계획과 실행평가가 순환되도록 설정하였다. 아이 들이 펼치는 월 주제를 계절과 자연의 순환과 연계하여 고 려하였다. 삶의 관계성을 놀이에서 느끼게 될 수 있도록, 주제를 펼쳐가는 방법이나 기간을 한정하지 않고 운영하였다.

만 5세 연령별교육과정 교육핵심가치

만 4세 연령별 교육과정의 철학과 키워드

만 4세 교육과정을 위해 우리가 2019년 한 해 동안 어떤 철학과 키워드에 중점을 둘 것인지 구체화해보는 작업이 먼저 필요하다고 합의했다. 그래서 첫 번째로 두 루유치원의 구성범주에 대해 만 4세 선생님들이 어떤 생 각들을 가지고 있는지 공유하였다.

예를 들어 나눔이라는 범주에서는 공감의 경험, 도 움을 주고받기, 기쁨, 행복, 즐거움, 슬픔을 함께 경험하 는 것이 필요하다는 생각들을 모았다. 그리고 이렇게 공 유한 생각에서 공통적인 키워드인 '공동체'를 뽑아내고, 공동체라는 키워드를 바탕으로 만 4세 연령의 아이들에

만 4세 연령별교육과정 교육구성범주

1. 교육공동체가 함께 만드는 두루교육과정이 되기까지

게 '나눔'이라는 범주에서는 '친구의 마음을 궁금해 하기'라는 것을 중점으로 두기로 결정하였다. 나머지 범주 '처음', '자람', '고마움'도 같은 과정으로 중점을 둘 내용을 구체화하게 되었다. 그리고 이 구성범주들은 시기별로 분절되게 적용하는 것이 아니라 일년 내내 통합적으로 반영하고자 하였다.

두 번째로는 세종형학력에 대한 서로의 생각을 공유하였다. 세종형학력은 유치원 교육과정에서 통합적으로 반영되고 있으나 만 4세 교육과정에서 구체화한 '처음-자람-고마움-나눔'의 범주를 바탕으로 두 가지 중점 역량을 추출하게 되었다. 두 가지 중점역량은 창의적 사고 능력과 공동체 능력이고, 한 해 동안 아이들을 지원하는 데 있어서 이 중점역량이 기준과 철학이 되었다.

만 3세 연령별 교육과정의 비전과 키워드

처음 유치원에 입학하는 만 3세에게 주어지는 교육과정은 무엇을 담아야 할까? 만 3세 아이들에게 두루의 교육비전인 '스스로 해보고, 함께 놀자'를 어떻게 풀어갈까 고민을 해보았더니 '스스로 해보고'라는 과제가 만 3세 아이들에게는 시작의 과정조차 어려울 수 있으며, 그 과정에는 실패의 경험들이 자주 발생할 것이라는 예상이 들었다.

실패의 경험들이 점차 쌓여가는 과정 중에 성공 경험들 또한 늘어나는 것이기에 도전해보는 아이들의 과정 자체를 존중하고 인정, 격려하기 위해 '실수해도 괜찮아'라는 만 3세만의 구체적인 비전을 정해보았다. 또, 만 3세 교사들은 세종형학력의 '자율적 행동능력'을 만 3세 아이들이 중점으로 기르도록 지원하는 것에 목적을 두었는데, 이는 '실수해도 괜찮아' 비전에 잘 녹아 있음을 볼 수 있었다. 구체적인 예시로는 대소변 마려운 느낌을 표현하거나 도전하는 것, 하고 싶은 것 해보기, 간단한 도구의 사용, 어른에게 도움 구하기 등이었으며, 이를 풀어내기 위해 '기본생활습관과 적응'으로 교육과정

4부 아이다움교육과정

을 개념화했다.

'함께 놀자' 비전을 구현하기 위해 함께 놀이하는 것을 '시작'해보는 것에 그 의미를 두었다. 만 3세 아이들은 특성상 함께 어울려 놀이하는 것보다 혼자 놀이하는 것에 익숙하다는 점에 주목하여 서서히 아이들의 놀이가 '혼자'에서 '함께'로 나아가는 것을 기다려주고 아이들의 경험을 인정하기 위해 '우리도 시작해 볼래요' 라고 연계하여 설정함으로써 만 3세만의 구체적인 비전으로 교육과정을 설계하였다.

만 3세 연령별교육과정의 비전과 핵심과제

놀이가 곧 배움이자 삶인 유아들은 놀이하는 가운데 세종형학력의 자기주도적 학습능력이 길러지게 되는데, 스스로의 학습뿐만 아니라 함께 놀이하는 가운데 일어나는 배움 또한 발견할 수 있다. 이에 대한 예시로는 자유놀이, 탐색하기, 친구에게 같이 놀자 생각 말하기 등이 있다. 그래서 '함께 놀자'를 구현하기 위해 만 3세가 추구해

만 5세 3월 월간교육계획

야 할 가치는 무엇일까 고민해보니 놀이에 '재미'를 느끼고 '즐거움'을 느끼는 것이었다. 결국 '우리도 시작해 볼래요'에서는 '재미와 즐거움'으로 핵심과제를 정하여 1년의 과정으로 교육과정을 펼쳐나갔다.

2019학년도 월별로 학부모님께 배부되는 '월 놀이활동 안내자료'는 2018학년도보다 내용이 없다. 단지 월별 일정과 안전교육에 대한 안내사항만 있으며, 월별놀이가 어떻게 펼쳐지는지에 대해 설명글만 있다. 이것은 아이들 놀이를 존중해 주고자 하는 의도가 담겨 있으며 발현되는 유아의 놀이에 대해 학급 내에서 관찰과 지원이 '두루유아성장중심기록화' 노트에 기록되고 매월 학부모님께 배부되는 '놀이이야기'를 통해 교육과정으로 만들어져 가고 있다.

       1. 교육공동체가 함께 만드는 두루교육과정이 되기까지

2019 두루유아성장중심기록화

유아가 매일 혼자 또는 친구들과 함께 세상과 만나고 창조해 나가는 모습의 과정이 학급 교육과정으로 기록되는 일이 두루유치원에서 계속적으로 실행되고 있는 것이다.

두루유치원 교육과정은 국가수준교육과정의 기준과 아이다움교육과정의 언어와 연결되어 지금의 나와 함께 하는 교육 삼주체에 반응할 것이며, 매해 만나는 유아 곁에서 탐구하고 함께 배워가는 흥미로움은 두루유치원의 모든 구성원이 기록하는 교육과정의 내용으로 남겨질 것이다.

혁신자치학교가 시작되는 2020학년도 두루유치원의 교육과정이 기대된다.

2

두루유치원 아이들의
놀이 이야기

이지영
두루유치원 교사

지난 7월 24일 2019 개정 누리과정이 고시됨으로써 다가오는 2020년 3월부터 개정 누리과정이 현장에 적용된다. 개정 누리과정은 유아 중심 놀이 중심을 추구하며 이를 위해 교사의 자율권, 현장의 자율성을 강조한다. 이는 놀이의 중요성에 대한 믿음과 동시에 교사의 전문성을 신뢰하는 것을 밑바탕으로 한 창의적 교육과정의 실현을 눈으로 볼 수 있는 교육과정이다.

두루유치원은 개정 누리과정에 앞서 아이들과 함께 놀이를 중심으로 만들어가는 교육과정을 실천했다. 여기서는 두루유치원만의 창의적 교육과정을 펼쳐 나간 이야기를 풀어 나가보고자 한다.

놀이·놀이 중심 교육과정

두루유치원은 국가 수준 유치원 교육과정, 세종 아이다움 교육과정을 어떻게 적용할 것인가에 대한 고민으로부터 시작하여 놀이의 중요성을 인식하고 유아들의 놀이를 교육과정 안에서 어떻게 풀어나갈 것인가에 대한 해결책을 '놀이 중심 교육과정'에서 찾았다. 그리하여 2018년부터 2년째 놀이 중심 교육을 실시하고 있다.

'놀이 중심'이라는 단어는 지난 유치원 교육과정의 역사를 돌아봤을 때 운영방법, 교수·학습방법의 측면에서 꾸준히 강조되어 왔다. 이는 과거로부터 현재까지 유아교육 전문가들이 놀이의 중요성을 인식하고 이를 통해 유아교육을 실현해나가고자 하는 의지를 담은 것이다.

그동안 유치원에서 놀이 중심 교육은 어떻게 이루어져 왔는가?

개인적인 경험에 의하면, 6차 교육과정 및 3-5세 누리과정의 경우 교육과정반 아이들의 하루 일과는 보통 등원, 자유선택활동, 실내외 대·소집단활동, 점심 및 휴식 등으로 이루어진다. 이때 나에게 일과 중 놀이를 찾아보라고 한다면 '자유선택활동 또는 실외놀이'를 꼽았을 것이다. 주제에 맞게 의도적으로 구성된 영역 및 교재 교구 속에서 자신이 하고 싶은 놀이를 찾아 선택하고 놀이하는 시간, 또는 실외에서 자유롭게 놀이하는 시간을 아이들의 '놀이'로 떠올린다.

자유선택활동은 놀이이고 대·소집단 활동은 놀이가 아닐까?

대개 교육과정과 및 주제별 교육활동 자료집을 참고로 교사가 계획하여 제시한 이야기 나누기, 노래, 동화, 동시, 동극, 신체표현 등의 활동 등을 대·소그룹으로 모여 하는 것이 대·소집단 활동에 포함된다. 이것은 놀이라기보다는 교사에 의해 제시된 '활동'이라고 표현하는 편이 적합하다고 생각한다. 왜 자유놀이와 실외놀이만을 놀이로 떠올렸을까? 이러한 놀이에는 아이들의 자율과 선택이 존재하기 때문이다. 놀이라 함은 적어도 아이들의 내적인 자발성, 선택, 자율을 포함하기 마련인데 교사가 주도한 대·소집단 활동에서는 그러한 요소를 찾기 힘들다. 그동안의 놀이 중심 교육은 대체로 이렇게 소극적으로 실시되어왔다고 할 수 있다.

외부에서 주어지는 놀이를 진정한 놀이라고 볼 수 있을까?

놀이 중심 교육에 첫 발을 디디게 된 8년차 교사는 이 지점에서 무엇이 놀이일까라는 의문이 생겨났다. 교사에 의해 주어진 교육과정에서도 아이들의 흥미, 관심, 욕구가 반영되고 아이들이 놀이를 펼쳐나가며 그 안에서 배움과, 즐거움이 일어날 것이다.

하지만 이를 실시해본 지난 7년의 기억을 되돌아보면 연·월간 계획은 실제 아이들을 만나기 전인 연초에 누리과정 지도서를 중심으로 수립되고, 교사는 수립된 주제에 따라 각 주의 교육계획을 작성해왔다. 이미 짜인 주간 교육계획안에 따라 교사의 주도 하에 각각의 활동을 진행할 때 유아 개개인의 흥미, 관심, 욕구를 모두 다 존중하고 반영하기는 힘들었으며 그로 인해 교사가 주도하는 대·소집단 활동에 관심이 없는 유아가 나타나고, 그 시간을 힘들어하는 유아를 종종 볼 수 있었던 경험이 떠오른다. 또한 유아 모두를 하나의 활동 안에서 지도하고 이끌어 가야 한다는 의무감을 느꼈다. 하루에, 한 주에 정해진 활동을 모두 실행해야 한다는 부담감과 함께 실행하지 못했을 때는 죄책감을 동반하였다.

이러한 경험으로 교사에 의해 만들어진 교육활동이 아이들의 삶에 얼마나 의미 있을까 생각함으로써 교육과정에 대한 끊임없는 고민에 들어서게 됐다. 아울러 놀이 중심 교육과정은 어떻게 운영하는 것인가에 대한 막연함도 함께 가지게 되었다. 그리고 이것은 놀이에 대한 정의를 새롭게 확립하는 계기가 되었다.

진정한 놀이란 무엇일까?

놀이에 대한 정의는 다양하다. 아이들이 생각하는 놀이는 어떤 것일까? 사랑반 아이들은 재미, 즐거움, 혼자 놀이보다는 친구와 함께하는 놀이, 내가 좋아하는 것, 내가 하고 싶은 것 등으로 표현한다. 그렇다. 놀이란 유아가 내가 하고 싶은 것(자발성)을 스스로(적극성) 또는 친구와 함께(협력) 재미있게(즐거움) 하는 것(지속성)으로 표현해볼 수 있을 것이다.

유아의 내적인 흥미와 관심에 의해 발현되는 자발성에 의한 놀이는 적극성, 즐거움, 지속성을 동반하며 그 과정 속에서 자연스레 배움이 일어난다. 놀이 중심 교육과정이라면 이러한 아이들의 놀이가 존재해야한다.

아이들과 함께 만들어가는 창의적 교육과정

아이들의 놀이를 바라보고,
아이들의 말에 귀를 기울이며
아이들의 놀이 속으로 들어가자.
그 안에 아이들의 놀이가 있다.

아이들의 놀이다운 놀이가 존재하는 놀이 중심 교육과정은 어떻게 실천해야할까? 복직을 준비하며 놀이 중심 교육과정에 대한 막연한 고민에 들어섰을 때 시도해본 것이 관련 서적과 함께 먼저 이 길을 걸어온 선배교사의 조언이었다. 여기서 가장 기억에 남는 것이 '귀 기울이기'와 '놀이 바라보기'다.

"일단 아이들의 놀이를 바라보세요."

놀이를 바라보라. 그래서 어떻게? 나는 관찰만 하는 것인가? 많이 고민했지만, 바로 그것이 놀이 중심 교육의 시작이었다. 놀이 중심 교육과정은 아이들을 바라보며 아이들과 함께 만들어가는 교육과정이다.

유치원에서의 하루를 하나의 단어로 이야기한다면 '자유놀이'라고 할 수 있다. 아이들은 온종일 자유놀이를 한다. 교사는 아이들의 놀이를 따라 함께 걸어가며 아이들의 놀이를 바라본다. 아이들은 자신만의 놀이를 스스로 또는 친구와 함께 펼쳐나간다. 놀고 또 놀고, 자기 자신을 마음껏 표현한다. 이때 교사는 아이들의 이야기에 집중한다. 아이들의 놀이를 들여다보면 현재 아이들의 흥미와 관심, 생각, 경험, 표현방법 등 유아에 대한 다양한 정보를 습득할 수 있다. 이를 토대로 교사의 역할을 고민하고 함께 교육과정을 만들어나간다. 아이들의 놀이를 바라보며 함께 만들어나간 사랑반만의 놀이 중심 교육과정을 몇 가지 사례로 살펴보고자 한다.

놀이재료에 대한 관심으로 생겨나는 놀이

새로운 재료 종이테이프로 거미줄 놀이가 시작되었어요.

아이들은 유치원 교실 곳곳을 테이프로 연결하고 또 연결합니다. 사방으로 연결된 테이프는 대왕거미줄이 되었습니다. 백과사전을 통해 거미에 대해 알아보며 거미가 좋아하는 먹이와 거미를 만들어 붙여주었어요. 많은 아이들이 거미줄 만들기에 흥미와 관심을 보여 다음날엔 거미 자연 관찰 책을 함께 보았는데 책을 통해 새롭게 알게 된 사실! 거미가 거미줄을 만드는 순서에 따라 털실로 거미줄을 만들어보는 시간을 가졌어요. 그 후엔 종이접기로, 그림으로, 만들기로 다양하게 거미줄을 꾸미는 아이들의 모습을 볼 수 있었답니다.

자신들이 만든 거미줄과 다양한 곤충들의 모습에 뿌듯한 마음과 함께 무엇보다 반긴 것은 거미줄 아래를 거미처럼 넘나들 수 있는 새로운 놀이 공간이 하나 더 탄생했다는 것이었어요.

자연스런 호기심으로 피어나는 놀이

놀이재료로 준비했던 철쭉 꽃잎 속에서 아이들이 달팽이를 찾았어요. "와 달팽이다 " 말이 끝나자마자 모두모두 모여듭니다. 신이 나서 화분에 놓아줬다가 "○○이가 만든 자동차 속에 넣어 주면 안돼?" "얘들아 우리 달팽이 키우자~" 하며 달팽이 키우기에 대한 많은 이야기들이 오갑니다. "달팽이 꽃 좋아해!" 하며 꽃잎을 넣어주기도 하고 , "뚜껑을 덮으면 숨이 막히지 않을까?" 이야기하며 달팽이가 지낼 공간을 함께 만들어 나갑니다. 아이들의 요청에 의해 선생님이 구멍을 뚫어주려 하다가 "어디에 뚫어주면 좋을까?"물으니 "밑으로 구멍을 내면 떨어지지 않을까? 위에만 뚫어주자" 하며 의견을 나눕니다. "얼마나 크게 뚫어야 할까?"하는 질문에는 "너무 크면 달팽이가 나가요" 달팽이보다 작게!"

달팽이가 숨 쉴 구멍까지 만들어준 후 동물도감을 펼쳐 달팽이에 대해 알아보기도 했어요. 책 속에서 달팽이는 축축한 곳, 습한 곳을 좋아한다는 사실을 발견하고는 물뿌리개로 습도조절까지 해주었어요. 다음 날은 달팽이 자연 관찰 책을 가져와 함께 읽어보기로 했답니다.

소수에서 시작해서 반 전체로 퍼지는 놀이

한 아이가 빨대를 이어 길게 줄을 만들었어요. "우와 줄넘기 같다" 하니 줄을 돌리며 즐거워하는 아이. 선생님도 같이 하자고 했는데 친구들이 호기심 가득한 눈빛을 가지고 모여듭니다. 양쪽 끝에서 줄을 잡으니 친구들이 자연스레 줄을 넘어가네요.

조금 낮게, 조금 높게, 조금 더 높게, 더 더 더 높게 .

높이를 바꿔가며, 바뀐 높이에 따라 동작을 바꿔가며 엎드려보기도 하고 폴짝 뛰어보기도 하고 등을 구부려보기도 하며 다양한 동작을 경험해 보았어요. 하는 내내 하하호호 깔깔깔깔 우리 친구들의 웃음소리가 끊이지 않아 구경하던 친구들까지 즐거운 시간 이었답니다.

함께 펼쳐 나가는 놀이

"재밌고 신나고 친구들과 사이좋게 놀이할 수 있는 놀이터를 만들고 싶어요." "덜컹덜컹, 위로 아래로, 흔들거리는 재미있는 시소놀이터를 만들고 싶어요." "피자모양의 미끄럼틀이 있는 놀이터, 그네, 미끄럼틀, 시소가 있는 상어놀이터, 미끄럼틀이 있는 재미있는 놀이터를 만들고 싶어요."

재미있고 내가 좋아하는 모양이 있고, 미끄러지고 덜컹덜컹 위로 아래로 등 모험이 있는 다양한 동작을 하는 놀이터가 만들고 싶은 사랑반 친구들입니다. 제일 처음 시작한 놀이터 만들기는 미끄럼틀이에요.

"미끄럼틀을 만들려면 판과 계단이 필요해요"

강당에서 매일 게임을 만들며 놀던 아이들은 바로 매트를 생각해냅니다. "매트랑 체육놀이기구 가져와요." 강당에 올라간 아이들은 교사에게 뜀틀판을 달라고 요구하더니 그 위에 매트 올리고 미끄럼틀 형태를 완성해 냅니다. "흔들거리고 움직이는 이것은 어떻게 고정시킬 수 있을까?"라는 교사의 질문에 "아래에 받침을 넣어요."라며 블록을 넣어줍니다. 그래도 자꾸 내려가는 매트. 영차영차! "그럼 교실로 가져가보자~~" "테이프로 고정을 시키자!"

매트 아래는 어떻게 하지?"블록을 넣어보자!" 다양한 이야기가 오갑니다.

어느새 흔들거리지만 탈 수 있는 정도로 완성됩니다. 일단 한 번씩 쭈르르륵~ 타보았는데 아이들이 환한 미소로 답합니다.

그런데 매트 아래 블록이 무너져서 흔들거리는 것 발견했어요.

어떻게 하면 좋을지 의견을 나누고 블록을 차곡차곡 쌓아보고 테이프로 고정해줍니다. 며칠에 걸쳐 미끄럼틀을 보수하고 타고 다시 보수하기를 반복합니다.

어느 날 아침에는 등원하자마자 미끄럼틀에 하늘하늘 천을 깔아줍니다. 예쁘게 알록달록 정성들여 깔
아줍니다. 그리고는 하나둘 아이들이 타 보더니 "더 재미있어."
"더 잘 미끄러져요~"라고 외치며 무척 즐거워합니다.
스스로 다양한 시도 끝에 우연이었지만 마찰의 원리를 경험해 보고 더 재미있는 미끄럼틀을 만들어
낸 우리 아이들 정말 대단합니다.

　　놀이 사례를 살펴보면, 사랑반의 놀이 안에는 아이들의 흥미, 호기심, 선택, 몰입, 놀
이를 이끌어가는 힘, 즐거움, 재미, 기쁨, 성취감, 문제해결 과정, 협력, 탐구, 공감, 창의
적 사고 등 다양한 요소가 내재되어 있다. 이렇듯 아이들은 자신이 하고 싶은 놀이를 하
며 자신의 생각을 표현하고, 친구의 생각을 듣고, 서로의 생각을 조정하고, 갈등을 해결
해나가며 자신들의 놀이를 마음껏 펼쳐나갔다.

　　교사는 그 어느 때보다 아이들 가까이에서 친밀하게 아이들과 눈 맞추며 그들의 소
리에 귀 기울이고 서로의 생각을 나누었다. 이를 토대로 놀이 친구로 놀이에 참여하여
함께 놀이하고, 풍부하고 발전된 놀이를 위한 지원자로 다양한 자료와 도움을 제공하
고, 촉진자, 모델링 제시, 지지·격려하는 등 적절한 교사로서의 역할을 수행하였다. 그
과정에서 사랑반만의 창의적 교육과정이 탄생하였고 그 안에서 아이들의 배움이 자연
스레 일어났다.

놀이 중심 교육과정을 돌아보며

　　놀이 중심 교육과정은 교직 8년차인 교사에게 아주 생소하고 어려운 과제로 다가
왔다. 하지만 아이들과의 1년의 놀이를 되돌아 봤을 때 놀이 중심 교육과정에는 아이
들의 웃음소리, 즐거움, 행복, 성장이 있었고 교사 또한 같은 경험을 했다. 또한 교사는

아이들의 놀이를 바라보며 아이들의 놀이의 경이로움을, 아이들이 가진 크나큰 힘을, 함께하는 즐거움을, 아이들에게서 전해져오는 기쁨과 성취감을 함께 느끼며 놀이의 중요성을 다시 한 번 인식할 수 있었다.

① 놀이 중심 교육과정은 아이들을 행복을 보장한다.

1학기를 마칠 즈음 유치원 교육과정에 대한 학부모 설문을 실시했다. 한 학부모님께서 서술로 "놀고 또 놀아서 너무 좋아요. 놀기만 하는데 밥도 줘서 행복해요"라고 쓰인 설문지를 보내주셨다. 보는 사람마다 다양한 의미로 받아들일 수 있겠지만 놀이 중심교육을 충실히 운영해온 교사로서 "아이들의 행복"을 우리가 함께 만들어왔다는 것을 느낄 수 있는 매우 소중한 글귀로 남는다.

② 놀이 중심 교육과정은 수업의 중심이 유아와 교사 우리 모두에게 있다.

놀이 중심 교육과정에서 수업의 중심은 유아다. 사실 유아와 교사 모두를 수업의 주인공이라고 표현하는 면이 맞다. 씨실과 날실의 상호작용으로 하나의 어여쁜 옷이 탄생하듯 우리의 놀이도 이와 같다고 생각한다. 놀이의 주인공이 유아임을 인식하고 유아가 놀이를 이끌어가는 힘을 존중하며 놀이를 함께 펼쳐나가는 과정에 아이들의 배움이 있고, 성장이 있다.

③ 놀이 중심 교육과정은 교사를 유아교육 전문가로 성장하게 했다.

지난 7년간의 수업은 생활주제와 지도서, 지도서의 활동안을 기초로 발문 및 수업 전개방식 연구하여 수업에 펼치기가 주를 이루었다. 수업을 이끌어가는 교사는 국가에서 주어진 자료를 전달하는 역할을 했다는 면을 부정할 수 없다. 놀이 중심 교육과정에서는 교사를 유아교육전문가로서 신뢰하고 그들에게 자율권을 준다. 놀이 중심 교육과정을 운영하며 아이들의 놀이를 읽고, 해석하고, 다방면으로 지원하고, 아이들의 성장에 함께 발맞춰나가기 위해서는 다방면의 역량이 필요함을 느꼈다. 교사로서의 전문성 신장을 위한 성장욕구가 자연스럽게 생겨나고, 그렇게 노력해왔다.

④ 놀이 중심 교육과정은 교사라는 하나의 사람을 변화시키고 있다.

기존의 교육과정과 무엇이 다를까? 놀이 중심 교육과정을 함께 펼쳐 나가다보니 '아이들의 놀이가 삶이고, 그것이 교육이다'라는 결론에 이르게 된다. 교사 또한 아이들의 놀이 안에 있고 그 속에서 교사로서 아이들의 놀이를 지원하기 위한 다양한 역할을 수행하고 있다. 더 나아가 그 밑바탕에는 한 사람으로서의 인내와 기다림, 끈기, 배려, 존중 등 내적인 노력이 끊임없이 필요하다는 것을 느꼈다.

놀이가 아이들에게 삶이듯 교사에게는 아이들과 함께 하는 그 순간이 삶이다. 교사의 삶 자체가 내 삶이기에 내적으로 더 괜찮은 사람으로, 나아가 더 교육적인 삶을 살고 싶고, 이를 아이들과 놀이에서 함께 펼쳐 나가고 싶다. 그리고 그를 위해 반성하고 노력하는 나를 발견하게 된다. 이렇게 놀이 중심 교육과정은 유아뿐만 아니라 교사라는 하나의 인간을 변화시키고 있다.

⑤ 놀이 중심 교육과정은 교사와 아이, 학부모를 공동체로 만들었다.

개인적으로 놀이 중심 교육과정에서 중요하다고 생각한 것이 소통과 관계이다.

아이들은 안전하다고 느끼는 환경에서 내 자신을 내보이며 더욱 자유롭게 놀이해 나간다. 이에 따라 따뜻함과 반응성, 소통으로 아이들과의 관계를 형성하고 함께 신뢰감, 유대감을 쌓아가기 위해 많은 노력을 기울였다. 눈에 보이지 않는 과정이었지만 그 노력은 아이들의 놀이에서 나타났고, 우리는 점차 공동체가 되어갔다.

교육의 3주체인 학부모와의 소통을 위한 노력 또한 기울였다. 우리는 아이들의 놀이를 매주 사진 또는 "놀이이야기"라는 학급 신문형태로 발행하여 아이들의 놀이가 펼쳐져 나가는 모습을 자세히 공유하였다. 이로써 학부모의 아이들의 놀이에 대한 이해,

유치원에 대한 이해가 자연스레 깊어지며 가정에서 또는 유치원에 등원하며 아이들의 놀이를 다방면으로 지원하려 노력하였다. 또한 부모로서 유아의 성장 발달을 지원하기 위한 노력, 유치원의 한 구성원이 되어 아이들을 지원하기 위한 노력을 아끼지 않았다. 이렇게 두루유치원 구성원 모두가 우리는 두루유치원이다라는 소속감을 가지고 1년을 지내온 덕분에 아이들의 놀이가 더욱 활짝 꽃필 수 있었다고 생각한다.

마치며

2019년에는 우리 모두가 아이들의 놀이 속에서 살았다. 아이들과 가장 밀착되어 지낸 시간이었다. 그 덕분에 아이들을 이해하고, 아이들의 놀이를 이해하고, 아이들을 존중하고, 놀이를 존중하고, 유아교육 전문가로서 한발 성장하는 귀한 순간을 맞이할 수 있었다.

1년간의 짧은 시간이었지만 자율과 전문성을 바탕으로 한 유아 중심, 놀이 중심 창의적 교육과정의 실천은 행복한 아이들, 밝은 유아교육의 미래를 볼 수 있는 희망적인 교육임을 분명히 느낄 수 있었다. 놀이 중심 교육과정의 지속적 실천으로 유아교육현장에서 우리 모두의 행복을 실현할 수 있기를 바란다.

3

혁신유치원에서의
특수학급 운영

이재선

두루유치원 교사

현재 4년째 혁신학교에서 특수학급을 운영하고 있다. 특수학급에 존재하는 고유의 특수성, 가변성, 독특함을 충분히 고려하면서 혁신의 철학을 적용하는 것을 늘 고민하면서 지냈던 것 같다. 고민하고, 실천해보면서 성찰하고 다시 계획하고, 시도해보는 과정을 거치면서 4년간 아이들과 함께 혁신유치원에서 생활했다. 그런 과정을 높은 곳에서 내려다보듯 바라보니 크게 눈에 띄는 3가지 중요한 활동이 있었다. 이 3가지 활동을 중심으로 지난 4년간의 특수학급운영에 관한 이야기를 해나가려 한다.

역통합활동-교육의 3주체를 모두 성장시킨 시간

매주 월, 금 오전 9시 30분에서 10시 30분까지 1시간 정도 '놀이 사랑해 반'(특수학급)

에서 역통합활동을 진행했다. 특수교육대상유아가 등원하면 특수교사와 함께 역통합활동에 대해 이야기를 한 후, 통합학급으로 가서 통합학급 친구를 1명씩 초대해서 특수학급으로 와서 함께 놀이하는 방식으로 진행했다.

2016년 초반에는 미술활동이나, 요리활동 등 교사가 주도하는 활동도 진행해보았는데, 아이들이 상호작용하면서 함께 어울려 놀기보다는 미술작품을 완성하거나 요리를 만드는 데 주의를 집중하다보니 또래 간의 상호작용 빈도가 현저히 낮았다.

사실 역통합활동을 하는 목적은 통합활동을 보완해서 1:1로 통합학급 또래와 의미 있는 사회적 상호작용의 기회를 보장하고, 나아가 함께 놀면서 자연스럽게 통합학급 친구들이 특수교육대상유아들에 대한 인식을 개선하고, 아이들의 성격이나 특성을 더잘 이해하는 데 있다. 이러한 목적을 달성하기 위해서 어떤 환경을 구성해야 할지에 대한 고민을 자주 하게 되고 관련한 연수를 찾기 시작했다. '심리운동사 자격 연수'에 대해 알게 되면서 '심리운동사' 자격과정 연수를 들었다. 연수과정에서 아이들의 심리, 놀이, 움직임, 환경의 중요성에 대해서 많은 부분을 이해하게 되었고 그간의 고민을 해결할수 있는 좋은 기회가 되었다.

아이들이 좋아하는 환경은 어떤 환경일지에 대한 고민 끝에 아이들의 놀이를 유심히 관찰하기도 했고, 관찰 중 순간순간 떠오르는 아이디어를 늘 소지하고 있는 작은 수첩에 간략하게 그림이나 키워드 중심으로 메모하기도 했다. 아이들이 좋아하는 놀이나 환경을 깊이 이해하고 싶어서 아이들의 놀이에 들어가서 함께 어울려 놀아보는 경험도 자주 하게 되었다. 그러면서 점점 놀이나 환경, 경험에 대한 이해가 깊어지게 되었다.

아이들이 좋아할 만한 놀이 환경에서 충분히 경험해보고, 다양한 시도를 해보고 스스로 놀이 환경에서 유능감을 느끼고, 기존의 놀이 환경을 활용해서 더욱 고차원적인 놀이를 해보기도 하고, 점점 흥미를 잃어가는 과정을 거치는 동안 교사는 수없이 많은 지원을 하게 된다. 놀이 밖에서 관찰자가 되어보기도 하고, 놀이에 들어가서 함께 놀이하는 역할을 하기도 하고, 놀이가 더욱 풍성해질 것 같은 놀이재료나 놀잇감을 제공해

주기도 하고, 아이들 스스로 해결하기 어려운 상황에서 비계를 설정해서 쉽게 성장이 일어날 수 있도록 지원하기도 했다. 또한 아이들의 요구를 파악해서 말로 요구를 표현해 볼 수 있도록 도움을 주기도 했다. 이렇게 역통합활동 놀이과정에서 자연스럽게 교사와 특수교육대상유아가 상호작용하는 모습을 보게 된 통합학급 친구들이 특수교육대상유아와 소통하는 방법을 알게 되고 아이들과 질적으로 나은 상호작용을 해 나가는 모습도 관찰하게 되었다.

역통합활동을 하면서 함께 결정해야 할 문제가 있으면 민주적인 의사결정과정을 통해서 결정하곤 했다. 언제 놀이를 마무리하고 정리해야 할 것인지, 간식은 언제 먹을 것인지, 술래를 하고 싶은 아이들이 많을 때 술래를 몇 명이 할지, 어떤 방법으로 결정할 것인지, 놀이 후 휴식이 필요한지 아닌지, 다 함께 하고 싶은 놀이가 있다면 어떤 놀이부터 할 것인지 등 놀이과정에서 자연스럽게 발생하는 의사결정의 기회가 오면 어김없이 아이들과 함께 이야기를 나눠서 아이들의 의견을 존중한 결정을 하곤 했다.

역통합활동을 4년간 진행하면서 느끼게 된 것이 많다. 아이들은 놀기 위해 태어난 존재라는 사실과 놀이를 통해 세상을 즐겁게 알아간다는 것. 또 아이들이 선호하는 놀이공간에서 함께 어울려 노는 과정에서 특수교육대상유아에 대한 이해가 깊어지고, '나와 너무 다른 아이'라는 생각보다는 '나처럼 놀이를 좋아하는 친구'로 인식하게 된다는 것이다. 그뿐 아니라 특수학급에 대해 '여긴 어디지?' '우리 교실이랑 많이 다르다'라고 생각했던 아이들이 초대받아서 함께 놀아보는 경험을 통해 '와~ 쟤들은 좋겠다. 맨날 여기서 놀 수 있어서', '또 놀러가고 싶은 곳'으로 생각하게 되었고, 자기가 초대받을 수 있는 날을 손꼽아 기다리기도 한다.

특수교육대상유아는 통합학급 친구와 놀이하는 경험을 통해서 질적으로 의미 있는 상호작용을 하게 되고, 교사의 다양한 지원을 통해 또래와 친밀한 관계를 형성하게 되고, 또래와 놀이하는 과정에서 사회적 상호작용 방법을 하나씩 익혀간다.

역통합활동을 하면서 특수교사 또한 통합학급 아이들에 대해서 더 잘 이해하게 되고, 아이들의 감정을 잘 헤아려 주면서 신뢰를 형성할 수 있고, 그러한 신뢰를 바탕으로 특수교육대상유아와 함께 생활하는 데 다양한 도움을 주기도 한다.

통합학급 학부모님 또한 하원해서 아이들이 특수학급에서 놀이한 경험을 이야기하는 것을 듣고 특수학급이나 특수교육대상유아에 대한 좋은 인식을 가질 수 있다. 또한 통합학급에서 특수교육대상유아를 지원하는 전문 인력이 존재한다는 것에 신뢰를 갖게 된다. 역통합활동에 대한 안내는 3월 학부모다모임 시간에 모든 통합학급을 순회하면서 특수교사가 직접 안내했다. 학부모님의 이해를 바탕으로 시작하고, 통합학급 아이들이 재미있게 놀았던 경험을 가정에서 많이 이야기해서인지 운영하면서 학부모님들의 많은 지지가 있었다.

역통합활동에서 아이들의 놀이를 충분히 보장하고, 아이들의 자율성이나 의사결정 능력을 최대한 존중했던 경험을 통해 교사 스스로도 아이들에 대한 인식의 변화를 가져왔고, 스스로 많이 성장할 수 있는 계기가 되었던 것 같다.

생태활동-아이들 마음에 날개를 달아준 시간

"생태텃밭 활동을 1년간 진행하면서 ○○에게는 치유의 시간으로서의 의미가 가장 큰 것 같다는 생각을 했다. 두루유치원에 오기 전 친구들과 어울리고 싶었지만, 어울리기 어려웠던 시간들 속에서 받게 된 상처를 식물과 교감하면서 치유하게 되었기 때문이다.

식물은 ○○의 노력과 관심, 사랑을 받으면서 쑥쑥 자라고 반응해주는 존재이고, 그 어떠한 상처도 주지 않고, 잘 자라주는 아주 수용적인 존재였다. 우리의 사랑과 관심으로 식물이 커가는 과정을 지켜보고, 수확도 해서 집으로 가져가면서 성취감도 느끼고, 유치원에서의 생활을 가족들과 공유하는 시간도 가졌을 것이다. 때로는 수확한 채소들로 함께 요리해서 나누어 먹고, 텃밭을 함께 일구었던 주무관님이나 조리사님들께 감사한 마음도 전해보면서 뜻

깊은 시간을 보냈다.

텃밭식물들은 동생이고, 친구이며, 선생님이며, 가족이었을 것이다. 자연 속에서 만나는 것들의 소중함, 모든 생명의 고귀함을 텃밭을 통해서 체득했고, 그들과 공감하는 시간을 통해 따뜻한 인성과 생명존중의 마음을 갖게 되었다. 이러한 치유과정 덕분에 사람과 어울리는 것에 대한 부담감을 해소하고 또래들 속에서 잘 적응해 나가고 있는 것 같다."

위 글은 한 아이의 개별화교육평가 내용 중 일부이다. 발달이 늦거나 심리적으로 불안감이나 긴장도가 높은 아이들에게 생태환경은 낙원이고, 생태놀이는 그 자체로 말 그대로 '치유'의 시간이다.

발달이 또래에 비해 느려서 또래와 함께 어울려 놀면서 그들의 놀이를 이해하고 함께 참여하기 위한 사회적 기술이 부족하거나 조음발달이 늦어 또래와 소통하는 데 제약이 있는 경우, 스스로 또래와 자신을 비교하는 마음을 갖게 되고 열등의식을 느끼고, 자아개념이 낮아지기도 한다. 또래와 함께 있는 시간을 힘들어해서 혼자 놀고, 쉽게 위축되거나 긴장하고 통합학급에 가지 않으려는 모습 또한 보인다. 때로는 또래들 사이에서 인정받지 못한 마음이 차곡차곡 쌓여서 또래에게 불편함을 주는 행동으로 나타나기도 한다.

그 당시에 우리 반 아이들 모두가 식물에게 관심이 많았던 것 같다. 교사 역시도 시골에서 자란 경험이 있어 동·식물과 친숙하게 지냈던 터라 생태텃밭을 일구어보기로 결심하고, 하나하나 연구하면서 시작해보았다. 잘 모르는 부분이 있으면 정보를 검색하거나 주변 어른께 여쭤보았고, 급기야는 주무관님께 부탁드려서 유치원 내에서 텃밭으로 사용할 수 있는 공간에 땅을 일구어서 함께 밭을 만들기도 했다.

꽃이 피기 전, 꽃송이만 올라와 있는 프리지어를 보고 어떤 꽃이 필지 상상해서 그림으로 표현해보거나 말로 이야기해보는 과정을 거쳐서 자유롭게 떠오르는 생각을 말로 해보고, 그 이야기를 적어서 시를 만들거나 미술작품을 만드는 활동도 하면서 식물에 친숙해지는 활동을 했다. 아이들이 상상한 꽃에 대한 그림과 시를 전시하고, 프리지어에 물을 주고 노래도 불러주고 돌보고 관찰하면서 드디어 꽃이 피게 되었는데, 아이들이 환희에 차서 "선생님, 노란 꽃이에요.", "무슨 냄새지?", "달콤한 냄새다." 하면서 몹시 들떠 있었던 순간도 있었다.

씨감자를 만나보고, 새싹을 품은 씨감자를 자르고, 아물이를 하는 과정에서 씨감자가 아프지 않게 조심스럽게 자르고, 상처가 아물도록 보호하는 기간 동안 아이들이 늘 곁에서 지켜주었다. 다른 아이들이 너무 거칠게 다룰까봐 걱정하고, 그런 아이들을 위해서 조심스럽게 다뤄주길 부탁하는 내용을 씨감자 집에 적어주기도 하는 등 순간순간 생활 속에서 마주하는 고민 상황을 아이들과 함께 이야기해서 해결해보는 과정을 거쳤다. 이렇게 씨감자를 심고, 새싹을 만나고, 자라는 과정을 지켜보면서 물을 주고, 어느덧 꽃이 피고, 수확하기까지의 모든 과정을 함께 했다. 수확한 감자를 어떻게 할지에 대한 것도 아이들과 함께 학급다모임에서 정했다. 아이들에게 무척 소중한 감자여서 유치원에서 요리해서 먹는 대신 집에 가져가서 가족에게 보여주고 싶다는 의견이 많았다. 유치원에서 요리는 일회성으로 '감자 캐기 체험'에서 캐온 감자로 했다.

감자에 대한 좋은 기억이 많아서인지 아이들이 쪽파, 배추, 케일, 양배추, 당근, 바질, 무, 루꼴라를 심고 키워보겠다고 선택하면서 텃밭활동은 한 해 동안 계속되었다. 점심시간에 밥 먹고 나서 바로 텃밭에 가서 누가 먼저랄 것도 없이 물뿌리개를 찾아서 뛰어다니면서 물을 주고, 아이들끼리 "나는 루꼴라, 바질, 쪽파, 무, 양배추한테 물 줬어", "음…나는 얘랑, 얘랑, 쟤랑 …물 줬어"하면서 경쟁하듯 협동을 하는 모습에 내내 흐뭇하고 신났다. 물을 다 주고는 식물들 근처에서 잘 자라라고 응원하고 노래도 불러주는 시간을 보내기도 했다.

생태텃밭활동을 하면서 늘 좋기만 한 건 아니었다. 무척 사랑스러운 새싹이 나왔고 아이들은 환희에 찬 눈으로 새싹을 만나곤 했는데, 어느 날 갑자기 손가락 크기만큼 어린 무가 몽땅 뽑혀져 있는 경험을 하기도 하고, 배추나 쪽파가 뽑혀져 말라 죽고 있는 가슴 아프고, 애타는 경험을 하기도 했다. 파릇파릇 올라오는 새싹을 보고 다른 반 아이들이 호기심에 뽑은 것이었는데, 정작 꼬마 농부들은 너무 많이 상심하고, 마음에 돌덩이 하나가 쿵 내려앉은 것 마냥 좌절하기도 하면서 어떻게 해야 할지 마음을 모아보기도 했다. 동생들이 뽑았을 거라는 생각을 하고, 뽑혀서 말라버린 새싹을 전지에 붙이고, 아이들에게 당부하는 말을 적어서 동생 반에 가서 캠페인도 하고, 텃밭으로 가는 현관문 앞에 그림이나 글로 메시지를 적어서 붙이기도 했다.

이렇듯 생태텃밭을 운영하는 모든 순간이 의미 있었다. 아이들이 정성 들여 물주고, 관심 있게 바라보고 응원하는 동안 식물은 아이들의 관심과 사랑을 먹고 자라고, 아이들은 자신의 노력에 건강하게 커가는 식물을 보면서 보람을 많이 느꼈다. 스스로 해냈다는 성취감을 느끼면서 자신감도 생기고, 자아개념이 건강하게 자리 잡기도 했다.

생태활동은 비단 유치원 내의 텃밭에서만 이루어진 것은 아니었다. 유치원을 둘러싼 전체 환경이 우리에게는 생태공간이었다. 다행히도 유치원 근처에 생태활동을 위한 공간이 많았고, 아이들과 학급다모임을 통해서 어디에서 놀이하고 싶은지 정해서 그 곳으로 가서 놀이하곤 했다.

통합학급에서는 교육과정에 한 해의 숲 활동 계획을 세우고 꾸준히 숲 활동을 이어갔는데, 특수교육대상유아들은 통합학급에서 함께하는 숲 활동에 큰 흥미가 없었고, 아이들이 가장 선호하는 환경은 시냇가였다. 아이들의 의견을 반영하여 종종 통합학급에서 숲 활동을 하는 대신 특수교육대상유아들끼리 시냇가로 가서 생태놀이를 하곤 했다.

시냇가로 향하는 길에서 만나는 곤충이나 식물, 작은 개울, 이웃 주민, 반려견을 보면서 지역사회 공간 안에서 함께 소통하기도 했고, 아이들이 좋아하는 달리기, 숨바꼭질, 색 벽돌 밟으면서 걸어가기, 무궁화 꽃이 피었습니다, 술래잡기, 여우야 여우야, 다섯 걸음 술래잡기, 바나나 놀이 등 이동하면서 할 수 있는 놀이들을 하면서 시냇가로 향하기도 했다.

유치원에서 출발해서 시냇가까지 가려면 횡단보도를 두 번이나 건너야 하는데,

자칫 위험할 수 있어서 교사와 지원인력은 항상 긴장해서 아이들과 안전하게 길을 건너는 노력을 했던 것 같다. 그러다보니, 자연스럽게 실생활 장면에서의 안전교육이 이루어지게 되었고, 횡단보도를 건너본 경험이 누적될수록 아이들은 길을 건널 때 지켜야 할 안전을 위한 약속을 실천이 습관화되기도 했다. 그리고 시냇가로 향하는 길에 자전거 길이 있어서 자전거 길로 걸으면 자전거와 부딪힐 수 있어 위험한 상황이라는 교사의 안내와 함께 실제 자전거가 다니는 상황을 경험하고 나서부터는 스스로 자전거 길로 걷지 않으려는 노력을 하고, 친구나 동생, 형, 누나 등 또래가 자전거 길을 의식하지 않고 들어가려고 할 때 아이들 스스로 가서 알려주거나 팔을 잡고 자전거 길에서 나올 수 있도록 당겨주는 모습도 눈에 띄어 흐뭇했던 순간이었다.

독립보행은 가능하지만, 이동을 위한 지원이 필요한 특수교육대상유아가 있는데, 휠체어보다는 웨건을 많이 이용해서 생태활동을 다녔다. 호흡기가 약해서 온도변화에 민감하고, 면역력이 약하다보니 쉽게 감기에 걸리는 상황이라 웨건에 투명한 커버를 씌워서 일정온도를 유지했고, 생태활동에 필요한 재료나 놀잇감을 싣고 다니기도 했다. 신체적인 장애가 없더라도 아이들의 컨디션이나 체력에 따라서 걷기 힘들어 할 경우에 함께 타고 다닐 수 있어서 참 좋았던 것 같다.

두루유치원 교사들이 함께 독일의 숲 유치원을 방문하게 되었는데, 독일의 숲 유치원 중 몇 곳은 유치원 건물이 없고 온 종일 아이들이 숲에서만 놀았다. "좋지 않은 날씨란 없다. 좋지 않은 복장이 있을 뿐이다"는 말처럼 아이들의 복장이 숲에서 놀기에 꼭 맞았다.

독일의 숲을 방문한 후에 드는 생각은 '날씨에 구애받지 않고, 아이들이 원하는 장소에서 놀이하면서 아이들의 놀이를 지원해 보고 싶다'는 것이었다. 그래서 특수학급 예산으로 바람막이 점퍼, 숲 모자, 비옷, 스키복 바지, 원터치 텐트, 보온병, 장갑, 털모자, 미세먼지 마스크, 보온 마스크 등을 구입했다. 학부모님께 복장이나 준비물에 대해 늘 당부 드리지 않아도 될 만큼 필요한 것들을 갖추어 나갔다. 그래서 아이들이 원할 때면 언제든 생태활동을 했다. 비가 오면 비옷과 장화를 신고 '비 놀이'하러 나가고 눈이 오면 썰매와 보온병, 윈터치텐트, 스키복 바지 등을 활용해서 춥지 않게 오랫동안 눈 놀이를 즐길 수 있었다. 썰매를 타러 근린공원에 가면 초등학생 형들이 먼저 와서 썰매를 타고 있을 때도 있었다. 그럴 때면 자연스럽게 지역사회에서 만난 형들에게 썰매를 빌려달라고 부탁도 해보고 형들이 동생들을 도와주기도 하면서 자연스럽게 상호작용하기도 했다.

아이들은 생태공간 속에서 무엇이든 시도해보고, 실패도 하고, 성공도 하면서 마음의 힘을 키웠다. 또한 식물을 아기처럼 아끼면서 기르는 과정을 통해 상처받은 마음을 치유하고, 무엇인가를 해냈다는 성취감도 느끼고, 너무나 소중한 존재와 함께 공감하는 의미 있는 경험을 했다. 또 유치원 근처 지역사회의 사람들을 만나고 상호작용하면서 공동체의식을 느끼고, 배려 받고, 나누면서 함께 살아가는 재미를 느꼈다. 아이들 마음이 전보다 훨씬 가벼워지고 넓어지고, 튼튼해지는 시간이었을 것이다.

요리활동-세상과 즐겁게 소통하는 시간

"까나페, 피자, 쿠키, 배추전 등 요리활동을 통해 스스로 만든 음식을 다른 사람에게 나누어주는 모습에서 성취감을 느끼는 것 같다. 가게 놀이를 할 때면 '안녕?', '골라봐', '이거?', '여기 있어', '잘 가' 등의 언어표현을 해보기도 했다. 또래가 고르는 것을 유심히 살펴보다가 또래가 원하는 것을 전해주기도 하고, ○○보다 먼저 전해주려고 또래의 의사와 상관없이 아무거나 집어서 손에 쥐어주기도 하는 등 자신의 역할을 인식하고 그 역할을 잘 해내기 위해 의지를 갖고 때로는 경쟁을 하는 등 적극적으로 참여하는 모습을 많이 보았다. 때로는 아이들이 고르는 것을 계속 보고 있지 못해 다른 것을 골라주면 아이들이 '이거 아니야'하는 반응을 보고 다시 고민해보다가 '다시 말해줄래'와 같은 언어표현을 해보기도 하는 등 상황에 따라 융통성 있게 의사소통하면서 음식가게 사장님 역할을 해보기도 했다."

"배추전을 요리하는 전 과정에 관심을 갖고 참여하고자 했고, 몹시 신중하게 배추줄기를 절 굿공이로 두드리고 부침 옷을 입힌 후, 프라이팬에 넣고 뒤지개로 꾹꾹 눌러주고, 뒤집고, 쟁반에 꺼내는 등 흥미와 집중을 오랜 시간동안 유지해서 활동하는 모습이 대견했다. 배추 전을 그리 좋아하지는 않아서 조금밖에 먹지 않았지만, 급식실이나 하모니선생님 휴게실, 간호사실에 나눠드릴 때는 '○○이가 했어요'라는 의사표현을 길게 적극적으로 어필하는 모 습을 보면서 스스로 성취감을 많이 느꼈을 것이라는 추측을 하게 되었다."

위 글은 아이의 개별화교육 평가 내용 중 일부이다. 2016학년도부터 2019학년도 까지를 되돌아보았을 때 해마다 우리 반 아이들이 선호하는 놀이나 요구는 확연히 달 랐던 것 같다. 요리활동은 전반적으로 꾸준히 해오던 활동이긴 하지만 유독 2019학년 도에 많이 했던 것 같다. 실물자료를 활용할 때 활동에 몰입하여 참여하고, 적극성을 보 이는 아이들이 많고, 좋아하는 음식에 대해서 자주 이야기할 만큼 요구표현이 적극적인 아이도 있다. 또한 수용언어능력이나 표현언어 능력에 있어서 또래와 발달의 차가 많다 보니, 실질적으로 또래와 말로 소통하면서 상호작용하는 것에 한계점이 있었고, 일상생 활에서 사용하는 기본적인 명사나 동사 등에 대해서도 알고 있거나 표현할 수 있는 것 들이 별로 없을 정도로 경험 또한 부족한 아이들이 많았다. 또한 몇몇 아이들은 편식이 심해서 다양한 요리재료와 친숙해지는 경험을 통해 편식 습관을 개선이 필요하기도 한 상황이었다.

그래서 아이들과 함께 먹고 싶은 요리를 고르고, 필요한 재료를 함께 정했다. 요리 재료는 사진으로 인쇄해서 유치원 인근에 있는 마트에서 보물찾기하듯 사진에 나온 재료를 찾아보는 놀이를 했다. 하나씩 재료를 찾는 과정에서 재료 이름도 발음해보고, 찾아보아도 잘 모르겠으면 점원에게 "양파 어디 있어요?"하고 물어보기도 하면서 지역사회 주민들과 소통해보는 경험을 했다. 여러 개의 같은 재료 중에서 신선해 보이거나 마음에 드는 것을 고르기도 하고, 직접 카트 안에 넣고, 아이들이 직접 카트를 밀고 다른 재료를 찾아 이동하기도 했다. 필요한 재료를 힘 모아 계산대에 올리고, 계산이 끝난 재료를 다시 챙겨서 웨건에 싣거나 애착이 가는 재료는 마트에서 유치원까지 직접 들고 오기도 했다. 그러는 과정에서 요리재료의 이름을 여러 번 듣고, 말해보게 되었고, 점원에게 문의하거나 계산하는 과정에서 여러 차례 지역사회 주민들과 소통할 수 있었다.

유치원에 돌아와서는 구입한 요리 재료를 냉장고에 보관하고, 하게 될 요리활동 계획을 아이들과 함께 세워보기도 한다. 요리활동에서 아이들에게 필요한 재료를 보여주고 냉장고에서 보물찾기 놀이하듯 찾아서 웨건에 실은 후, 요리실로 올라가서 각자 원하는 재료를 골라서 씻고 다듬는다. 필요한 요리 도구를 준비해두고 아이들의 필요에 따라 각자 가져가서 사용하게 하고, 각자가 원하는 활동을 원하는 만큼만 참여할 수 있도록 각자의 흥미를 존중한다. 성격이 깔끔하거나 촉감각이 예민해서 손에 많이 묻거나 물컹거리는 재료를 만지기 어려워하는 아이를 위해 유아용 비닐장갑도 준비해두고, 필요할 때 사용할 수 있도록 미리 안내한다. 요리재료를 손질하는 과정에서 수없이 많은 언어표현(명사, 동사, 형용사, 부사 등)을 듣고 말해볼 수 있었다. 또한 요리과정에서 다양한 도구를 사용해보면서 각각의 재료의 특성을 오감각을 활용하여 충분히 탐색하고 느껴보는 경험을 하게 되고 그러한 경험을 통해 발전과 성장이 이루어지는 것 같다.

인덕션이나 오븐, 팝콘기 등 열이 발생하거나 기름을 사용하는 요리는 안전에 유의해야 하는데, 아이들과 함께 뜨거운 것을 만지거나 기름을 사용할 때 위험한 상황임을 함께 이야기하면서 직접 경험해 보게 되니 아이들 스스로 안전하게 활동하려고 노력하는 모습도 눈에 띈다.

함께 만든 소중한 요리 결과물은 아이들이 원하는 만큼 충분히 먹고 나서 통합학급 또래나 교사를 대상으로 가게 놀이를 하면서 가게 주인 역할도 해보고, 나누어 주고 싶은 교직원을 찾아가서 배달해 드리기도 하는 과정을 거쳤다. 이런 과정에서 자연스럽게 주도성과 자율성을 충분히 발휘해보기도 하고, 리더의 역할을 해봄으로써 성취감을 느끼기도 했다. 요리활동을 통해 다양한 발달영역을 통합한 발전을 이룰 수 있었고, 아이들을 둘러싼 세상과 즐겁게 소통할 수 있는 시간이었다.

혁신유치원인 두루유치원에는 특수학급이 한 학급이다. 특수교사가 단 한 명이라 특수교육에 대해 심도 깊은 이야기를 나누면서 집단지성을 발휘할 수 있는 동료가 없기에 혼자 고민하고 연구하는 시간이 많았다. 혁신의 철학을 개별화교육에 잘 녹여내면서 실행해 나가는 과제를 항상 안고 지냈던 것 같다. 그 와중에 아이들을 중심에 두려는 노력을 하면서 아이들의 요구를 파악했고, 역통합활동, 생태활동, 요리활동을 통해 아이들의 요구에 좀 더 민감하게 반응할 수 있었던 것 같다.

이 세 가지 활동 외에도 개별화교육계획과 평가, 개별화교육지원팀 협의, 유아평가, 개별화교육 운영에 관한 평가, 가족참여놀이, 학부모상담 등 특수학급 운영 전반에 있어 혁신의 철학을 담으려는 고민과 노력, 경험해봄으로써 알게 된 노하우, 더 나은 방향으로 나아가기 위한 과제는 늘 마음속에 존재하고 있다.

혁신유치원을 경험해보면서 특수학급운영을 새로운 각도로 보려는 시도를 많이 해보면서 교사로서의 성장도 일정 부분 있었다. 앞으로는 함께 고민하는 동료교사가 많아져서 질적으로 더 나은 발전을 이룰 수 있을 것이라는 기대를 하면서 희망을 가져본다.

4

유아의 삶과 만나는
수업 이야기

김채희

두루유치원 교사

저경력 교사에게 '창의적'이라는 말은 멀게만 느껴진다. 교사가 되기 전 배우고 익힌 교육과정을 현장에서 실천하는 것만으로도 매일이 시도와 실패의 연속이기 때문이다.

처음으로 두루유치원에서 누리과정의 지도서를 의미 없이 나열하거나 답습하지 않는 '창의적' 교육과정을 실천해보자는 이야기가 나왔을 때 당황스러움을 감출 수 없었다. '나는 아직 기존의 것도 능숙하게 해내지 못하는 교사인데 그보다 한 단계 나아간 창의적 교육과정을 만들어 낼 기반이 나에게 있는가?' 라는 의문이 들었다.

이 고민은 두루유치원에서 나 혼자만의 고민은 아니었다. 모두가 기대와 함께 두려움이 있었고 변화에 대한 낯설음이 있었다. 하지만 두루유치원에는 전문적학습공동체가 있다. 혼자 고민하면 어렵지만 나누면 의외의 길이 열린다. 교육과정을 만들어가고 운영하면서 어려움에 빠졌을 때, 항상 해결의 실마리는 전문적학습공동체를 통해 찾을 수 있었다.

지금부터 전문적학습공동체를 통해 만들어간 두루유치원의 창의적 교육과정, 그리고 저경력 교사인 나의 경험을 통해 창의적 교육과정이 우리 아이들과 나의 교실에 어떤 변화를 만들어 냈는지 이야기해보려고 한다.

수업이란 무엇일까

초임교사 시절. 나에게 수업은 다음과 같은 의미였다.

하나. 수업은 교사로서 잘해야 하고, 당연히 해야만 하는 의무와 같은 것.

둘, 수업은 누리과정 지도서를 잘 숙지하여 생활주제에 맞게, 모든 영역을 골고루 발달시키는 과정.

셋, 언제나 수업은 더 잘하고 싶고 실수하고 싶지 않은 목표달성과 같은 것.

넷, 수업을 장학 및 수업공개를 통해 밝혀지는 교사로서의 나의 능력과 동일시.

다섯, 수업은 내가 가진 지식과 지성, 교양과 감성을 최대로 발휘하여 아이들에게 전달하고 잘 가르치는 것. 그러므로 더 많이 알고 잘 아는 교사가 좋은 수업을 하는 교사.

이러한 생각으로 다음과 같은 수업계획안을 통해 수업을 했다. 잘 짜인 좋은 수업을 아이들에게 보여주는 것이 교사의 역할이라고 믿었다. 그래서 누리과정이라는 공인된 교육 자료에 의지하여 보편적으로 좋은 수업이라는 틀에서 벗어나지 않으려 노력했다. 그러나보니 수업안은 촘촘하게 짜인 훌륭한 각본이어야 했으며 주간교육계획안을 그대로 옮긴 하루 일과는 시간표처럼 돌아갔다. 누리과정에 충실한 꼼꼼한 수업을 하고 싶은 나의 열정은 이 방법이 가장 좋은 것이라고 믿어 의심치 않았다.

그런데 의외의 부작용도 있었다. 우선 시간표 같은 수업계획은 아이들을 힘들게 했다. 아이들이 행복하고 더 잘 배워가기 위한 바람으로 시작한 이 계획들이 오히려 아이

4. 유아의 삶과 만나는 수업 이야기

들의 불만을 만들어 냈다. 교육적으로 의미를 담아 재미있게 마쳤다고 생각하는 수업에서도 언제나 아이들은 '이제 놀아도 돼요?' 라고 나에게 물었다. 수업을 하기 위해 자유선택활동을 중단시킬 때마다 아이들에게서는 아쉬움 섞인 탄식이 흘러나왔다. 빨리 수업을 해야 하는데. 정리하지 않는 아이들에게 야속한 마음이 들었고, 수업에 집중하지 못해 분위기를 흐리는 아이들을 나의 지시에 따라오게 훈련시키기에 바빴다.

아이들을 위해 좋은 수업을 하고 싶다는 나의 정성에서 시작한 노력들이 점점 더 나를 나쁜 선생님으로 변해가게 하는 것만 같은 딜레마에 빠졌다. 아이들이 지금 이 순간 하고 싶은 것들은 따로 있는데. 이미 짜인 주간교육계획안이 있으니 하루 일과는 계획안 중심으로 돌아가기 일쑤였다. 자유선택활동이나 바깥놀이에서 이루어지는 아이들의 자유로운 놀이는 나의 수업과 분리되었고 나의 수업은 아이들 놀이의 흐름과 속도를 반영하지 못했다.

이 경험을 나는 혼자만 갖고 있지 않았다. 선생님들과 고민을 나누고 함께 공감했다. 선생님들과의 소통을 통해 이 고민이 비단 나의 고민만이 아니라는 것을 깨달았다. 결코 그냥 넘어가서는 안 되는 중요한 고민이라는 것을 깨달았고 이를 통해 나의 생각의 변화가 조금씩 이루어졌다.

혁신학교에서는 항상 '낯설게 보기'를 강조한다. 익숙해서 문제가 아니라고 생각했던 지점을 한 발짝 멀리서 지켜보는 것이다. '왜 이래야 하지?' '다른 방법은 없을까?' 같은 현상과 반복되는 현상을 의문을 가지고 다시 한 번 살펴보는 것이다. 교실과 수업 속에서 흔히 교사가 겪는 딜레마 역시도 낯설게 보고 나니 더 나은 방법을 찾고자 하는 호기심이 자연스럽게 생겨났다.

내가 갖게 된 작은 생각의 변화는 다음과 같다.

1. 수업시간은 누구의 시간일까? 학교의 주인은 학생, 유치원의 주인은 유아(아이들)라고 버릇처럼 말하면서도 수업시간은 교사인 나의 시간이라고 생각해왔던 것 같다. 아이들이 지금 이 순간 원하는 것에 귀 기울이지 못하고 교육 전문가인 내가 유아들의 특성과 흥미를 고려하여 잘 짜놓은 수업계획안이 이미 있으니 아이들은 나의 계획에 맞추어 따라오기만 하면 최고의 시간을 만들 수 있다고 생각해왔다. 지금은 김채희 선생님의 수업시간. 이 짧은 선긋기 하나가 나의 수업 안에 진짜 아이들이 없는 수업을 만들었던 것은 아닐까, 라는 의문이 들었다.

2. 아이들의 생각을 조금 더 들어보고 싶다. '이제 놀아도 돼요?' 라는 말을 듣지 않을 수 있는 수업을 하려면 어떻게 해야 할지 고민해보고 싶어졌다.

3. 수업을 통해 잘 가르친다는 것은 뭘까? 교사가 갖고 있는 지식, 지성과 교양, 감성을 효과적으로 전달하는 것만이 좋은 수업일까? 잘 가르치기만 하면 좋은 교사인 걸까? 떠먹여 주지 않아도 스스로 탐구할 수 있는 아이들의 가능성을 믿는 교사가 되려면 어떻게 해야 할까?

4. '지금 그거 하는 시간 아니에요.' '얼른 해보세요!', '빨리 해보세요!', '선생님의 말에 집중하세요!' 습관적으로 내뱉는 나의 말로 인해 교사와 아이들 모두 상처받는 이 반복되는 흐름을 끊어낼 수 있는 방법은 무엇일까.

이 작은 생각의 변화들을 실마리로 나의 수업을 조금씩 변화시키고자 하는 노력이 시작되었다. 그리고 그 노력은 선생님들과 함께하게 되었다.

전문적학습공동체와 창의적 교육과정

두루유치원에서 수업의 변화를 선생님들과 함께한다는 것은 전문적학습공동체를 통해 함께 고민하고 해결방안을 모색한다는 의미이다. 교육과정, 수업, 아이들과의 상호작용 등 고민이 있다면 어떤 것이든 전문적학습공동체를 통해 함께 이야기 나눈다.

두루유치원의 창의적 교육과정을 이해하기 위해서는 전문적학습공동체에 대한 이해가 필요하다. 전문적학습공동체에서 가장 우선 시도하는 것은 교육에 대한 관점과 '철학'에 대한 공유이다. 두루유치원의 교사들이 교육, 유아, 수업을 어떻게 바라보고 있는지 서로 이해하고 합의점을 찾아야만 두루유치원의 교육과정을 설계하기 위한 방향을 잡을 수 있기 때문이다. 철학이 우선 공유되고 나면 그 철학을 바탕으로 뿌리는 같지만 연령별로, 학급별로 개성은 뚜렷한 조화로운 창의적 교육과정을 만들어갈 수 있다.

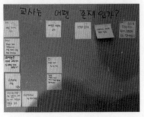

두루유치원에서는 '교사'란 어떤 존재여야 하는가, '유아'는 어떤 존재인가 함께 고민해보는 것에서부터 철학 공유를 시작하였다. 이 과정을 통해 서로의 생각을 공유하고 공감할 수 있었으며 더 나은 교사상, 우리가 인정해야 할 유아상은 어떤 것인지 깨달을 수 있었다. 그리고 이 교사상과 유아상을 바탕으로 '스스로 해보고 함께 놀자'라는 유치원의 교육 비전을 완성할 수 있었다. 함께 만든 교육 비전이었기에 이 의미를 모든 구성원이 깊이 이해할 수 있었으며, 같은 시간 서로 다른 교실에 있더라도 모든 교사들은 각자의 개성을 담아 아이들과 조화로운 창의적 교육과정을 만들어 낼 수 있는 뿌리가 되었다.

함께 만든 교육철학과 교육비전은 역시 나와 우리아이들의 교실에도 울림을 주었다. 이 과정을 통해 나는

- 교사만 아이들을 가르치는 것이 아니다. 순간순간 아이들의 변화와 성장을 바라보며 교사 역시 아이들을 통해 배울 수 있다는 것을 깨달았다.
- 선생님의 정성, 열정이라는 이름하에 커졌던 욕심을 내려놓고 아이들이 진짜 원하는 것이 무엇인지 귀 기울여 보기로 했다.
- 수업시간이 선생님의 수업시간이 아닌 아이들의 시간이라는 것을 인정하고 실천해보고 싶다는 생각을 갖게 되었다.

이 작은 생각의 변화와 함께 혁신학교로서의 두루유치원도 시작되었다. 4년간의 혁신학교를 함께하며 우리 아이들과 나의 수업과 교실도 조금씩은 변화가 시작되었다.

이제부터는 시간의 흐름에 따른 두루유치원의 핵심적 변화과정, 그리고 그 안에서 함께 변화하는 교실 속 나의 경험을 함께 이야기해보려고 한다.

2016학년도-꼭 필요한 것만 남기기
- 익숙한 것 고민해보기

2016학년도에는 교육계획안 낯설게 보기가 이루어졌다. 앞에서 말한 수업에 대한 고민은 비단 나만의 것이 아니었기에 수업의 변화를 위해 교육계획안이 변화해야 한다는 사실에 교사 구성원 모두가 공감했다.

교육계획안을 만들 때 우리가 가장 고민했던 것은 교육계획 안에서 진짜 중요한 것만 남기

고 덜어내는 작업을 해보는 것이었다. 하루 안에 실천하기 빠듯했던 교육활동에 핵심적이지 않은 항목은 배제하고 간소화된 교육계획안을 만들기 위한 노력을 했다. 그 결과로 다음과 같은 교육계획안이 만들어졌다.

이 과정에 함께 참여하며 아이들과 나의 교실 속에서는 이 변화를 어떻게 반영할 것인지 고민했다. 창의적인 교육과정, 그 교육과정을 따르는 수업은 어떤 모습이어야 할까. 전문적학습공동체를 통해 교육계획안을 변화시켰던 것처럼 나의 수업도 꼭 필요한 것만 남기고 가장 중요한 것을 꼽아보고 싶었다. 고민 끝에 내린 나의 결론은 수업에서 가장 중요한 것은 역시 '놀이' 이어야 한다는 것이었다. 아무리 재미있고 좋은 수업을 해도 언제나 놀이에 대한 갈증이 있는 아이들. 놀아도, 놀아도 더 놀고 싶어 하는 아이들. 놀이가 존재의 이유이자 권리인 아이들. 역시 아이들에게 가장 중요한 것은 놀이였던 것이다. '선생님, 이제 우리 놀아도 돼요?' 라고 묻는 아이들의 말에 정답이 숨어 있었던 것이다. 아이들의 이 말 한마디를 계기로 나는 '놀이' 가 있는 수업을 탐구하는 한 해를 보냈다.

작년에 이어 만 3세 학급을 맡았던 2016학년도에 나의 가장 큰 고민은 어린 연령과 함께 놀이가 있는 수업 만들기를 풀어내는 방법이었다. 아이들의 자유선택활동을 살펴보니 만 3세인 우리 반 아이들은 가작화를 통해 흉내 내기, 역할 맡기를 할 수 있는 역할놀이를 선호한다는 사실을 알 수 있었다. 이 사실을 바탕으로 나의 수업도 아이들의 놀이와 닮은 활동을

중심으로 만들어보았다. 2016학년도 한 해는 위의 수업뿐만 아니라 아주 다양한 역할 놀이들이 이루어졌다. 아이들이 흥미 있어 할 만한 다양한 상황을 역할놀이로 만들었고 아이들과 역할, 놀잇감, 상황을 정해 함께 놀이해 보았다. 목욕탕 놀이, 중국음식점 놀이, 주유소놀이, 병원놀이, 유치원 놀이 등… 아이들의 연령 특성과 우리 반 아이들의 흥미에 맞춘 수업을 하다 보니 아이들은 더욱 즐거워했고 자연스러운 상황 속에 함께 노는 아이들이 늘어났다.

혼자놀이와 병행놀이의 특성이 두드러지는 만 3세 연령에서 자연스럽게 다른 친구들과 어울려 놀아볼 수 있는 계기가 되었다. 뿐만 아니라 실생활과 닮아 있는 경험 중심의 역할 놀이를 하다 보니 아이들의 다양한 경험을 관찰 할 수 있었다. 사전 경험을 바탕으로 흥미로운 언어 표현을 하는 아이들을 발견할 수 있었으며, 같은 경험을 공감하는 과정을 통해 친구에 대해 서로 관심을 갖는 상황이 늘었다. 친구와 어울리기에 익숙하지 않은 아이들도 자연스러운 놀이 상황 속에서 자신이 원하는 정도에 따라 원하는 만큼 참여도를 조절하고 친구들의 놀이를 관찰할 수도 있었다.

역할놀이 중심의 놀이 수업을 통해 놀이와 접목한 자연스러운 상황이 아이들의 수업 참여도를 높일 수 있다는 것을 발견하였고 아이들의 놀이(수업) 시간도 길어졌다. 바르게 앉아서 선생님의 지시에 따르는 수업이 아니다 보니 역할 놀이라는 테두리 안에서 아이들은 자유롭게 말하고 행동하고 표현했다. 교사는 아이들과 함께 놀며 아이들의 놀이 특성을 파악할 수 있었다. '놀이' 라는 핵심 요소를 강조하고 수업을 변화시켰던 것에 뿌듯함을 느꼈고 그 결과는 전문적학습공동체를 통해 선생님들과 함께 공유하였다.

2017학년도-아이들에게 눈을 돌리자
- '가르침'이 아닌 '배움'이 중심이 되는 수업 만들기

2017학년도는 아이들의 생각을 교육과정에 담는 첫 걸음이 시작되는 한 해였다. 물론 지금까지도 언제나 유치원의 교육과정은 유아의 흥미와 관심, 삶과 연관된 교육과정을 운영하는 것이었다. 하지만 그것에서 더 나아가 두루유치원에서는 작은 결정 안에서도 유아의 생각을 직접 담아보면 좋겠다는 생각이 시작되었다. 바깥공간의 텃밭에 키울 작물을 아이들의 투표를 통해 결정하거나, 유치원 연간 행사 일정 중 일부의 선택을 아이들이 해볼 수 있도록 운영하는 것이 그 예이다. 유치원의 주인인 아이들의 결정을 존중하는 문화를 만들어보고자

하는 생각이 반영된 결정이었다.

더불어 2017학년도에는 전문적학습공동체를 통해 새로운 수업방식을 함께 배워보았다. 배움 중심 수업이라는 새로운 관점의 수업 방식을 함께 탐구해보았다. 현재까지의 수업안, 수업공개, 수업장학의 방식은 교사의 교수능력을 강조하고 이를 개선하고 성장하는 것에 치중되어 있었다. 하지만 배움 중심 수업에서는 그 시선을 아이들에게 집중하는 것이 핵심 내용이었다. T/C안으로 대본을 만들 듯 계획하는 계획안에서 탈피하여 교사와 유아의 자연스러운 상호작용에 집중하는 수업을 강조했다. 수업자의 의도와 큰 맥락의 흐름을 디자인 하는 것에 더욱 집중해야한다는 것을 배울 수 있는 계기가 되었다.

교사의 억양 태도, 준비한 수업자료와 잘 짜인 각본은 중요하지 않았다. 더욱 중요한 것은 그 수업 안에서 우리 학급의 아이들이 어떤 말을 하고 행동하는지, 어떤 배움을 이루어내는지, 교사-친구들-수업 환경과의 상호작용은 어떻게 이루어지는지에 집중하는 것이었다. 타 교사의 수업이든 나의 수업이든 수업을 관찰할 때는 교사에게 집중할 것이 아니라 수업의 주인공인 아이들에게 눈을 돌려야 한다는 것을 배울 수 있었다.

전문적학습공동체를 통해 배운 내용을 바탕으로 나의 키워드 역시 '아이들'로 변화하였다. 수업에서 아이들이 중심이 되는 수업을 만들어 보고 싶었다. 2017학년도 만 4세 학급을 맡으며 아이들과의 깊이 있는 상호작용이 어려운 대집단 활동 보다는 짝활동에 대한 관심이 높아졌다. 짝활동을 통해 아이들이 소수 인원의 친구와 깊이 있는 놀이 상황, 대화 상황을 경험해 볼 수 있을 거라 예상하였다. 그리고 아이들이 필요로 하는 수업을 해보고 싶었다.

위에서 말한 아이들이 필요로 하는 수업의 의미는 교실에서의 한 가지 상황에서 비롯되었다. 2017학년도에 내가 만난 우리 하랑반 아이들은 게임 수업을 매우 좋아했다. 항상 게임

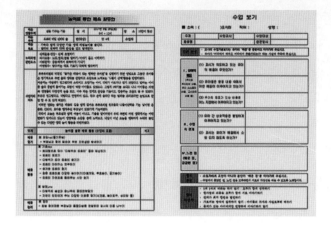

수업을 하자고 말했고 게임에 참여하는 것을 즐겼다. 그런데 게임을 좋아하는 우리 아이들의 갈증이 쉽게 해결되지 않아 또 게임을 하고 싶어 한다는 것을 깨달았다. 그 이유는 무엇이었을까. 바로 내가 진행하는 게임 수업의 특징 때문이었다. 20명의 아이들이 함께하는 학급의 특성상 약 30분가량의 단위수업으로 게임 활동을 진행하게 된다.

대부분의 게임 활동을 편게임으로 진행되었다. 게임 유형의 수업에서 만큼은 경쟁과 겨루기, 점수 얻고 확인해보기를 즐기는 우리 아이들은 게임에 참여하는 것을 참 좋아했다. 하지만 자세히 분석해보니 아이들이 진짜 게임에 참여하는 시간은 극히 일부에 불과했다. 게임 수업에서 대부분의 시간은 게임을 설계하고 나의 순서를 기다리는 데에 소요되었다. 편게임의 이런 특성이 아이들이 게임을 해도 늘 아쉬움이 남고 갈증이 해소될 수 없었다는 것을 알수 있었다.

따라서 나는 수업 나눔(두루유치원의 수업장학)을 통해 같은 시간을 진행하더라도 각각의 아이들이 충분히 게임에 참여할 수 있는 시간을 확보하는 방식의 게임을 연구해보고 싶었다. 그래서 짝활동으로 진행하는 게임 수업을 만들어 보았고 그 수업의 과정을 선생님들과 공유하였다.

두루유치원의 매 해 수업 나눔에 참여하며 나의 마음가짐은'완성형의 수업, 최고로 좋은 수

4. 유아의 삶과 만나는 수업 이야기

업의 본보기를 공유할 수는 없으나 나의 고민과 의문에서 시작된 수업의 일부를 함께 공유하는 것'이었다. 함께 생각해볼 만한 이슈를 던지는 수업을 해보는 것이 나의 목표였다. 이것이 혁신학교의 구성원으로서 창의적 교육과정을 만드는 데에 기여하는 나의 역할이라고 생각하였다.

2018학년도 유아자치활동(아이들의 생각에 귀 기울이기)
- 아이들이 직접 만드는 교육과정

2017학년도에 유아 중심의 수업에 대한 두루유치원 교사들의 관심은 이미 시작되었다. 유치원의 작은 결정을 할 때 아이들의 의견을 반영해보는 시도를 했다. 텃밭 작물을 결정할 때, 행사 속 코너를 정할 때 아이들이 원하는 것을 이루어주고자 하였다. 2017학년도 말에 평가 시즌에도 역시 아이들의 의견을 평가에 반영하여 2018학년도를 꾸려나가고자 했다. 아이들이 직접 교육과정을 평가하며 내년에 내가 다시 해보고 싶은 놀이수업, 동생들에게 선보이고 싶은 재미있는 놀이수업을 아이들이 투표를 통해 선정할 수 있도록 열어주었다. 이 경험이 아이들과 교사들 모두에게 긍정적으로 느껴졌고 2018학년도에는 지난해에서 더 나아가 아이들의 유아자치활동을 존중하고 활성화하고자 철학을 공유하였다.

두루유치원의 유아자치활동은 단편적인 투표활동이나 민주주의 체험을 의미하는 것이 아니다. 아이들이 직접 결정하는 과정, 의견을 내어볼 수 있는 환경에서 살게 하는 것, 그리고 이런 아이들의 이야기에 귀 기울이며 의미 있게 교육과정으로 끌어들이는 모든 것을 포함하는 의미로 사용하였다.

아이들과 나의 교실에도 이러한 두루유치원의 변화 흐름이 반영되었다. 우리 교실에는 행복한 토끼달력이 생겼다. 아이들이 하고 싶어 하는 활동과 놀이들을 시간의 흐름, 계절의 흐름에 따라 달력으로 만들어 함께 계획해본 것이다. 아이들이 하고 싶은 놀이가 무엇이든 펼쳐지는 교실을 만들어주고 싶은 의도였다. 아이들은 처음에 의아해했지만 달력 안에 내가 제시한 놀이들을 하나씩 준비하는 선생님의 모습을 보며 조금 더 적극적으로 자신이 원하는 바를 이야기 하는 변화가 생겼다. 친구들이 삼삼오오 모여 다음에는 어떤 놀이를 하게 될 지 예측해보고 기대하는 아이들의 모습도 볼 수 있었다. 달력에 추가해 달라며 새로운 놀이를 제안하는 아이들도 있었다.

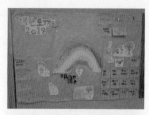

수업나눔 역시 아이들의 의견을 반영한 수업나눔을 진행하였다. 여름철에 아이들은 다양한 물놀이를 해보고 싶어 했다. 아이들의 의견에 따라 물총놀이, 물풍선 놀이, 수영장 놀이, 수돗가에서 자유롭게 놀기 등 다양한 물놀이를 진행하였다. 매번 반복되는 다양한 물놀이에서 조금 더 나아가기 위해 나는 아이들에게 물놀이와 함께하는 물감놀이를 제안하였다. 아이들은 제각각 물과 물감이 만난다면 해보고 싶은 놀이를 예상하고 제안하였다. 아이들의 이러한 제안을 그대로 수업으로 펼쳐주는 수업을 시도하였고 아이들과 함께 해 보았다. 이 수업을 공개하며 아이들의 의견을 반영한 놀이수업의 또 다른 형태를 공유해보고 싶었다.

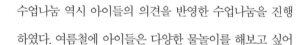

4. 유아의 삶과 만나는 수업 이야기

2019학년도-수업과 놀이의 경계(자유놀이) 교실과 환경의 경계 고민해보기
- 창의적 연령별 교육과정 만들기

2019학년도 전문적학습공동체에서는 아이다움교육과정과 개정 누리과정의 등장을 배경으로 자유놀이의 중요성에 대한 연구가 이루어졌다. 자유선택활동에서 자유놀이로 변화하는 교실의 모습을 서로 나눔으로써 아이들이 놀면서 스스로 배우고 함께 성장하는 모습을 공유하였다. 두드러지는 변화는 다음과 같다

1. 자유선택활동에서 중요시 여겼던 영역의 구성, 놀이 유형과 시간의 제한을 혁신하는 것에 중점을 두었다. 자유선택활동을 운영하는 것은 아이들의 놀이에서 진정한 의미의 자유를 주지 못하는 한계를 느꼈다. 서로 다른 특성의 놀이가 공간의 제약 없이 연합하여 더 다양한 상호작용이 이루어질 수 있도록 격려하고자 하였다.

2. 수업의 유형과 세부적인 방식과 흐름 역시 유아가 정할 수 있는 환경을 마련하였다. 수업 유형의 제한이나 수업 시간의 제한 없이 아이들이 원하는 놀이들이 동시다발적으로 일어나는 상황을 존중하였다.

3. 교실과 환경의 경계에 대한 고민이 이루어졌다. 야외수업, 숲과 산책활동, 강당 놀이에서 더 나아가 교실 아닌 유치원의 다양한 환경들을 교육활동의 장으로 활용하였다. 아이들이 이리저리 이동하며 다양한 놀이를 진행할 수 있었던 경험을 함께 공유하였다. 다른 연령의 학급을 교사의 관찰 하에 자유롭게 방문하거나 협동해서 놀이를 진행할 수 있었으며 복도와 계단 등 안전이 보장되는 상황 안에서는 숨어 있는 공간들도 대근육 활동이나 크고 작은 놀이들을 진행할 수 있는 장으로 활용할 수 있었다.

더불어 2019학년도 전문적학습공동체에서는 연령별 교육과정 만들기에 중점을 두었다. 과거의 두루유치원이 교육과정을 구성할 때 철학 공유하기에서부터 시작했던 것처럼 각 연

령별 교육과정을 구성할 때도 각 연령의 특성과 개성을 반영한 철학 세우기에서부터 시작하였다. 연령별 교육과정의 특성 뿐 아니라 각 학급의 개성 또한 존중하는 교육과정을 만들었다.

만 3세 새싹교육과정

2019학년도 만 3세 교육과정인 새싹교육과정의 중점사항은 다음과 같다.

만 3세 유아 특성과 학부모의 특성을 고려하여 교육과정에 반영하고, 만 3세 유아 특성에 맞춘 교사상 설정, 교육과 보육의 특성이 공존하는 만 3세 교육의 특성을 반영하여 온화하고 새싹과 같은 만 3세 아이들을 햇살처럼 보듬어주고 실수해도 기다려주는 교사상 지향에 중점을 두었다.

만 3세 교육과정을 두 가지 큰 줄기로 나누었다.

연령 및 발달 특성에 맞춘 '기본생활습관' 과 놀이를 강조하는 '재미와 즐거움' 으로 나누어 만 3세 유아에게 꼭 필요한 유치원 교육과정의 요소를 놓치지 않고자 하였다. 원재료 중심의 감각과 탐색놀이, 동화의 스토리를 활용한 극놀이와 역할놀이를 강조하고 전문적학습공동체의 이슈와 연령별 학습공동체를 통해 완성한 만 3세 새싹교육과정을 바탕으로 만 3세 고운 향기반을 운영하였다. 2019학년도는 월별로 동화를 선정하여 스토리를 바탕으로 다양한 연극 및 역할놀이를 진행하고 자유놀이를 확대하여 유아들의 놀이 특성을 파악하고 선호하는 놀이유형을 정선하여 다음 달 활동에 반영하였다.

만 3세 연령별 교육과정에서는 유아 중심의 수업과 교사중심의 수업이 공존하는 교육과정에 대한 의미를 강조하고 있다. 유치원을 첫 경험하는 연령이니만큼 유아들이 마냥 자유롭게 의견과 놀이를 할 수 있도록 존중하기 보다는 유아의 발견과 탐색에서 비롯한 적절한 지원과 비계설정이 아이들의 놀이를 더욱 풍성하게 만든다는 것에 공감했기 때문이다. 따라서 온전한 자유놀이 시간도 보장하지만 때로는 그 놀이 속에서 아이들과 함께 놀아주고, 놀이하며 적재적소에 도움과 지원이 이루어지는 놀이수업이 될 수 있도록 교사 역할에 균형을 잡았다. 이렇게 2019학년도의 두루 창의적 교육과정은 전문적학습공동체에서 공유한 내용뿐만 아니라 각자의 개성과 특수성이 보장되는 교육과정이 되었다.

이야기를 마치며

창의적 교육과정을 운영하는 것에 두려움이 있었지만 그 두려움이 기대와 즐거움, 새로운 도전에 대한 흥미로 변화할 수 있었던 것은 전문적학습공동체의 힘이 컸다. 모두가 함께 고민하고 그 고민을 공감하는 과정이 있었기에 나 혼자만의 변화가 아니라는 사실이 미약하나마 새로운 도전을 할 수 있는 원동력이 되었다.

저경력 교사라 하여 창의적 교육과정을 운영할 수 없는 것은 아니다. 한 교실 안에서 다양한 아이들의 개성과 고유의 색을 존중하는 것처럼 교사의 경력과 능력, 장점과 강점이 모두 다름을 인정할 수 있어야 한다. 서로의 다름이 틀림이 아니라는 것을 인정하고 그 이야기의 귀기울이다보면 내가 미처 생각지 못했던 곳에서 다른 선생님의 이야기를 통해 내 고민의 실마리를 찾을 수 있다. 함께 만들어가는 교육과정 안에서 새로운 참신함과 창의력이 나온다. 서로의 가능성을 신뢰하며 아이들에게 교사가 그런 것처럼 교사 간에도 서로의 이야기에 귀 기울이며 함께 만들어보자.

우리 아이들을 위한, 우리 아이들이 직접 만든 놀이를 통해 배우는 창의적 교육과정은 어느 공동체에서나 완성될 수 있다. 저마다의 향기와 빛깔을 뿜어내며 아름다운 숲을 이루는 나무처럼 각자의 소중함을 가진 교육과정으로 빛을 낼 수 있을 것이다.

5

아이들의 놀이 발자국을
따라 가보다

천지연

두루유치원 교사

성장중심기록화의 시작

유아교육에서 유아 중심과 놀이 중심 교육과정에 대해 새롭게 재조명해보자는 혁신교육의 바람과 함께 세종시 교육청에서 2018년 아이다움교육과정의 편찬·보급이 이루어졌다. 이와 더불어 두루유치원 교사들은 유아교육의 본질에 대한 고민을 시작하였다. 즉, 유아교육에서 가장 중심이 되는 아이를 어떻게 바라보면 좋을지에 대한 고민이 시작된 것이다.

이 고민과 함께 두루유치원 교사들은 아이는 어떤 존재인가, 하나의 존중받아야 할 인격체로서의 아이들과의 수업은 어떠해야 할까, 교사의 역할은 어떻게 변화되어야 할까 등에 대한 질문을 스스로에게 던져보기 시작하였다.

아이를 제대로 바라보는 것. 결국 그 질문의 해결을 위한 도전의 첫 걸음을 내딛기 위해서는 기존에 우리가 통상적으로 해오던 유아 평가의 방법을 다시 되짚어볼 필요성이 있었다.

유아 평가 방법을 되짚어 보기 위해 전문적학습공동체 시간을 활용하여 기존의 유아 평가 방법을 반추해보았다. 이 과정을 통해 놀라운 사실을 발견할 수 있었다. 2006년과 2015년의 유아 평가 자료를 비교해보았을 때, 유아 평가가 계획부터 평가 준거까지 촘촘하게 미리 계획되어 목표 달성 여부만을 평가하여 주로 결과를 드러내는 방식으로 진행되고 있다는 점이었다. 또 한 가지 놀라운 사실은 장장 10년 남짓 되는 시간 동안 유아 평가의 방식에의 변화가 이루어지지 않았다는 점이었다.

나의 학부 시절 실습 기간 동안에 아이들이 놀이에 대한 평가를 하는 모습을 돌이켜보면 제시된 목표에 따라 자유선택활동 계획표와 평가표에 "웃는 표정, 무표정, 아쉬운 표정"에 색칠하거나 스티커를 붙이는 모습이 생각이 난다.

학부 시절에는 으레 이러한 방식으로 평가가 이루어지는 것에 대해 큰 문제의식을 느끼지 못했으나 두루유치원에서 전문적학습공동체 시간에 기존의 자료들을 분석해보며 유아를 바라보는 중요한 자료인 유아 평가가 온전히 유아의 삶과 모습을 담고 있다고 보기에 어렵다는 생각이 들었다. 한 예로, 체크리스트의 수치화된 결과를 그래프로 나타냈을 때 어느 한 항목이 낮은 아이의 경우, 실제로 그 평가결과가 아이의 모습이라고 단정 지을 수 없다는 것이다.

또한, 아이들마다 개인차가 존재하고 놀이 과정 속에 아이의 배움과 성장이 존재하는데 기존의 평가는 목표 달성여부를 평가하는 데만 그치는 것이 대부분이었고, 결과가 환류되기 어렵다는 점 또한 평가 방식의 변화가 필요한 지점이었다.

이에 대한 고민은 교사들만의 고민은 아니었다. 전문적학습공동체 시간에 나누었던 이야기들에 의하면 학부모들 또한 일반적인 유아 평가가 단편적이며 한 항목만으로 우리 아이의 전체 모습을 평가하는 데 무리가 있어 보인다는 염려를 전하기도 하였다.

유아 평가에 대한 다양한 관점에서의 분석과 고찰을 통하여 "스스로 해보고, 함께

4부 아이다움교육과정

놀자"의 교육 비전 아래 아이다움교육과정에서 말하는 기록화 방법을 시도해보고자 하였다.

기록, 기록화…친숙한 단어이지만 유아 평가의 방법으로 기록화를 한다는 것에 대해서는 막연한 느낌이 들었다. 그래서 교육과정과 마찬가지로 교사 스스로의 역량에 대한 존중과 더불어 스스로 필요성을 인식하고 실천하고자 하는 자발성이 중요하므로 기록화의 자율권을 보장하기로 하였다. 그 약속으로는 "내가 가장 잘할 수 있는 방법으로 해 보기, 할 수 있는 만큼만 해보기" 였다.

두루유치원에서 시도해 본 성장중심기록화 1 (2018년)
- 교사의 기록

연수원학교의 일환으로 선생님들의 기록화 자료들을 한데 모아 공유하고 정리한 후에 재방문해보는 기회가 있었는데 내가 생각지 못했던 새롭고 참신한 기록화 방법들을 선생님들께서 실행하고 계셨다. 두루유치원에서 시도한 기록화 방법은 크게 교사의 기록과 유아의 기록으로 나눌 수 있다.

먼저 교사의 기록에 대해 살펴보면 "수기로 기록하는 우리반 일기, 어플 '학교종이앱'을 이용한 기록, 전자기기를 활용한 기록, 평가지표 준거를 반영한 기록, 방과후과정과 연계하는 기록, 교사 에세이, 놀이 함께 보기 기록" 등 7가지 방법으로 실행되었다.

기록화를 처음 시도해 보는 시기였기 때문에 가장 효율적인 방법을 찾기 위해 각각의 기록화를 선택한 이유와 장점, 한계점에 대해 분석해보는 시간을 가졌다. 또한 기록화를 통해 우리가 궁극적으로 고민을 했던 "아이들을 제대로 바라보는 것" 이 잘 이루어졌는지에 대해 생각해보았다. 아이의 성장과 변화를 중심으로 기록한 것을 사례로 들어보았을 때 아이의 놀이 과정 속 변화를 발견할 수 있었다.

5. 아이들의 놀이 발자국을 따라 가보다

기록화 방법(교사)

기록의 방법	기록의 내용
우리반 일기 (매체: 수기 활용)	• 놀이지원 • 유아의 성장과 변화 • 놀이의 계획, 진행, 평가
학교종이앱	• 학부모 공유 • 학교종이앱 글에 대한 유아 개인의 기록
유아 일상기록 (매체: 전자기기 활용)	• 유아일상기록, 교사의 해석 • 동영상 및 사진 자료, 교사의 해석
평가지표에 의한 기록	유아일상기록, 지성·심성·시민성에 의한 해석
방과후과정 연계 기록	교육과정·방과후과정 연계 기록
교사 에세이	교사의 월 평가 기록
놀이 함께 보기	하나의 놀이에 대한 다양한 교사 관점의 기록

기록화 사례

> Y-S
>
> 소풍을 나가는 놀이를 하다가 돗자리가 필요해서 빈 아이클레이 봉지를 가져옴. 처음에는 작은 한 봉지로 숲 나갈 때 돗자리처럼 독립적인 공간을 만들다가 교사가 "어라? 나도 앉고 싶어."라고 하니 분리된 각각의 8장의 봉지를 붙임. 교사가 그 위에 앉자 봉지가 분리되어 Y가 "선생님이 너무 크잖아요." 이야기함. 교사가 "그러면 어떻게 하면 떨어지지 않을까?" 하니 Y가 "테이프로 붙여요." →
>
> Y가 테이프를 가져와 붙이던 중 S와 함께 붙임. 붙이고 나니 봉지가 부족해 이런 모양이 됨. 어떻게 하면 좋을까 하니 종이를 가져다 붙이자고 함. 색종이로 연결하여 돗자리를 완성하는 중임.
>
> – 2018년 10월 23일 우리반 일기 기록의 일부

1학기 때의 만 3세 유아 Y는 무언가를 시도할 때 "선생님! 이것 좀 보세요, 선생님! 못하겠는데…모르겠어요!"라고 이야기하며 스스로 문제를 해결하기 어려워하는 의존적인 성향의 아이였다. 그 이후 놀이 속에서 스스로 문제를 해결해 보는 다양한 경험들을 통해 Y는 맞닥뜨린 문제 상황에 대해 고민하고 해결을 위한 도전을 하는 모습으로 변화한 것을 볼 수 있었다. 기록한 내용을 바탕으로 학부모와의 상담에도 활용하였는데 우리 아이에게 그런 모습이 있는 줄은 몰랐다며 놀라움을 가지는 모습을 볼 수 있었다.

두루유치원에서는 특별한 방법으로 동료 장학이 이루어진다. 바로 "수업 함께보기" 이다. '함께'를 '고민하고' 앞으로 이동 고민하고 수업 속 아이들의 배움 과정에 초점을 두어 수업을 바라본다. "수업 함께보기"는 원 담임교사가 미처 바라보지 못했던 아이들의 모습을 새롭게 발견하는 기회가 되기도 하고 아이에 대해 해결되지 않던 궁금증들이 해결되는 아주 특별한 시간이다.

"수업 함께보기"는 아이를 제대로 바라보는 것의 소중한 자료가 될 수 있다. 이 과정에는 "아이들에게의 온전한 귀 기울임"의 과정이 필수적이기 때문에 기존의 유아 평가 방법으로는 평가하기 어려웠던 아이들의 말과 행동뿐 아니라 마음 또한 이해해볼 수 있는 기회가 된다.

유아의 기록

교육과정의 주체인 아이들이 유아 평가에서도 주체적인 역할을 하는 것은 어떨까 하는 생각에서 출발하였다. 다양한 평가의 영역 중 중요한 "자기 평가"를 유아들이 과연 할 수 있을까 의문을 가진 채 시작하였으나 아이들은 자신의 솔직한 이야기들을 담아내는 것을 볼 수 있었다. 유아의 기록에 대해 살펴보면 "놀이평가기록, 교우관계평가, 다모임평가, 공유 전시물, 유아 인터뷰" 5가지 방법으로 실행되었다.

아이들의 기록은 참 재미있고 순수한 마음이 잘 드러나 있다.

기록화 방법(유아)

기록의 방법	기록의 내용
놀이평가기록	• 하루의 놀이 • 놀이 달력 평가를 통한 월 놀이
교우관계평가	교우관계 평가
다모임 평가	다모임 실천자기 평가
공유 전시물	• 유아 놀이 사진 • 놀이의 과정 및 흐름
유아 인터뷰	유아의 놀이에 대한 진술한 자기 평가

그 내용을 보면 "K가 제미 있는 자동차를 플라스틱으로 만들어 보았다. 데굴데굴 굴러가서 참 신기했다. 참 제미 있는 아이디어였다."

사례 기록을 하신 만 5세 꿈별반 선생님께서는 아이들에게 의미 있는 놀이의 사진을 선택해 보는 방법으로 평가를 하셨는데 선생님의 예상으로는 자기 모습이 나타난 사진을 고를 것이라 예상했던 것과는 다르게 내가 나오지 않더라도 친구의 놀이가 재밌다고 느끼고 의미 있는 장면을 고른다는 점에 새로운 느낌이 들었다고 말씀해주셨듯 아이들의 자기 평가 기록에는 교사가 미처 생각하지 못했던 아이들의 마음이 담겨 있다.

공유 전시물 기록화는 아이들 간에 놀이의 공유가 일어나도록 도우며, 놀이 과정을 되짚어 볼 수 있는 순기능을 가지고 있다.

익숙한 곳에서 익숙한 놀잇감으로만 놀이하는 아이는 새로운 놀잇감이나 새로운 장소를 만나면 어떻게 놀아야 할지 몰라 방황하게 될 때도 있다. 공유 전시물은 아이에게 놀이에 대한 길잡이 역할을 하게 된다. 또한, 공유 전시물은 자신의 놀이 과정을 되짚으며 아이 스스로 놀이의 발전에 대해 고민해보게 하며 새로운 놀이를 창안해보는 밑거름도 될 수 있다. 교사에게도 아이의 놀이 과정을 한 눈에 정리해볼 수 있어서 아이를 이해하는 중요한 자료가 될 수 있다.

두루유치원에서 시도해 본 성장중심기록화 2 (2019년)

2018학년도에 실행하였던 기록화 자료들을 바탕으로 한 평가에서 교사 각자의 기록화 방법을 존중하고 개별 아이들에게 적합한 방식으로 적용할 수 있도록 자율권을 열어두는 것을 그대로 유지하기로 하였다. 다만 연수를 통해 변화된 부분은 아이들의 놀이에 대한 지원을 구체적으로 기록해본다는 것이었다. 단순히 아이들의 놀이 과정을 나열하는 것에서 발전하여 아이들의 놀이 모습 중 지원을 어떤 방향으로 해주면 좋을지에 대해 고민하고 기록한 후 이를 적용한 결과도 함께 기록해보며 끊임없이 아이들의 놀이를 들여다보려는 노력을 더하여 갔다는 것이다.

학부모들의 놀이 이해를 돕기 위하여 새로 시작한 기록화 방법이 "놀이 이야기" 이다.

"놀이 이야기"는 2018학년도에 1주에 한 번씩 놀이 사진과 간단한 설명을 덧붙이는 것에서 발전하여 월 별로 이루어지는 아이들의 만들어가는 놀이를 학급 신문의 형태와 유사하게 제작하여 학부모와 공유하는 방법이다.

"놀이 이야기" 안에는 교사가 계획한 놀이뿐 아니라 아이들로부터 등장한 놀이에 이르기까지 살아 있고 역동적인 놀이 스토리가 담겨 있다. 그 안에는 아이들이 했던 말이 포함되기도 하고, 행동이 담겨 있기도 하며 교사의 해석이 들어가기도 한다. "놀이 이야기"를 제작하기 위해 교사들에게 많은 시간과 수고로움이 필요하나 아이들의 놀이와 아이들을 이해하는 좋은 기록물이 됨은 대부분의 교사가 공감하는 바이다.

맺으며

아이를 제대로 바라보기 위해 시작된 성장중심기록화는 아이들에게 "즐거움, 신뢰. 자기표현, 스스로 돌아보기, 동기 부여"를 느낄 수 있게 하였다. 이를 위해 교사는 "경청"을 하는 노력을 더하였고, 이 과정을 통해 아이들을 바라보는 "관점의 변화"가 시작되었다.

교사의 달라진 관점은 학부모들에게 교육과정의 운영을 안내할 때 드러나게 되어 자연스럽게 학부모들 또한 "교육과정을 이해하고 지원"하게 되었으며, 가랑비에 옷 젖듯 "교육철학의 공유"가 이루어지며 3주체가 같은 뜻을 품고 함께 나아갈 수 있는 첫 발걸음을 뗄 수 있었다. 하지만 이러한 과정에는 관리자의 인정과 지원, 신뢰가 바탕이 되지 않았다면 "시작"에 어려움이 많았을 것이라 생각한다. 두루유치원의 구성원

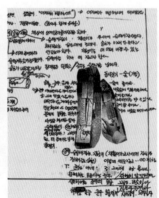

들은 "유아"를 가장 중심에 두고 그들의 "놀이"를 존중하고 사랑하기에 한 마음으로, 진심으로 아이들의 놀이에 공감하고 귀 기울일 수 있었던 것이라 생각한다.

성장중심기록화를 통해 아이들의 성장과 변화, 그리고 이를 위한 교사의 역할에 대해 개념이 재정립되어가는 과정을 거쳤으나 여전히 두루유치원의 "유아성장중심기록화"는 "~ing" 이다. 앞으로 차곡차곡 쌓여 하나의 역사를 이루어낼 아이들의 기록, 교사의 기록이 기대가 된다.

애들아 줄서지 않아도 괜찮아

서로를 세워 우리가 된 혁신유치원 이야기

1판 1쇄 찍음 2020년 5월 8일
1판 3쇄 펴냄 2020년 12월 4일

지은이 | 김덕순 외
펴낸이 | 천정한
편집 | 김선우
디자인 | 박애영 유혜현

펴낸곳 | 도서출판 정한책방
출판등록 | 2019년 4월 10일 제2019-000036호
주소 | 서울시 은평구 은평터널로66, 115-511
전화 | 070-7724-4005 팩스 | 02-6971-8784
블로그 | http://blog.naver.com/junghanbooks
이메일 | junghanbooks@naver.com

ISBN 979-11-87685-42-5 (03370)

이 도서의 국립중앙도서관 출판예정도서목록(CIP)은 서지정보유통지원시스템 홈페이지
(http://seoji.nl.go.kr)와 국가자료종합목록시스템(http://www.nl.go.kr/kolisnet)에서
이용하실 수 있습니다. (CIP제어번호 : CIP2020015777)